※ | FISCHER

Jörg Schindler

STADT, LAND, ÜBERFLUSS

Warum wir weniger brauchen, als wir haben

✸ | FISCHER

Erschienen bei FISCHER

© S. Fischer Verlag GmbH, Frankfurt am Main 2014
Satz: Fotosatz Amann, Memmingen
Druck und Bindung: CPI books GmbH, Leck
Printed in Germany
ISBN 978-3-596-19888-7

»Alle Dinge sind Gift, und nichts ist ohne Gift. Allein die
Dosis macht, dass ein Ding kein Gift ist.«

Paracelsus

INHALT

EINLEITUNG

> »Wir werden immer maßloser. Immer größere Autos,
> immer weiter fort in den Urlaub. Etwas mehr natürliche
> Bescheidenheit würde uns gut tun.«
>
> Uli Hoeneß

Neulich war ich mit meiner Frau in der Eisdiele. Wir hatten es etwas eilig, glücklicherweise war die Schlange nicht allzu lang. Es hat dann trotzdem ein bisschen länger gedauert. Vor uns war eine Mutter mit ihren zwei Kindern dran, vielleicht acht und vier Jahre alt.

»Schau mal, Jonas, die haben auch Butterkeks, das magst du doch«, sagte die Frau zu ihrem Jüngsten.

»Öh …«, machte das Kind.

»Oder lieber Schlumpfeis? Und guck mal: Nutella!«

»Hmmpfff …«, machte das Kind.

»Dann nehmen wir jetzt einmal Butterkeks und einmal Schlumpf«, sagte die Mutter.

»Nein!«, schrie da das Kind, »drei!!!«

Es folgte eine längere Diskussion über das gesundheitliche Für und Wider großer Eismengen, die Vorzüge von Keksstückchen in cremigen Bällchen und mögliche Sanktionen bei fortgesetztem Trotz, die schließlich in einen Kompromiss aus zwei Kugeln mit bunten Streuseln mündete. Als sie über den Tresen gereicht waren, schaute das Kind trotzdem etwas bedröppelt.

»Will aber Schokolade!«, rief es im Weggehen. Der Rest verhallte weitgehend ungehört.

Ich muss gestehen: Mir geht es gelegentlich wie Jonas, ich kann mich einfach nicht entscheiden. Als wir vor acht Jahren in unser Viertel zogen, gab es im Umkreis von einem Kilometer genau eine Eisdiele, sie muss so um die 15 Sorten angeboten haben, ich glaube, die exotischste war Tiramisu. Heute hat jede zweite Straße im Kiez einen Eisdealer, die wollen auch leben, klar – wahrscheinlich überbieten sie sich deshalb von Sommer zu Sommer mit lustigeren Sorten. Gerade erst habe ich Litschi-Sauerrahm, Weiße Schokolade-Ingwer und Ziegenmilch-Erdbeere probiert. An Gurke-Zimt, Avocado-Chilli und Guinness habe ich mich noch nicht so recht rangetraut, wahrscheinlich bin ich altmodisch, aber ich finde, Eis sollte etwas Süßes sein. Komischerweise kann ich fast nirgendwo mehr Malaga entdecken. Egal, habe ich eh nie gemocht. Ich hasse Rosinen.

Manche der Läden gleich um die Ecke haben inzwischen 40 Sorten im Angebot. Gleichzeitig. Drüben in Westberlin soll es sogar eine Diele mit 99 Geschmäckern geben. Wobei ich vermute, dass da auch ordentlich Auswahl für Diabetiker und Veganer dabei ist, ein bisschen was mit Sojamilch und das eine oder andere Laktosefreie. Aber trotzdem, 99 Sorten, das ist schon ein Wort. Dafür reicht nicht mal ein ausgiebiger Sommer. Die Kugeln sind nämlich auch stetig größer geworden, leider bin ich heute immer schon nach zweien pappsatt. Zumal man jetzt ja meistens auch den Becher vertilgen kann. Er besteht aus irgendetwas Essbarem. Vermutlich sogar bio. Ich weiß nicht, wie es anderswo ist – aber ich glaube, eismäßig sind wir in Berlin ganz gut aufgestellt.

Manchmal beschleicht mich jedoch ein etwas komisches Gefühl. Würden wir etwas vermissen, wenn es, sagen wir: nur 30 Sorten gäbe? Wer denkt sich die anderen alle aus? Und wieso? Gibt es Menschen, die im Herbst zum Eismann gehen und sagen: Du, ich hätte nächste Saison gerne ein Eis aus 70-prozentiger ecuadorianischer Schokolade und einem Hauch mexikanischer Jalapeños? Wer weiß.

Bitte, ich gönne jedem seine Rosinen, aber ganz ehrlich: Mich überfordert das Angebot bisweilen. Zumal es ja nicht nur beim Eis immer weiter zunimmt. Schauen Sie in den Supermarkt. Glücklicherweise haben wir kein Haustier. Aber ich vermute, bis ich bei Kaufland oder Rewe die 20 Meter Hunde-, Katzen-, Hamsterfutter abgeschritten, die Preise verglichen, die Nährstoffe begriffen und die Auswahl getroffen hätte, wäre zu Hause mein Pudel verhungert. Und wenn nicht alles täuscht, bauen die jedes Jahr einen Meter an. Keine Ahnung, wieso. Machen uns 24 Anti-Schuppen-Shampoos glücklicher als 23? Ich habe meine Zweifel.

Trotzdem eröffnen in den Innenstädten immer mehr und immer schickere Kaufhäuser. In denen wir immer mehr Sachen kaufen. Im Schnitt besitzt jeder von uns inzwischen 10 000 Dinge. Das ist schön. Nur: Die Hälfte davon liegt, einmal angeschafft, ungenutzt und unbeguckt in der Gegend herum. Dinge, die nicht gebraucht werden, aber Platz brauchen. Weshalb auch unsere Wohnungen seit Jahrzehnten immer größer werden. Und damit teurer. Weswegen wir wiederum mehr arbeiten müssen, damit wir sie uns leisten können. In diesen Wohnungen leben wir zwar immer häufiger allein, das macht aber nichts, weil es so viele andere schöne Ablenkungen gibt. In unseren Wohn- und Schlafzimmern zum Beispiel beglücken uns gewaltige Flachbildschirme rund um die Uhr mit mehreren hundert Kanälen.

Unsere Autos werden auch immer größer. Was irgendwie komisch ist. Weil ja doch der Platz in den Städten immer enger wird. Wollen wir das von den Autobauern? Oder wollen die Autobauer das von uns? Und macht das einen Unterschied? Wir reisen immer öfter, weil es so schön billig und bequem ist. Aber die Reisen selbst werden immer kürzer, weil wir nicht die Zeit und die Ruhe haben, uns weit weg von allem zu entspannen. Weit weg sind wir ohnehin nie, unsere digitalen Fenster in die Welt haben wir immer bei uns, so dass wir stets und überall wissen, was unsere Freunde gerade machen, die auch immer zahlreicher werden, seit sie über einen Klick jederzeit Verbindung mit uns aufnehmen können.

Und was fürs Haben gilt, gilt auch fürs Wissen und fürs Können. Ständig sind wir dabei, uns fortzubilden und zu optimieren. Wir trimmen unseren Geist, um in einer stetig komplexer werdenden Arbeitswelt bestehen zu können. Wir hetzen durch die Schule und stehen danach vor der Frage, für welchen der inzwischen 16 000 Studiengänge wir uns einschreiben sollen. Die Möglichkeiten sind nahezu unendlich: An deutschen Universitäten kann man »Accessoire Design« und »Accounting, Auditing and Taxation« studieren, »Advanced Functional Materials«, »Adventuremanagement«, »Agrobiotechnology«, »Air Quality Control« und »Ambient Assistant Living« – und das ist nur ein winziger Bruchteil der Fächer mit A. Dass kaum jemand so recht weiß, was das ist, ist nicht weiter schlimm. Es wird schon einen Markt dafür geben.

Genauso wie es einen Markt für uns selbst gibt. Deswegen modulieren wir pausenlos unseren Körper, damit er den gephotoshopten Ikonen aus der Werbung ähnelt. Dafür legen wir uns sogar immer häufiger unters Messer und lassen uns schön operieren. Koste es, was es wolle. Als sei unser Organismus nur eines von den Dingen, die gelegentlich ein Update benötigen.

Kurzum: Alles wird immer mehr. Aber heißt das auch, dass zwangsläufig immer alles besser wird?

Der Glaube an ein stetiges Wachstum hat in Ländern wie Deutschland inzwischen »zivilreligiöse Qualität«.[1] »Probieren Sie mal aus, wie Ihre Umwelt reagiert, wenn Sie mitteilen, dass Sie jetzt nichts mehr lernen möchten, es sei nun mal genug. Oder nicht mehr verreisen möchten, Sie hätten schließlich genug gesehen. Und überhaupt wollten Sie sich nicht mehr entwickeln, Sie seien nun einfach fertig«, schreibt der Soziologe Harald Welzer. Dasselbe gilt für den Unternehmenschef, der seine Renditeerwartung plötzlich nach unten schrauben würde. Für den Bundesligaverein, der statt einer maximalen Punktezahl ein möglichst schönes Spiel zum Saisonziel erklären würde. Oder für den Autokonzern, der seinen Luxuslimousinen freiwillig eine PS-Diät verordnen würde. Das wäre ein Verzicht, der unweigerlich Kursverluste, Fanproteste, Kaufboykotte zur Folge hätte. Wachstum ist ein Fetisch, dem es zu huldigen gilt. Ihn in Frage zu stellen unerhört. Die Gleichung Wachstum = Wohlstand = Zufriedenheit hat sich wie ein Ohrwurm eingenistet in unseren Köpfen. Dabei geht die Rechnung schon lange nicht mehr auf.

Niemand bestreitet die Notwendigkeit von Wirtschaftswachstum dort, wo Mangel herrscht, wo Menschen nichts zu essen, kein Dach überm Kopf und kein Geld für die Befriedigung ihrer Grundbedürfnisse haben. Was aber ist mit Gesellschaften, in denen die große Mehrheit bereits alles hat? Und das mehrfach? Zumindest im statistischen Durchschnitt?

Die Länder Westeuropas und Nordamerikas haben seit den 1950er Jahren einen historisch beispiellosen Aufschwung erlebt. Zwar waren die dortigen Volkswirtschaften bereits seit Beginn der Industrialisierung kontinuierlich gewachsen, aber erst nach dem Zweiten Weltkrieg ging es plötzlich steil bergauf – und zwar für Sieger wie für Besiegte. Eine schlüssige Erklärung dafür lieferte der Wirtschaftswissenschaftler John Kenneth Galbraith bereits 1958 in seinem Buch *Gesellschaft im Überfluß*: Nach dem großen Gemetzel verfügten demnach alle Industrieländer über eine gewaltige, plötzlich nutzlos gewordene Kriegsmaschinerie, die nun schleunigst umgewidmet werden musste, um die Einkommen und Arbeitsplätze von hunderten Millionen Menschen zu sichern. Aus der Kriegsmaschine wurde eine Konsummaschine, die Bedürfnisse weckte, von denen Otto Normalverbraucher nicht einmal geahnt hatte, dass er sie je haben würde. Der Plan ging auf und verschaffte den betreffenden Ländern binnen kürzester Zeit einen exorbitanten Lebensstandard. Von dem eine kleine Minderheit zwar sehr viel mehr profitierte als die große Mehrheit. Aber immerhin.

Die Sache, warnte Galbraith, habe jedoch einen Haken. Oder besser: zwei. Zum einen treibe die unablässige Produktion von mehr oder weniger nutzlosen Gütern den Staat allmählich in die Armut, weil dieser immer mehr Mittel und Ressourcen an den privaten Sektor verliere. Wichtige Investitionen in Infrastruktur, Kindergärten, Krankenhäuser, Schulen würden so für die öffentliche Hand unbezahlbar. Zum anderen mache die Bedürfnisweckungs-Industrie die Menschen allmählich zu wunschlos unglücklichen Konsum-Junkies, die vor allem eines wollten: immer mehr. »Wäre es so«, schrieb Galbraith, »daß ein Mensch jeden Morgen beim Aufstehen von Dämonen überfallen wird, die ihm eine unbezwingliche Gier einmal nach Seidenhemden, ein anderes Mal nach Küchengeräten, dann wieder nach Nachttöpfen oder nach Orangensaft einflößten, dann hätte man gewiß allen Grund, den Bestrebungen Beifall zu spenden, die darauf abzielen, geeignete Güter, mögen sie noch so wunderlich sein, herzustellen, um diese verzehrende Leidenschaft zu stillen. Wäre es aber so, daß seine Gier nur deshalb erwacht ist, weil er selbst zuerst die Dämonen herangezüchtet hat, und sollte sich außerdem herausstellen, daß seine Bemühungen, die Gier zu stillen, die Dämonen nur zu immer lebhafterer Aktivität anspornten, dann müßte man sich doch wohl fragen, was nun die vernünftigste Lösung sei. Der Mensch, der nicht durch konventionelle Auffassung beeinflußt ist, wird sich fragen: Mehr Waren oder weniger Dämonen?«[2]

Knapp 60 Jahre später lässt sich sagen: Die Sache ist entschieden. Habgier galt mal als Todsünde. Heute ist sie leider geil.

Morgen viel – übermorgen mehr. Wachstum ist für die meisten von uns derart selbstverständlich, dass wir überhaupt nicht mehr darüber nachdenken, ob es auch anders sein könnte und wie dieses andere dann aussähe. Alles wächst, und das ist gut so. Allein die Menge macht's – ein Wort im Übrigen, das vom althochdeutschen »manic« abstammt und heute noch im Englischen gebräuchlich ist. Dort bedeutet es: verrückt.

Nach und nach hat sich das Diktat des Immer-höher, Immerschneller, Immer-weiter in alle unsere Lebensbereiche gefräst, selbst in solche, die mit gesundem Menschenverstand nie und nimmer einer Gewinn-und-Verlust-Logik unterliegen dürften. »Vor dreißig Jahren waren wir noch weit davon entfernt, Gesundheit, Ausbildung, öffentliche Sicherheit, Strafvollzug, Umweltschutz, Freizeit, Fortpflanzung und andere gesellschaftliche Güter über die Märkte zuzuteilen«, sagt der Philosoph Michael Sandel. »Heute halten wir das weitgehend für selbstverständlich«.[3] Wohin aber eine Logik führt, in der nicht vitale Bedürfnisse und sachliche Notwendigkeiten dominieren, sondern allein der Wunsch nach Gewinnmaximierung, lässt sich nicht nur in unserem Finanzsystem, sondern beispielsweise auch in unseren Krankenhäusern beobachten: Wenn Knie- und Rückenoperationen in dem Maße zunehmen, in dem sie den Kliniken bares Geld garantieren, ist das der Offenbarungseid der Medizin.

Welchem Zweck die ständige Maximierung dient, ist dabei gar nicht mehr die Frage. Ein bisschen haben ist gut. Mehr haben ist besser. Mehr, vor allem, als die anderen. Das muss als innerer Kompass reichen. Alles ist Wettbewerb, von dem die einen mangels materieller Basis ausgeschlossen sind, während die anderen sich besinnungslos mästen. Aber was war noch gleich der Hauptgewinn?

Wir alle verhielten uns wie Wanderer, die auf dem Weg in eine Stadt seien, schreiben Robert & Edward Skidelsky in ihrem Buch *Wie viel ist genug?*: »Unterwegs verirren sie sich, doch sie gehen weiter, nun allein von dem Ziel getrieben, vor dem anderen zu bleiben und nur ja nicht ins Hintertreffen zu geraten. (…) Der Positionskampf wird zu unserem Los und Schicksal. Wenn es keinen richtigen Platz gibt, dann ist der beste Platz der an der Spitze«.[4]

Ein solches Rennen ohne Ziellinie ist auf Dauer zermürbend, wird aber von kaum jemandem in Frage gestellt. Schon gar nicht von der Politik. Im Bundestagswahlkampf 2013 setzten alle etablierten Parteien auf den Fetisch Wachstum. Sogar die Linke und die Grünen, die das mal ganz anders sahen. Noch Ende der 1980er Jahre stand im Wahlprogramm der einstigen Ökopartei, es komme »entscheidend darauf an, den Glauben an ungebrochenes Wirtschaftswachstum zu bekämpfen«. Heute hält das ein Urgrüner wie Ralf Fücks für lustfeindlichen Humbug, er propagiert statt dessen landauf, landab »nachhaltiges Wachstum«. Also alles weiter wie bisher – nur grüner und sauberer. Es gebe eben nicht nur Grenzen des Wachstums, glaubt Fücks, »sondern eine ständige Erweiterung dieser Grenzen«.[5] So ähnlich würde sich wohl auch ein unverbesserlicher Optimist anhören, der vom Hochhaus fällt und vor jedem Stockwerk, an dem er vorbeikommt, denkt: Bis hierhin ging es gut.

Und so wächst alles immer weiter. Das Bruttosozialprodukt und die Wirtschaft, die Gehälter der Dax-Vorstände, das private Vermögen und sogar die Boni der Banker, die nach einer bedauerlichen Delle nach dem Jahr 2008 das Vorkrisenniveau längst wieder erreicht haben. Die Autos und die Straßen, auf denen sie fahren. Die Städte und die höchsten Gebäude. Der Fußballzirkus und andere sportliche Großereignisse. Die Telekommunikation, die sozialen Netzwerke, die Schar unserer digitalen Freunde sowie die weltweite Informations- und Datenmenge. Die Bildschirmdiagonale, die Kartoffelchips-Marken mit unterschiedlichen Geschmäckern. Und natürlich die Eissorten. Blöderweise wächst halt aber auch noch etwas anderes: die

Zahl der prekär Beschäftigten, der Multijobber und der überschuldeten Privathaushalte. Staus, Luftverschmutzung und Lärm. Der Energieverbrauch, beispielsweise für sportliche Großereignisse wie die Fußball-WM im Wüstenstaat Katar. Mobbing und Aggression in Internetforen. Die weltweite Informations- und Datenmenge, die von Privatkonzernen und Geheimdiensten abgeschöpft wird. Der Ressourcenverbrauch und die gerodete oder versiegelte Fläche. Fettleibigkeit, Allergien und andere Unverträglichkeiten im täglichen Leben.

Vor allem aber wächst in Wachstumsgesellschaften eines: die Unzufriedenheit. Es ist verblüffend, wir waren noch nie so frei und individuell und selbstbestimmt. Noch nie stand uns eine größere Auswahl an Arbeits- und Lebensentwürfen zur Verfügung. Und selten waren wir so gestresst und frustriert. Egal, welche Arbeit wir haben: Sie macht keinen Spaß. Egal, wie viel Geld wir haben: Es reicht nicht aus. Egal, wie viel Zeit wir sparen: Sie ist zu knapp. Egal, wie groß die Auswahl ist: Sie macht uns nicht glücklicher. Den materiellen Mangel, der lange unsere Geschichte bestimmte, haben wir überwunden. An seine Stelle aber ist »eine neue Form von Mangel« getreten – der »Mangel an Sinn, an Zweck, an Nutzen«.[6] Folglich gibt es noch etwas, das stetig wächst: Depressionen und andere so genannte Zivilisationskrankheiten. Zufall ist das nicht. Tatsächlich leiden Menschen, die Besitz mit Glück verwechseln, häufiger als andere an psychischen Störungen, prägen mehr körperliche Stresssymptome aus, haben schlechtere Sozialkontakte und werden sogar signifikant häufiger kriminell.[7]

Dabei ist die Sehnsucht nach Veränderung groß. In einer aktuellen Umfrage gaben zwei Drittel der Deutschen an, dass sie gerne ihrer beruflichen Lage entkommen würden; 42 Prozent der Befragten würden gerne den Wohnort wechseln und immerhin noch 38 Prozent ihre private oder familiäre Situation verbessern.[8] Auf der Suche nach Sinn und neuer Einfachheit pilgern seit Jahren Hunderttausende, ob gläubig oder nicht, auf dem Jakobsweg. Das Wandern ist neuerdings des Städters Lust. Der neue Sehnsuchtsort der Deutschen ist die Provinz. Dort suchen sie Übersicht statt Überforderung. Ruhe statt Hektik. Land statt Überfluss. Das aber vor allem in der Theorie. Würden all die Millionen, die Zeitschriften wie *Landlust* oder *Landidee* verschlingen, ernst machen, wäre es in Frankfurt, Dresden oder Berlin bald ziemlich einsam. Tatsächlich ertragen die meisten weiter missmutig ihren Alltag und träumen bestenfalls davon, nicht aufzuwachen – weil ihnen die Fähigkeit zu mutigeren Träumen in Jahrzehnten des besinnungslosen Besitzanhäufens abhanden gekommen ist.

Und weil die Besitzstandswahrer die zaghaft aufkeimende Erzählung vom Weniger konsequent in eine schaurige Moritat verwandeln. Wer Verzicht predige, so wollen sie uns weismachen, der empfehle Sackleinen als Modetrend, Steckrübensuppe als Haute Cuisine und die Pferdekutsche als SUV. Der wolle zurück ins Mittelalter und habe nichts begriffen von den Zwängen der Globalisierung. Wer Wachstum mutwillig bremse, riskiere schimmlige Kindergärten, Schlaglöcher so groß wie ein Smart, Verteilungskämpfe, am Ende gar soziale Unruhen. Der wolle Nordkorea statt Wirtschaftswunderland. Es sind die üblichen Argumente, mit denen Systemprofiteure schon immer Systemkritik gekontert haben – Ende der 1970er Jahre klangen sie zum Beispiel so: »Atomkraftgegner überwintern bei Dunkelheit mit kalten Hintern«. Manche von denen, die so dichteten, stemmen heute putzmunter die Energiewende.

Verzicht, sagt der US-Psychologe Peter Walsh, bedeute eben nicht zwangsläufig Einschränkung, Askese, Begrenzung. »Weniger« bedeute vielmehr: »weniger Dinge, die uns belasten, weniger Stress, weniger Sorgen, weniger Abhängigkeit, weniger Frustration. Dafür aber mehr Freiheit, zu tun, was wir wirklich wollen, mehr Einfachheit, mehr Entspannung«.[9]

Worauf verzichtet man und warum, und was gewinnt man, wenn man freiwillig verliert? Das ist die Frage.

Den Menschen, die darauf eine überzeugende Antwort gefunden haben, widmet sich dieses Buch. Es sind Menschen aus völlig unterschiedlichen Bereichen: Ärzte und Künstler, Studenten und Vereinspräsidenten, Designer, Ingenieure, Banker. Sie alle haben früher oder später damit begonnen, sich bewusst einer Logik des Immer-mehr zu verweigern, ohne innerlich zu emigrieren oder ein mönchisches Leben am Rand der Gesellschaft zu führen. Sie sind weiter mittendrin, meistens erfolgreich und ziemlich zufrieden. Sie alle eint, wenn man so will, ein gerüttelt Maß an »natürlicher Bescheidenheit«, das uns allen gut täte. Besser vielleicht als immer nur die Wahl zu haben zwischen Gurke-Zimt und Litschi-Sauerrahm.

IMMER BILLIGER:
ESSEN

Wie wir ein Land erschaffen haben,
in dem Milch und Honig verrotten

»Viele Menschen haben das Essen verlernt.
Sie können nur noch schlucken.«

Paul Bocuse

In der Kreuzberger Markthalle 9 stehen gelegentlich Krüppel zum Verkauf. Wann immer Tanja Krakowski und Lea Brumsack in der britisch anmutenden Halle im Herzen Berlins auftauchen, bringen sie Ungetüme von Brandenburger Äckern mit. Fünfbeinige Möhren, verbogene Pastinaken, verkümmerte Rote Bete, grotesk verdrehte Zucchini, verbeulte, verwachsene Kartoffeln. Es ist ein Bild des Jammers. Aber nicht für die beiden jungen Berlinerinnen. »Ich finde, unser Gemüse hat Charme«, sagt Krakowski. Ihre Kunden finden das offenbar auch. Wann immer die warzigen Wurzeln in der Markthalle 9 auftauchen, stoßen sie unterm hippen Großstadtvolk auf dankbare Abnehmer. Damit war nicht unbedingt zu rechnen.

Die Idee, mit Krüppeln ihren Lebensunterhalt zu verdienen, kam Tanja Krakowski, als sie Produktdesign studierte. So sehr sie sich auch mühte, es leuchtete ihr nie recht ein, warum sie beruflich noch mehr Sachen herstellen sollte, die zwar schön aussehen, die aber die Welt nicht braucht – während lebensnotwendige Dinge ausgesondert werden, nur weil sie vermeintlich hässlich sind. Nicht normgerechtes Gemüse zum Beispiel. Krakowski, 1975 in Franken geboren, erinnert sich noch gut an die Obstläden ihrer Kindheit, in denen angeditschte Äpfel und schrumpelige Kartoffeln selbstverständlich zum Sortiment gehörten. »Wo sind die alle hin?«, fragte sie sich irgendwann, lernte mit Staunen, dass abnormes Gemüse heute meist gar nicht mehr die Äcker verlässt – und kam so zum Thema ihrer Abschlussarbeit: »Culinary Misfits – Verschwendung, Esskultur und der Verlust von Wertschätzung«.

Es sei doch Wahnsinn, sagt Krakowski, dass Essen weggeschmissen werde, weil es bestimmten Schönheitskriterien nicht entspreche. Eine Gesellschaft, die auf der Suche nach Perfektion schon Karotten aussondere, sei wahrhaft entwurzelt. Je mehr die Berlinerin sich mit dem Thema beschäftigte, desto mehr packte sie die Wut. Im November 2011 schnappte sie sich einen Fahrradanhänger, belud ihn mit bizarren aussortierten Möhren von einem Teltower Bauern, radelte in die Markthalle 9, die gerade frisch eröffnet worden war, und postierte sich direkt vor dem Aldi-Markt, der neben all den kleinen Regionalständen ein seltsames Schattendasein fristet. »Esst Misfits!«, hatte Krakowski zuvor noch auf ihre braunen Gemüsetüten gestempelt. Dann verhökerte sie die Krüppel-Karotten für 1 Euro das Kilo, um zu demonstrieren, »dass auch Weggeworfenes einen Wert hat«.

Es sollte eine einmalige Aktion werden, doch dann passierte etwas Erstaunliches: Etliche Marktbesucher rissen Krakowski das Zeug aus den Händen, und das nicht nur wegen des Preises.

Viele, sagt die Designerin, hätten sich daran erinnert, dass sie die verbogenen, verwunschenen, lustig verdrehten Dinger früher selber in Omas Garten geerntet hätten. »Die meisten haben über die Jahre die krummen Karotten vergessen.« So ergaben sich plötzlich Gespräche, Krakowski erklärte ihre Motivation, die Leute hörten zu und ermunterten sie weiterzumachen. Und als es Samstagnachmittag war, ahnte Tanja Krakowski, dass sie wohl noch häufiger Karotten retten würde.

Da traf es sich gut, dass an jenem Herbsttag auch Lea Brumsack in Kreuzberg vorbeischaute. Die beiden kannten sich bereits aus dem Studium, auch Brumsack hatte ihre Abschlussarbeit dem Essen gewidmet. Ihr Thema: Die absurden Entfernungen, die Lebensmittel bisweilen überbrücken, bevor sie auf dem Teller des Verbrauchers landen. »18 250« lautete der Titel von Brumsacks Arbeit, das ist die Strecke, die zum Beispiel Bio-Spinat aus Neuseeland zurücklegt, bis er rund um den Münchner Gärtnerplatz oder in Hamburg-Eppendorf von grün angehauchten Müttern für den nachhaltigen Nachwuchs gekauft wird. Auch das: ein Wahnsinn.

Ein paar Wochen dauerte es danach noch, bis Brumsack und Krakowski sich dazu entschlossen, das »Culinary Misfits«-Konzept weiter auszuprobieren. Im März 2012 folgte die nächste Aktion in der Markthalle. Diesmal kneteten sie bis in die Nacht aus alten Brotresten Semmelknödel, die sie tags darauf mit krummem Pastinaken-Guglhupf und Krüppel-Karotten-Gemüse verkauften. Danach ging es Schlag auf Schlag. Im Mai gründeten die beiden Frauen »Culinary Misfits« offiziell als Gesellschaft bürgerlichen Rechts, dann suchten sie sich Bauern im Berliner Umland, die froh waren, ihre wertlose Ausschussware loszuwerden. Es folgten Anfragen zu Caterings, weitere

Aktionen in der Markthalle, Kooperationen mit Läden der Bio-Company, wo die beiden unterm Motto »Schräge Schätze« regelmäßig Suppen ausschenken.

Nach und nach eigneten sich Tanja Krakowski und Lea Brumsack so eine gewisse Meisterschaft im Umgang mit kulinarischen Sonderlingen an. Ihre pummeligen Beteküchlein, knolligen Wurzel-Quiches und grotesken Kreationen aus Blauen Schweden oder Bamberger Hörnchen – zwei von vielen vergessenen Kartoffelsorten – genießen in einer wachsenden Fangemeinde inzwischen Kultstatus. Ihre marinierten Möhrchenspieße sind gleichermaßen Gaumen- wie Augenschmaus – man traut sich fast nicht, in zwei sich umarmende Wurzelkerlchen hineinzubeißen. »Karotten«, sagt Krakowski, »können sehr sexy sein.«

Es gehöre zum Konzept, so die Wurzelfrau, das nicht normgerechte Gemüse auch mal im Urzustand zu zeigen. Die Leute sollen daran erinnert werden, dass kerzengerade Pastinaken und perfekt kreisrunde Kohlrabi eben nicht der Normalfall der Natur seien. »Wir haben uns innerhalb von gerade mal 40, 50 Jahren so weit vom Ursprung unseres Essens entfernt, dass wir nicht mehr wissen, wo es herkommt, wie es aussieht und was für eine Mühe es kostet, es herzustellen.« Deshalb versuchen Brumsack und Krakowski auch wirklich alles, was sie vom Bauern kriegen, zu verwerten. Kein Mensch wisse heute doch mehr, dass die Blätter vom Kohlrabi nahrhafter seien als die Knolle selbst. Niemand esse Radieschenblätter, dabei lasse sich daraus ein wunderbares Pesto machen. »Ist es nicht seltsam, dass wir uns heute mit lauter Sachen zufriedengeben, die nach nichts schmecken – Hauptsache, sie sehen gut aus?«

Und natürlich kommt bei »Culinary Misfits« nur auf den

Tisch, was gerade Saison hat. Was die Deutschen beim Thema Spargel inzwischen zu einem fast kultischen Ritus überhöht haben – eine zehnwöchige Schälschlacht mit hohem Genussfaktor –, das ist für Krakowski und Brumsack auch für Tomaten, Erdbeeren und alles andere selbstverständlich: alles zu seiner Zeit. Im Herbst wird eingekocht und eingeweckt. So kommt das junge Unternehmen über den Winter.

Dass »Culinary Misfits« überhaupt schon zwei Jahre lang durchhält, und das nicht einmal schlecht, ist für Tanja Krakowski noch immer ein mittleres Wunder. Sie würde gerne glauben, dass langsam, ganz langsam ein Bewusstseinswandel in dieser satten Wohlstandsgesellschaft einsetzt. Aber sicher ist sie sich nicht. Einmal war sie mit Kindern draußen auf dem Land bei der Pfirsich-Ernte. Und während alle Kleinen auf die Bäume kraxelten, versuchte Krakowski ihnen zu erklären, dass die besten Früchte diejenigen auf dem Boden seien. Sie seien reif und deshalb runtergefallen. »Ist doch eklig«, antworteten die Kinder und angelten nach den makellosen Exemplaren an den oberen Ästen. Nicht nur deswegen glaubt Krakowski: »Es ist noch ein langer Weg, die Leute zu ändern.«

Wie man Satte hungrig macht

Die Deutschen und ihr Essen, das ist seit Jahrzehnten eine traurige Geschichte. Kein anderes Volk in Europa legt so wenig Wert auf Genuss, Qualität und Vielfalt. Nur noch wenig mehr als zehn Prozent seines Nettoeinkommens gibt der Durchschnittsdeutsche für Nahrungsmittel aus – nebenan in Frankreich ist es fast doppelt so viel. Zwischen Rhein und Oder aber zählt allein die Maxime »billig und schnell«. Nicht von ungefähr haben die Discount-Kraken Aldi und Lidl ihren Siegeszug um die Welt von Deutschland aus gestartet. Weil aber in den Augen des Verbrauchers nichts wert ist, was (fast) nichts kostet, landen hier Jahr für Jahr unfassbare Mengen an Lebensmitteln auf dem Müll, mit verheerenden Folgen für Umwelt, Klima, Tiere – und andere Menschen.

Nach Angaben der Verbraucherzentrale Nordrhein-Westfalen werden in Deutschland jährlich elf Millionen Tonnen Lebensmittel weggeschmissen. Jeder zweite Kopfsalat verrottet, Millionen Würstchen und Schinkenscheiben vergammeln, jedes fünfte Brot wird unverkauft entsorgt. Mit den 500 000 Tonnen Brot, die im Jahr vernichtet werden, könnte rechnerisch der gesamte Bedarf von Niedersachsen gedeckt werden. Etliche Großbäckereien sind längst dazu übergegangen, ihre Öfen mit alten Brötchen zu heizen.

82 Kilogramm Lebensmittel pro Jahr schmeißt jeder Bundesbürger im Schnitt achtlos weg. Türmte man das alles auf, ließe sich damit die größte Kirche des Landes, der Kölner Dom, dreimal bis unters Dach füllen. Fast 1000 Euro könnte ein durchschnittlicher Vier-Personen-Haushalt im Jahr sparen, ginge er weniger verschwenderisch mit Lebensmitteln um. Aber wieso sollte er, wenn alles so schön billig und jederzeit verfügbar ist?

Die Deutschen spielen in der Champions League der Verschwender ganz vorne mit. Europäer und Nordamerikaner vollbringen gemeinsam das Kunststück, zehnmal mehr Lebensmittel wegzuschmeißen als Afrikaner oder Asiaten. Im Sommer 2013 legte die UN-Organisation für Ernährung und Landwirtschaft (FAO) in ihrem Report »Food Wastage Footprint« kaum glaubliche Zahlen vor. Weltweit landen demnach 1,3 Milliarden Tonnen Lebensmittel jährlich auf dem Müll. Mehr als ein Viertel des weltweiten Ackerlandes wird genutzt, um Nahrung zu produzieren, die nie gegessen wird; die direkten finanziellen Einbußen belaufen sich auf 565 Milliarden Euro – das entspricht in etwa dem Bruttonationaleinkommen der Niederlande. Sämtliche weltweit entsorgten Fische und Meeresfrüchte noch nicht eingerechnet.[1]

Gemeinsam mit einer anderen Zahl ergibt das einen in aller Regel konsequent ignorierten Skandal: Während der reiche Teil der Menschheit Brot und Wurst in ganz großem Stil für die Mülltonne produziert, leiden 900 Millionen Menschen Hunger.

Die Verschwendung setzt dabei an allen Gliedern der Nahrungskette an. Gigantische Mengen an Getreide und Gemüse werden in Deutschland allein zu dem Zweck geerntet, anschließend wieder untergepflügt zu werden. Die Schätzungen klaffen weit auseinander: Während etliche Bauern angeben, dass mehr als ein Drittel ihrer Ernte nicht in den Handel gelangt, präsentierte die damalige Bundeslandwirtschaftsministerin Ilse Aigner (CSU) im Mai 2013 eine scheinbar akkurate Studie. Demnach verrotten auf deutschen Äckern 3,3 Prozent des geernteten Weizens, fünf Prozent der Kartoffeln, elf Prozent der Tafeläpfel und 4,2 Prozent der Speisemöhren. Schuld seien vor allem Krankheiten und Parasiten. Die Verluste, so die traditionell industriefreundliche Ministerin, »bewegen sich auf einem relativ niedrigen Niveau«.[2] Was Aigner verschwieg: Ein erheblicher Teil der produzierten Lebensmittel wird zusätzlich allein deshalb entsorgt, weil er nicht den Vorstellungen der den Markt beherrschenden Supermarktketten entspricht. Es handelt sich um die krummen Gurken und vielbeinigen Möhren, die Tanja

Krakowski und Lea Brumsack mit ihrem »Culinary Misfits«-Konzept vor der Vernichtung bewahren.

Die Bürokraten der Europäischen Union sind hierfür – anders, als viele glauben – nur noch zum Teil verantwortlich. Im Jahr 2009 strichen sie ihre berüchtigte Gerade-Gurken-Verordnung und weitere Vermarktungsnormen für 25 Obst- und Gemüsesorten. Für die elf meistverkauften Sorten allerdings existieren nach wie vor bis ins kleinste Detail gehende Vorschriften. So regelt etwa die Vermarktungsnorm für Erdbeeren, dass diese mindestens 18 Millimeter groß sein müssen und maximal »leichte Formfehler« aufweisen dürfen; der Kelch muss dran, der Stiel frisch und grün sein, eine kleine weiße Stelle ist zulässig, aber nur, »wenn sie ein Zehntel der Fruchtoberfläche nicht überschreitet«. Dazu muss der Inhalt jedes Packstücks »gleichmäßig«, bei der Extraklasse sogar »besonders gleichmäßig« sein. Die Erdbeere ist durchreguliert. Nur nach Erdbeere muss sie nicht schmecken, die Verordnung schreibt lediglich vor, dass ihr kein »fremder Geschmack« anhaften darf. Nach nichts zu schmecken – so wie die winterlichen Erdbeer-Mutanten aus den Gewächshäusern Südeuropas – ist dagegen in Ordnung.

Bei Gurken und Karotten hält sich die EU, wie gesagt, inzwischen raus. Trotzdem sucht man in Deutschlands Supermärkten vergeblich nach krummen oder mehrbeinigen Dingern. Wieso? Weil der Kunde die schöne gute Ware bevorzuge, heißt es unisono bei den Handelsketten. Nur: Der Kunde ist diesbezüglich gar nicht gefragt worden. Tatsächlich verträgt sich das natürliche Wachstum von Gemüse nicht mit dem industriellen Verarbeitungsprozess. Verbeulte Kartoffeln passen nicht in moderne Schälmaschinen, krumme Zucchini lassen sich nicht anständig in genormten Kästen stapeln. Was trotzdem vorschriftswidrig wächst, wird entsorgt. Jede große Handelskette hat inzwischen ihre ganz eigenen Normen zu Form, Farbe und Größe von Gemüse. Die Bauern treibt das zunehmend in die Verzweiflung.

Dummerweise fallen als Abnehmer heute auch Bioläden und -supermärkte weg. Noch bis in die 1990er Jahre waren die Alternativläden mit dem Hippieflair so etwas wie Asylunterkünfte für vieläugige Äpfel, Schrumpelkartoffeln und andere Sonderlinge aus dem Erdreich. Aber das ist lange her. Inzwischen sind manche Bioläden zu mehrstöckigen Gourmet-Tempeln mutiert, in denen es zur Hochglanz-Paprikaschote das gute Gewissen gratis gibt. Biobauern wie Peter Stinshoff aus Obergrasdorf kommen aus dem Wundern gar nicht mehr raus: »Als wir vor 20 Jahren anfingen, war ein Biosalat nur ein Biosalat, wenn auch ordentlich Läuse und Schnecken drin waren. Da war es für unsere Kunden ganz normal, dass das Biogemüse nicht makellos war. Heute haben wir die umgekehrte Situation. Bio wird als Premiumprodukt vermarktet, und der Kunde denkt sich: Wenn ich schon so viel für einen Biosalat bezahle, dann muss der auch perfekt sein«.[3] Bei Salat, sagt Stinshoff, könne der Ausschuss auch mal einhundert Prozent betragen. Er pflügt ihn dann eben wieder unter.

Dazu kommt: Weil wir es längst für selbstverständlich halten, dass alles jederzeit verfügbar ist, existiert ein gigantisches, weltumspannendes Logistiknetz, das Sternfrüchte aus Vietnam oder Mangos aus dem Wüstenstaat Israel Stunden nach der Ernte in unsere Einkaufskörbe zaubert. Der Haken bei der Sache: Auf dem Weg um die halbe Welt geht locker ein Drittel der leicht verderblichen Ware unwiederbringlich verloren. Das Obst wird beim Lkw-Transport zerquetscht, in Hafenanlagen

schlecht oder gar nicht gekühlt, durch chemische Dämpfe ver-
unreinigt, durch Dreck und Feuchtigkeit ungenießbar oder
beim Umladen am Zielort beschädigt. Nur die Besten kommen
durch.

Wie schön, dass sich in unseren Supermärkten die Regale
trotzdem unter der Last makelloser Frischware biegen. Und
weil das Zeug so herrlich billig ist, nehmen wir es eben mit.
Es wird schon wegkommen. »Das sorgfältig arrangierte Überangebot verführt uns, mehr zu kaufen, als wir letztendlich verar-
beiten können«, schreibt der Food-Aktivist Valentin Thurn in
seinem Buch *Die Essensvernichter*.[4] Der wahre Grund für die
paradiesische Fülle unterm Neonlicht sei dabei mitnichten der
immer wieder behauptete Kundenwunsch, »sondern der Fetisch
einer Überlegenheit der kapitalistischen Konsumwelt«.[5] Ratio-
nierte Orangen, halbleere Regale und Zonen-Gabis Traum von
der Banane: das war der dunkle Osten. Die neue Zeit, das sind:
Kumquats, Physalis und andere Köstlichkeiten aus dem Fremd-
wörterlexikon, Papayas per Easyjet und Drachenfrüchte, bis der
Arzt kommt. Ob es schmeckt oder nicht? Egal, Hauptsache, es
ist da. Michael Gerling, Hauptgeschäftsführer beim Bundes-
verband des deutschen Lebensmittelhandels, bringt die Sache
auf den Punkt: »Wenn wir historisch zurückblicken in die
1960er Jahre, da mussten wir hungrige Menschen satt machen.
Heute leben wir im Überfluss und müssen satte Menschen
hungrig machen«.[6]

Man darf sagen: Das gelingt den Konzernen ganz gut. Und
das nicht nur mit ihrem Frischwaren-Angebot. In keinem Land
der Welt verfügt der Lebensmittelhandel über mehr Verkaufsfläche pro Kunde als in Deutschland. Fünf Meter Salzgebäck,
zehn Meter Süßigkeiten, zwanzig Meter Wurst und Käse – dar-

an muss man erst mal vorbeikommen. Überall im Supermarkt lungern die kleinen Verführer. Was heißt klein? Obwohl es immer mehr Single-Haushalte gibt, werden die Packungen immer größer. XL, XXL, kauf zwei und nimm ein drittes gratis. Also kaufen wir und essen. Und wenn wir ehrlich sind: Es sind dann doch mehr Hüftsteaks und Chips als Kumquats und Physalis. Gesunde Ernährung ist nicht so unsere Sache. Sie soll auch nicht so unsere Sache sein.

Es ist kein Zufall, dass die großen Lebensmittelkonzerne in aller Regel zu fettige und zu süße Waren überall großflächig bewerben – und nicht etwa Äpfel, Birnen oder Sellerie. Die Gewinnmargen bei den mit Zucker und Fett vollgepfropften Nahrungsmitteln sind um ein Vielfaches höher. Damit niemand so genau mitbekommt, wie viel Fett und Zucker selbst in von Natur aus salzigen Produkten steckt, wehrt sich die Industrie seit Jahren in einer heldenhaften Lobbyschlacht gegen eine Kennzeichnungspflicht, die so genannte Lebensmittelampel. Auf dem Weg, satte Menschen hungrig zu machen, wäre jede leicht verständliche Information einfach nur lästig.

Die Verführungskunst der Konzerne strebt so allmählich der Vollendung entgegen: Anfang 2013 meldete das Verbraucherschutzministerium, dass 67 Prozent der deutschen Männer und 53 Prozent der deutschen Frauen übergewichtig sind. Jedes fünfte Kind gilt mittlerweile als dick, das sind 50 Prozent mehr als noch in den 1990er Jahren. 6,3 Prozent der Jungen und Mädchen sind gar fettleibig. Tendenz stark steigend. Die Deutschen sind damit die dicksten Europäer und das viertdickste Volk der Welt.

Hitler, Brandt, Mandela: Finde den Vegetarier!

Aber ist es nicht unsere Sache, wie wir uns ernähren, was wir essen und was wir wegschmeißen? Schon. Die Auswirkungen der westlichen Verschwendungssucht sind allerdings weltweit zu spüren. Nehmen wir das Beispiel Getreide. Seit der Jahrtausendwende reichte in einer Mehrzahl der Jahre die Weltgetreideernte nicht mehr aus, um den Bedarf der inzwischen mehr als sieben Milliarden Menschen zu decken. Nicht mal die Rekordernte 2011, als Bauern der Erde 2,29 Milliarden Tonnen Getreide abrangen, konnte die angespannte globale Ernährungssituation beschwichtigen. Rechnerisch müsste niemand hungern: Die Bauern auf der Welt produzieren aktuell täglich rund 2800 Kalorien Nahrung pro Person, 2100 würden ausreichen. Dennoch sind fast eine Milliarde Menschen chronisch unterernährt, während in Deutschland und anderen reichen Nationen Millionen Tonnen Getreide im Müll landen.

Verschärft wird die Lage dadurch, dass westliche Staaten seit Jahren immer mehr Nahrungsmittel für die Herstellung von Biosprit verwenden. 14 Prozent der Weltgetreideproduktion wanderten im Jahr 1998 in den Tank, zehn Jahre später waren es bereits knapp 19 Prozent. Und der Bedarf wächst stetig.

Weil das so ist, hat sich längst eine neue Form des Kolonialismus etabliert: Um Getreide für ihr Volk, Ölpflanzen für ihre Autos oder Kautschuk für ihre Reifen anzubauen, liefern sich zahlreiche Nationen einen zunehmend erbitterten Wettlauf um fruchtbares Ackerland auf dem Globus. So wurde etwa im Jahr 2009 bekannt, dass das sagenhaft reiche Öl-Emirat Katar in großem Stil Land im afrikanischen Kenia erworben hatte.

Der bettelarme, erst seit 2011 unabhängige Südsudan soll bereits vier Millionen Hektar Ackerfläche verkauft haben – die Investoren kamen vor allem aus den Ölfördernationen Norwegen, USA und Saudi-Arabien. Seit 2001 haben nach Angaben der Nichtregierungsorganisation Oxfam 227 Millionen Hektar Land auf diese Weise den Besitzer gewechselt.[7] Das Millenniums-Ziel der Vereinten Nationen, den weltweiten Hunger zu bekämpfen, verkommt somit immer mehr zur Farce.

Dass wir unsere Gewohnheiten nicht einmal dann ändern, wenn uns selbst ernsthafte gesundheitliche Konsequenzen drohen, wird beim Thema Fleischkonsum überdeutlich. Seit Jahren warnen Ärzte und Gesundheitsorganisationen, dass der Fleischhunger der Deutschen jedes vernünftige Maß überschreitet. Herzerkrankungen, Diabetes, Arthrose nähmen deswegen signifikant zu. Aber egal, wenn's schmeckt. Und es scheint zu schmecken: Im Laufe seines Lebens vertilgt der Durchschnittsdeutsche aktuell je vier Rinder und Schafe, zwölf Gänse, 37 Enten, je 46 Schweine und Puten sowie 945 Hühner. Macht summa summarum 1094 Tiere oder anders gerechnet 61 Kilogramm Fleisch im Jahr – das ist viermal mehr als Mitte des 19. Jahrhunderts und doppelt so viel wie noch vor 100 Jahren.[8]

Und irgendwo muss das Fleisch ja herkommen. Inzwischen ist das Land gepflastert mit Tierfabriken, so groß wie mehrere Fußballfelder. Dass dort täglich tonnenweise Antibiotika in Tierleiber gespritzt werden, weil diese nur so bis zur Schlachtreife überleben, dass gelegentlich giftiges Dioxin seinen Weg ins Fleisch findet und selbst »Bio«-Farmer bisweilen aus Hühnern in einem Mastzyklus geflügelte Zombies machen: Darüber regen sich dieselben Leute furchtbar auf, die anschließend beim Discounter sicherheitshalber lieber das Schweinenackensteak für 49 Cent à 100 Gramm bestellen, um dann wieder reumütig zum Huhn zurückzukehren, wenn plötzlich – igitt – Pferdefleisch in der Schweinelasagne auftaucht.

Insbesondere in der Geflügelmast eilt Deutschland von Rekord zu Rekord. Die vier marktbeherrschenden Konzerne – Wiesenhof, Sprehe, Stolle und die Rothkötter-Gruppe – brachten es 2013 auf mehr als 60 Millionen Mastplätze. 38 weitere Millionen Plätze waren zu diesem Zeitpunkt beantragt; sobald sie zur Verfügung stehen, leben bzw. sterben im Land endgültig mehr Hühner als Menschen. Natürlich befindet sich auch der größte Geflügelschlachthof Europas in Deutschland. Er wurde vom Rothkötter-Konzern mit freundlicher Unterstützung der Behörden – und gegen massiven Widerstand der Bevölkerung – ins niedersächsische Wietze gepflanzt. Effizienter geht es nicht: In der hochmodernen Fabrik werden bis zu 432 000 Hühnchen am Tag im Millisekundentakt geschlachtet, macht bei voller Auslastung 134 784 000 Tiere im Jahr.

So viele Hähnchen können nicht mal die Deutschen vertilgen, was aber den Bauernverband in den vergangenen Jahren nicht davon abgehalten hat, seine Mitglieder zum immer weiteren Expandieren zu ermuntern. Und auch die Bundesregierung hatte stets ein Einsehen: Nach Berechnungen des Bundes für Umwelt und Naturschutz Deutschland wurden neue Hühnerställe allein im Jahr 2011 mit 80 Millionen Euro staatlich bezuschusst. So wird das Land Jahr für Jahr mehr zu einem Exporteur von industriellem Billigfleisch. Zuletzt verfrachteten die Produzenten rund 860 000 Tonnen Geflügel von Deutschland aus in alle Welt.

Hier nun setzt eine interessante Entwicklung ein. Denn

Geflügel ist nicht gleich Geflügel, die Deutschen wissen da inzwischen durchaus genau zu unterscheiden. Durch Diät- und Ernährungsexperten davon überzeugt, dass nur magere Hühnerbrust wirklich gesund, der Rest vom Hähnchen dagegen minderwertig ist, kaufen die Verbraucher in rauen Mengen das sogenannte weiße Fleisch, den Rest lassen sie größtenteils links liegen. Man könnte ihn wegschmeißen – oder in Länder exportieren, wo die Ausschussware wenigstens noch einen kleinen Gewinn abwirft. Und siehe da, genau das passiert: Im Sommer 2013 meldete das Europäische Statistikamt, dass sich der Geflügelreste-Export von Deutschland nach Afrika binnen eines Jahres erneut mehr als verdoppelt hatte – von 20 auf 42 Millionen Kilogramm. Und so steuern jährlich mehr gewaltige Transportschiffe die Häfen Westafrikas an, den Bauch voll mit gefrorenen Hühnerteilen, mit denen sie die Märkte in Ghana, Kongo oder Benin überschwemmen. Für die dortigen Kleinbauern ist das in zahllosen Fällen ruinös. Mit Importpreisen von mitunter nur 80 Eurocent pro Kilogramm können sie nicht mithalten. »Diese Preise sind unfair und verbotenes Dumping«, sagt Francisco Mari, der Agrarexperte von Brot für die Welt. An der Praxis aber ändert sich seit Jahren: nichts. Dass die reichen G8-Staaten das verarmte Benin aufgefordert haben, es möge seine lokale Tierproduktion bitteschön ausbauen, liest sich vor diesem Hintergrund wie Hohn. Benin ist Hauptimportland für europäische Billigfleischteile, zuletzt landeten 133 Millionen Kilogramm Huhn in dem westafrikanischen Staat.

So treibt der Überfluss der einen die anderen weiter in die Armut. Aber das sollte man in Deutschland besser nicht zu laut sagen. Beim Fleisch hört für den Durchschnitts-Deutschen der Spaß auf. Zumal in Zeiten, in denen Grillshows im Fernsehen ordentlich Quote machen, Steakpornos wie die Hochglanzillustrierte »Beef!« jeden Kiosk schmücken und Werber sich allen Ernstes Slogans einfallen lassen wie: »Tofu ist schwules Fleisch«. Was man halt so macht, um den grassierenden Vegetarier-Trend rechtzeitig einzudämmen.

Als die Grünen im Bundestagswahlkampf 2013 auf die waghalsige Idee kamen, einen – freiwilligen – wöchentlichen Veggie-Day einzufordern, schlug ihnen geballter Zorn entgegen. »Grüne wollen uns das Fleisch verbieten«, titelte das Zentralorgan der Carnivoren, die Bild-Zeitung. Die Quittung folgte in Form eines desaströsen Wahlergebnisses. Man hätte es ahnen können. Schon drei Jahre zuvor waren an der Freien Universität Berlin Tumulte gerade so eben verhindert worden. Dort hatte, als Alternative zu diversen anderen Mensen, die erste vegetarische Uni-Kantine Deutschlands ihre Pforten geöffnet. Prompt gründete sich eine »Liste gegen die Veggie-Mensa«, die es aus dem Stand ins Hochschulparlament schaffte. Auf einem Wahlplakat hatten die kampf- und fleischlustigen Studenten Willy Brandt, Nelson Mandela und Adolf Hitler abgebildet, darüber der Spruch: »Finde den Vegetarier!«[9]

Tiere essen ist ein Menschenrecht, findet nach wie vor eine überwältigende Mehrheit im Land. Unzählige Angehörige dieser Mehrheit allerdings empören sich gleichzeitig immer dann, wenn ihnen der industrielle Weg vom Tier zum Hackfleisch in allzu vielen Details vor Augen geführt wird. Massentieressen ist in Ordnung, Massentierhaltung eher nicht.

Womöglich bietet sich dem sensiblen Carnivoren aber in naher Zukunft schon ein eleganter Ausweg aus dem Dilemma. Zumindest, wenn es nach dem Philosophen Adam Shriver geht. Tierfabriken, glaubt Shriver, ließen sich nun mal nicht so ohne weiteres abschaffen – »deshalb sollten wir Tiere, die darin leben und sterben, wenigstens von dem unangenehmen Schmerz befreien, der damit verbunden ist«.[10] Schon seit einigen Jahren gebe es erfolgversprechende Versuche an Kleintieren, denen Neurowissenschaftler kurzerhand das Schmerzempfinden weggezüchtet haben. Gelänge dasselbe bei Kälbern, Ferkeln, Hühnchen, könne der Mensch sie künftig eigentlich reuelos verzehren. Sie hätten dann ja nicht gelitten. Gesundheitlich, so Shriver, sei das Ganze ebenfalls unbedenklich – wenn auch nur für das essende und nicht für das gegessene Lebewesen. Den Tieren nämlich würden keine zusätzlichen Proteine verabreicht, sondern solche entnommen, die lästigen Schmerz erzeugen. Es gibt also »keinen Grund anzunehmen, dass das Fleisch größere Gesundheitsrisiken für Menschen mit sich bringe als normales Fleisch«, jubiliert der Philosoph.

Gut möglich also, dass uns an der Fleischtheke in gar nicht allzu ferner Zukunft neben den Etiketten »gentechnikfrei« und »fettfrei« auch »schmerzfreie« Ware zum Kauf animiert.

Wir haben uns so sehr an jederzeit verfügbare Billigware gewöhnt, dass uns die Folgen schlicht egal zu sein scheinen. Wir wissen nichts mehr über das Wachstum, die Pflege und die Produktionsbedingungen von Gemüse. Unser Fleisch wird am Rande von Großstädten hinter blickdichten Mauern geschlachtet; aus dem Supermarkt tragen wir es in gehäckselter Form hinter Klarsichtfolie nach Hause – möglichst nichts soll mehr ans lebende Tier erinnern. Wenn Medien gelegentlich über einen Lebensmittelskandal berichten, meiden wir für einige Tage Sprossen oder Lasagne oder Eier, dann greifen wir wieder zu. Und wenn unsere Lebensmittel schlecht werden, kaufen wir eben neue. »Wo die Nahrung vor allem billig sein soll, gibt es offenbar keine Wertschätzung mehr«, sagt Carlo Petrini, der Vorsitzende von Slow Food International. »Mein Opa hat, ehe er vom Tisch aufstand, noch den letzten Krümel vom Teller gekratzt. Heute sind wir alle vom Virus des Konsumismus infiziert«.[11]

Und wer sich dagegen bewusst abzugrenzen versucht, der wird von Industrie und Behörden bisweilen mit unerbittlicher Härte zur Rechenschaft gezogen.

So ging es etwa im Frühjahr 2010 Christof N. Der junge Mann aus der Nähe von Gießen zählt zur wachsenden Bewegung der »Freeganer«, die in Müllcontainern von Supermärkten nach verwertbaren Lebensmitteln suchen und meist reiche Ernte einfahren. Die Supermarktketten nämlich sind angehalten, bereits Gemüse mit kaum sichtbaren Veränderungen wegzuwerfen. Wenn in Schalen mit abgepackten Tomaten nur eine schadhaft ist, werden oft alle entsorgt – es wäre schlicht zu aufwändig, die anderen neu zu verpacken. Auch Milchprodukte wandern regelmäßig schon kurz vor Erreichen des Mindesthaltbarkeitsdatums in den Müll, oft nur deshalb, um Platz für neue, frische Chargen zu machen. Brot und Teigwaren, die bis zum Abend nicht verkauft wurden, geht es ähnlich.

»Freeganer« wollen dagegen bewusst ein Statement setzen, indem sie die einwandfreien Nahrungsmittel aus der Tonne klauben. Das Dumme bei der Sache: »Containern« oder »Dumpstern« ist in Deutschland illegal, da auch der Müll noch Eigentum des Supermarktes ist. Im April 2010 nun fielen Christof N. und ein Mitstreiter im sächsischen Döbeln einer Polizeistreife auf, die Staatsanwaltschaft Chemnitz erhob Anklage und warf den beiden jungen Männern sogar vor, »mit erhöhter krimineller Energie« gehandelt zu haben. Nur einem Trick der Richter hatte es N. zu verdanken, nicht harsch verurteilt zu werden: Da er in der Nähe zweier Supermärkte aufgegriffen worden sei, sei nicht zweifelsfrei zu klären, woher die geklauten Reste stammten – daher erfolgte ein Freispruch.

»Containern« aber ist weiter illegal. Und da eine wachsende Zahl von Menschen sich trotzdem nicht vom Mülltauchen abhalten lässt, sind Supermärkte inzwischen dazu übergegangen, sich anders zu wehren: Sie entsorgen ihre essbare Ware in Kompaktern, wo sie schnell zu Matsch werden, oder tränken die Lebensmittel mit Chlorbleiche und anderen Chemikalien. Ein Vorgehen, das bei Aktivisten ungläubiges Staunen auslöst: »Was für eine verrückte Welt: Es ist erlaubt, Gift auf Lebensmittel zu schütten, aber verboten, Lebensmittel aus der Tonne zu holen«.[12]

Das Comeback der Krüppel

Und dennoch formiert sich seit Jahren eine Gegenbewegung zur allseits grassierenden Verschwendung. So hat etwa der Filmemacher (*Taste The Waste*) und Buchautor Valentin Thurn unter www.foodsharing.com eine Initiative gegründet, um Anbieter und Abnehmer überschüssiger Nahrungsmittel zusammenzubringen. Die Idee ist so schlicht wie bestechend: Privatpersonen, Händler und Produzenten können auf der Website ihr Überangebot annoncieren, wer Bedarf hat, kann sich melden. Geld fließt dabei nicht, es gehe darum, zu teilen, sagt Thurn: »Wir wollen den Lebensmitteln damit wieder einen ideellen

Wert geben, denn sie sind mehr als bloß eine Ware.« So können sich über die Website Menschen auch einfach nur zu gemeinsamen Kochaktionen verabreden. Wer Lebensmittel abgibt, sollte sich dabei an die Maxime halten: »Nichts an andere weitergeben, was man selbst nicht mehr essen würde.«

Teil der Anti-Verschwendungs-Bewegung ist auch die Initiative Mundraub,[13] benannt nach einem bundesdeutschen Strafdelikt, das in den 1970er Jahren abgeschafft wurde. Den Initiatoren will partout nicht einleuchten, wieso zigtausende Bäume und Beerensträucher in Deutschland auf Gemeindegrund oder auf Niemandsland stehen, deren Früchte Jahr für Jahr ungeerntet verrotten. Also zeigen sie auf ihrer Website eine Landkarte mit den jeweils aktuellen Fundorten für Schlehen, Zwetschgen oder Mirabellen.

Einen Weg, Überproduktion zu vermeiden, geht die wachsende Zahl bäuerlicher Betriebe, die nach dem Prinzip der »Solidarischen Landwirtschaft« organisiert sind.[14] Das Konzept wird in Japan und den USA bereits seit Jahrzehnten praktiziert: Dort gehen Bauern und eine Gruppe von – meist städtischen – Verbrauchern eine Partnerschaft ein. Die Städter sichern mit einer finanziellen Einlage die Produktion des Landwirts und nehmen Einfluss darauf, was angebaut wird. Der Bauer hat Planungssicherheit und ist geschützt vor Preisspekulationen. Die Ernte wird unter den Investoren aufgeteilt, die auch selbst auf den Feldern Hand anlegen können. Der erste Betrieb, der in Deutschland nach diesem Muster wirtschaftete, war 1988 der Buschberghof in der Nähe von Hamburg. Ende 2013 existierten bundesweit 42 solidarisch organisierte Bauernhöfe – Dutzende weitere waren in Planung.

Immer mehr Menschen nehmen sich zudem – wie Tanja

Krakowski und Lea Brumsack – der verwachsenen Sonderlinge vom Acker an. 2013 entwickelten drei junge Studenten der Bauhaus-Universität Weimar ein Konzept zur Vermarktung »hässlicher« Früchte.[15] Sie machten dabei einfach aus der Not eine Tugend und präsentierten die warzigen, knolligen Dinger auf einer Art Pin-up-Kalender als gar nicht mal so verdorbenes junges Gemüse. In deutschen Großstädten hat sich derweil ein neuer Zeitvertreib fürs Wochenende etabliert: In »Schnippeldiscos« treffen sich Menschen, die gemeinsam Ausschussgemüse kleinhacken, kochen und essen. Die Slow-Food-Jugend, die bereits etliche dieser Events organisiert hat, bezeichnet das als »kulinarischen Ungehorsam«.

Kurzum: Es tut sich etwas im Land der Sättigungsbeilage. Und was sich da tut, ist offenbar dazu angetan, den großindustriellen Lebensmittelhandel nervös zu machen. Nicht anders ist zu erklären, dass 2013 plötzlich auch große Handelsketten ihr Herz für Ausschussware entdeckten. So begann etwa Edeka in ausgewählten Läden damit, neben seinem Normgemüse auch knubbelige und verknickte Knollen auszulegen. Motto: »Keiner ist perfekt«. Fast gleichzeitig bot Rewe in österreichischen Supermärkten »Wunderlinge« feil, also all das, was jahrzehntelang von den Konzernen nicht mal mit spitzen Fingern angefasst worden war.

Ein Lernprozess? Nicht ganz. Die krummen Dinger blieben in den Läden das, was sie auch vorher schon waren: biologische Krüppel, die gesondert aufgebahrt und gesondert gekennzeichnet waren. Um es überhaupt loszuwerden, wurde das natürlich gewachsene Gemüse deutlich unter Preis verkauft.

Der Kunde, hieß es zur Begründung, wolle das so.

IMMER SCHÖNER:
KÖRPERKULT

Wie wir unseren Körper zum Ersatzteillager gemacht haben

»Frauen tun für ihr Äußeres Dinge, für die jeder
Gebrauchtwagenhändler ins Gefängnis käme.«
Nick Nolte

Es gab eine Zeit, da klebte sich Meret Haack jeden Abend kleine
Zettel an den Schrank. Sie waren gespickt mit Befehlen einer
15-Jährigen an sich selbst: »Morgens: ein halbes Brötchen und
ein Apfel. Mittags: einen Teller Suppe. Abends: nichts.« Darunter oft noch eine aufmunternde Botschaft: »Durchhalten!« oder
auch »Stark sein!« Jeden einzelnen Zettel befestigte sie so, dass
sie ihn vor dem Einschlafen sehen konnte. Dann löschte sie das
Licht.

Es sei eigentlich ganz einfach gewesen, sagt Meret Haack.
Vorher wog sie knapp 60 Kilo, nachher gut 40. Dazwischen
lagen drei Monate. Drei Monate, in denen sie ihrem Körper nur
das Nötigste zuführte, Obst, Magerquark, Weight-Watchers-
Produkte aus dem Supermarkt. Kein Kuchen, keine Schokolade, kaum Kohlenhydrate, wenig Fett – und nach 17 Uhr
nichts mehr.

Vorher war sie »ein bisschen pummelig« gewesen. Im Sportunterricht wurde sie gelegentlich von den Jungs gehänselt: »Wie siehst du denn aus?«, »Du bist dick!«. Ihre Freundinnen sagten nichts. Aber gemeinsam schauten sie oft »Tussensendungen«, Daily Soaps auf Pro7, *Desperate Housewives*, solche Sachen. Den Mädchen ging es um Mode, um Jungs, um Schönheit. »Und ich fand mich nicht schön.«

Nachher sagten alle, wie toll sie auf einmal aussehe. »Krass, du hast voll abgenommen!« Auch die Jungs schauten sie plötzlich anders an. »Es war ein Hochgefühl«, sagt Meret Haack. Sie ging nun viel lieber zur Schule, schrieb in der zehnten, elften Klasse fast nur noch Einsen, begann, sich in der Grünen Jugend zu engagieren. »Es war wie ein Zwang, perfekt zu sein, alles zu schaffen.« Aber wenn sie an sich herabblickte, sah sie auch mit weit unter 50 Kilo noch immer ein dickes Mädchen. Deswegen gab sie sich nach wie vor jeden Abend Kommandos auf einem Zettel.

Das hätte so weitergehen können, sagt Meret Haack heute, eine noch immer mädchenhafte Zwanzigjährige mit Wuschelkopf und Ringelshirt. »Im Kopf war das längst Magersucht.« Der Körper aber stoppte sie rechtzeitig. Sie hatte zu schnell zu viel abgenommen. Da begann ihr Organismus zu rebellieren, erst mit kleinen gesundheitlichen Problemen, dann blieb ihre Periode aus und kam zweieinhalb Jahre lang nicht wieder.

In einer Hormonklinik rieten ihr die Ärzte zu einer Reihe von Tests und verschrieben etliche Pillen. Bei der Grünen Jugend dagegen rieten ihr Bekannte, einfach wieder sie selbst zu sein. Darunter eine Frau, die anders als sie wirklich dick war und keinerlei Probleme damit zu haben schien. »Ich fand die immer total schön«, sagt Meret Haack.

Sie weiß heute nicht mehr genau, wie sie wieder herausfand aus ihrem Wahn. Es war ein schleichender Prozess. Viele Gespräche, viel Lektüre, kritisches Denken öffneten ihr nach und nach die Augen. Sie aß wieder, wenn sie hungrig war. Sie nabelte sich allmählich ab von Freundinnen, die *Germany's Next Topmodel* für den Höhepunkt ihrer abendlichen Freizeitgestaltung halten. Sie begann sich zu ärgern über Werbeplakate, die zwei riesige dürre Frauenbeine zeigen und dazwischen einen kleinen Deo-Stick. Sie glaubt, dass Mädchen und junge Frauen heute »systematisch verblödet« werden.

Erst kürzlich hat sie sich mit einer Gleichaltrigen gestritten, einer Studentin, »super-intelligent und durchaus belesen«, die sich im Angesicht attraktiver Männer wie auf Knopfdruck verwandelt: Schmollmund, albernes Gekicher, Barbie-Haltung. »Warum machst du dich so klein?«, fragte Meret Haack und erntete genervte Ausreden. Manchmal wird sie heute wieder gehänselt, aber diesmal ausschließlich von Frauen: »Kampflesbe«, zischen sie, »Mannweib«, »Feministin«. Sie kann damit leben. Sie hat einen Freund, er findet sie schön und sie sich »im Großen und Ganzen auch«.

Aber was ihr wirklich Sorgen macht, ist, dass da draußen immer mehr junge Mädchen rumlaufen, die – anders als sie – nicht nur vorübergehend dem Irrglauben erliegen, zu dick und zu hässlich zu sein. Die alle erdenklichen Hebel in Bewegung setzen, um einem Schönheitsideal zu entsprechen, von dem niemand weiß, woher es eigentlich kommt. Und die bereit sind, weiter zu gehen, viel weiter, als sich einfach nur allabendlich einen schriftlichen Abmagerungsbefehl an die Schrankwand ihres Kinderzimmers zu heften. »Ich fürchte, da läuft etwas aus dem Ruder«, sagt Meret Haack.

Der Trend zum Entengesicht

Die Geschichte der 20-jährigen Bremerin ist eine Geschichte, wie sie alleine in Deutschland millionenfach vorkommt – mit stetig steigender Tendenz. Nach einer Studie der Universität Bielefeld gibt es in keinem anderen Land der Welt so viele normalgewichtige Teenager, die sich für zu dick halten:[1] Jedes zweite Mädchen behauptete das von sich – bei den Jungen war es immerhin noch jeder Dritte.

Offenbar gelingt es immer weniger Jugendlichen, ein gesundes Verhältnis zu ihrem eigenen Körper zu entwickeln. Selbst elf-, zwölf-, dreizehnjährige Mädchen stürzen sich inzwischen von einer Diät in die nächste, um sich schönzuhungern, koste es, was es wolle. Ärzte und Psychologen beobachten mit Sorge, dass selbstverletzendes Verhalten und Essstörungen unter Heranwachsenden von Jahr zu Jahr zunehmen.

Nach Angaben der Weltgesundheitsorganisation fühlte sich 2012 nicht einmal mehr die Hälfte (47 Prozent) aller 16-jährigen Mädchen schön – 2006 waren es noch 70 Prozent.[2]

2006: Das war das Jahr, in dem die deutsche Geschäftsfrau Heidi Klum im Privatfernsehen erstmalig die Show *Germany's Next Topmodel* moderierte – ein als Hochglanzspektakel inszeniertes Ausscheidungsturnier untergewichtiger Frauen. In keiner der bislang neun ausgestrahlten Staffeln trat auch nur eine Frau mit äußerlich erkennbaren Makeln auf. Gleichwohl sieht das Showkonzept vor, dass Klum – ein Drill Sergeant im Minikleid – ihre Kandidatinnen über Wochen hinweg triezt, demütigt und scheinbar mitfühlend verspottet. Wer begehrt werden will, so die banale Botschaft der moderierenden Schönheitskönigin, müsse ohne Unterlass an seinen Äußerlichkeiten arbeiten.

Eine Botschaft, die bei der Zielgruppe längst angekommen ist. Statistiken zeigen, dass die große Mehrheit der Mädchen im Land keinerlei Interesse daran hat, Ingenieurin, Politikerin oder Pilotin zu werden – der Traumberuf der meisten heißt: Model. Die Kulturwissenschaftlerin Stevie Schmiedel, die seit Jahren Theaterarbeit mit heranwachsenden Mädchen macht, kommt aus dem Staunen nicht mehr raus: Während sich die Kinder früher in alle möglichen Verkleidungen geworfen hätten, um mal Monster, mal Polizist, mal Clown zu spielen, stoße die Kreativität der Kleinen heute schnell an ihre Grenzen. »Die Theaterpädagogen, mit denen wir arbeiten, sagen, dass die Mädchen nur noch einen Gesichtsausdruck können: Backen einsaugen, Lippen nach vorn: Duckface. Sich zur Hexe machen, zu tausend verschiedenen Rollen, das ist denen gar nicht möglich«, sagt Schmiedel.[3]

Entsprechend hat sich ein ganzer Industriezweig herausgebildet, der die Träume junger Mädchen in die immer selbe Richtung kanalisiert. Internetseiten wie top-model.biz (»Die Website für Glamour-Girls«) oder girlsgogames.de – das unter der Rubrik Spiele »Friseurspiele«, »Gesichts-Make-up-Spiele«, »Nagelstudiospiele« und »Schmuckspiele« anbietet – sind der letzte, grellpinke Schrei. Die Firma Depesche, die mit der »Diddl-Maus« reich wurde, versucht dasselbe mit einem Malbuch namens »TopModel«: Drei- bis Sechzehnjährige können darin aus vorgezeichneten, manga-artigen Stupsnasenträgerinnen ihre eigenen »Fantasy Models« machen. Die Malbücher sind selbstredend Bestseller.

Im analogen Leben ist derweil ein Trend aus den Vereinigten

Staaten auch in Deutschland angekommen. Der Kosmetikmarkt für Acht- bis Zwölfjährige überschritt in den USA zuletzt die Vier-Milliarden-Dollar-Marke, jetzt werden zunehmend auch drei- bis achtjährige Mädchen bepinselt und bepudert. In München Innenstadt hat sich »Monaco Princesse« angesiedelt, ein Kinder-Spa – nein: »DER Kinder Spa«, in dem ganz Kleine »die Welt von Beauty und Spa« entdecken können, noch bevor sie das Wort Lipgloss fehlerfrei aussprechen können.

Für schlappe 369 Euro, pro Mädchen, können Eltern von »Monaco Princesse« eine ganze Geburtstagsparty für ihre »Little Diva« ausrichten lassen. All inclusive. Das Event ist minutiös durchgeplant:

»Diese Top Spa Party verlässt du als glamouröses Spa-Girl! Die pinke Limousine steht bereit, um dich und deine Freundinnen ins Monaco Princesse Land zu bringen. Hier startet DEIN Tag mit einer professionellen Maniküre und Pediküre, einer dekadenten Milchschokolade Gesichtsbehandlung mit frischen Gurken für die Augen. Dann ein zauberhaftes UP-DO (Hochsteckfrisur) oder eine Haarglättung mit Haarschmuck und ein fabelhaftes Candy Make-up (altersgerecht), welches dein außergewöhnliches Spa-Erlebnis vervollständigt! Während du dich im Anschluss mit deinen Freundinnen in unserem ›Strawberry Salon‹ bei einem Prinzessinnen Buffet stärkst und dich mit Luxusroben ankleidest, wartet der Profifotograf bereits auf euren großen Auftritt. Jedes Mädchen führt eine Robe auf unserem rosa Cat Walk vor und steht dabei ganz im Mittelpunkt. (…) Mit dieser außergewöhnlichen Party sorgst du mit deinen Freundinnen für Gespräche und Textnachrichten in den kommenden Wochen!«

Perfektes Eventmanagement für Prinzessinnen. Raum für

Spontaneität bleibt da eher nicht. Aber so lange es der Traum-
karriere dient …

»Körperhass ist ein westlicher Exportschlager«

Mit Läden wie Monaco Princesse ist der galoppierende Trend
zum exzessiven Körperkult endlich auch bei der Generation
Milchzahn angekommen. Er hat nun die gesamte Gesellschaft
im Griff. Vom Kind bis zum Greis folgen alle Klums Kom-
mando und arbeiten an sich beziehungsweise ihrer äußeren
Erscheinung. »Ich will so bleiben, wie ich bin« – das war in den
1990ern. Heute will niemand mehr bleiben, wie er ist. Ich ist
ein anderer, und wenn nicht, dann wird eben nachgeholfen, wie
und wann immer man kann. Wir tragen unsere Haut zu Markte,
und wenn sie Falten wirft, dann wird sie eben gestrafft.

Höckernasen und Silberblicke sind keine charaktervollen
Merkmale mehr, sondern Makel. Kleine Brüste sind peinlich.
Und sichtbares Altern geht gar nicht. Nicht mal mehr bei Männern. Als der Fußballtrainer Jürgen Klopp, der juvenile Wüte-
rich der Bundesliga, Lücken im Haupthaar entdeckte, ließ er
den blonden Schopf operativ verdichten. Dasselbe tat Christian
Lindner, kurz bevor er sich anschickte, der scheintoten FDP
neues Leben einzuhauchen. Klarer kann ein Politiker nicht
demonstrieren, dass ihm der äußere Schein wichtiger ist als der
Inhalt. So hatte es Jahre zuvor bereits der nimmermüde Ego-
mane Silvio Berlusconi in Italien vorexerziert.

Eine stetig wachsende Zahl von Menschen passt sich ohne
Umschweife den Marktbedingungen an. »Wir leben in einer
Gesellschaft, in der ein unheimlich hoher Leistungsdruck

herrscht. Wenn ich perfekt durchgestylt bin, gut aussehe – also jugendlich und frisch –, dann bin ich gleichzeitig erfolgreicher«, sagt Peter Falkei, Direktor der Klinik für Psychologie und Psychotherapie an der LMU München. »Wir sind auf dem besten Weg zu verlernen, in Würde zu altern«.[4]

Warum auch nicht, wenn es uns weiterbringt? Studien zeigen, dass attraktive Menschen häufiger zu Bewerbungsgesprächen eingeladen werden, größere Aussichten haben, den Job zu bekommen und am Ende sogar besser bezahlt werden als der Kollege mit den Schlupflidern und den Geheimratsecken. Vermutlich ist es schlicht zu zeitaufwendig und zu mühsam, hinter die Fassaden zu blicken, um ernsthaft herauszufinden, was ein Bewerber will oder denkt.

Das gilt auch für unser Privatleben: Wir finden einander immer häufiger im Internet, schließen Freundschaften über Facebook, kommunizieren im 140-Zeichen-Modus und posten ständig neue Fotos von uns. Auch dabei zählt vor allem der äußere Eindruck. »Don't judge a book by its cover«, sang der schrille Frank N. Furter einst in der *Rocky Horror Picture Show*. Aber bitte: Wer liest denn heute noch ein ganzes Buch? »Schönheit verkörpert Erfolg«, sagt der österreichische Soziologe Otto Penz – »es ist heute weniger wichtig, was man wirklich tut, als was man darstellt«.[5]

Und das gilt sogar für Branchen, in denen es aufs Aussehen traditionell und zu Recht eigentlich nie ankam. Zum Beispiel die Politik. Der aufgehaltene Aufstieg des Karl Theodor zu Guttenberg wurde von Teilen der Medien begleitet, als handele es sich bei dem Franken nicht um irgendeinen Minister, sondern um einen vom Volk im Castingverfahren gewählten Posterboy der Exekutive. Ähnliches gilt für Ursula von der Leyen, die im unionsinternen Gerangel um die nächste Kanzlerkandidatur auch deshalb vor Innenminister Thomas de Maizière liegen dürfte, weil dieser immer ein bisschen wie eine Büroklammer im Anzug wirkt, während jene selbst beim Truppenbesuch in Afghanistan stets die Haare schön hat. Was beide inhaltlich draufhaben, scheint einem Gutteil des Wahlvolks längst egal zu sein.

Im Rennen um den Schönheitspreis überlassen auch wir Normalsterblichen nichts dem Zufall oder gar der Natur. In den Großstädten der Republik eröffnen konsequenterweise immer mehr Großraum-Aquarien, in denen sich Menschen mit Leidensmiene freiwillig auf Folterinstrumente spannen oder Schulter an Schulter auf der Stelle treten. Als Hauptpreis wirken ausdefinierte Oberarme wie die von Michelle Obama oder Six Packs, die wenigstens ansatzweise Ryan Goslings Nabelregion imitieren. Waxingstudios entfernen die letzten Erinnerungen an unsere Primaten-Ahnen, weil die seit Jahren dominante »Anti-Busch-Bewegung« (Dummy Magazin) den Porno zum Kult und damit den pubertären Körper zum Fetisch erkoren hat.

Die Kosmetikindustrie ist derweil seit Jahren so krisensicher wie kaum eine andere Branche. Ein jährliches Umsatzplus von fünf und mehr Prozent ist eher Regel als Ausnahme. Q10, Kollagen, Retinol heißen die Zauberstoffe, die Anti-Aging versprechen und Krähenfüße, wenigstens vorübergehend, verschwinden lassen.

Nur: Es nutzt alles nichts. Wir werden trotzdem älter. Und leiden darunter wie Dorian Gray, Oscar Wildes Romanheld, der sein Selbstbild nicht ertragen kann und es deshalb auf dem Dachboden versteckt. Stattdessen schauen wir uns Trugbilder an: 2000- bis 5000-mal pro Woche werden wir im Fernsehen, im Internet, auf der Straße mit Fotos makelloser Körper konfrontiert. Und egal, wie sehr wir uns anstrengen: Da können wir nicht mithalten. Es ist nun mal physiologisch unmöglich, beispielsweise Unterarme zu haben wie das digital gestreckte »Alice«-Model auf den Plakatwänden. Aber schön wär's halt trotzdem.

Wie sehr die Trugbilder aus der Werbung inzwischen unsere Wahrnehmung verzerren, zeigt beispielhaft ein Vorgang aus dem Jahr 2008. Damals wurde das ehemalige australische Topmodel Elle Macpherson – bekannt unter dem Spitznamen »The Body« – zum »besten Model aller Zeiten« gewählt. In Zeitungen überschlugen sich Kommentatoren daraufhin mit euphorischen Urteilen: Endlich habe es einmal kein Magermädchen, sondern eine kurvige »normale« Frau getroffen. Wirklich? Elle Macpherson, damals 45 Jahre alt, war zu dem Zeitpunkt 1,84 Meter groß, hatte die Maße 91-64-87 und Konfektionsgröße 34. Zum Vergleich: Die deutsche Durchschnittsfrau ist 1,65 groß, wiegt 67 Kilogramm und hat einen Taillenumfang von 83 Zentimetern.

Der Aufmarsch der Astralkörper, denen wir ohne Unterlass ausgesetzt sind, hat bemerkenswerte Folgen. Im Jahr 2012 hörte sich der Kosmetikkonzern Dove unter Deutschlands Frauen um und kam zu eindeutigen Ergebnissen: Gerade einmal zwei von hundert befragten Frauen empfanden sich als schön, in der Altersgruppe der über 40-Jährigen keine einzige mehr. In einer anderen Untersuchung, diesmal für die Frauenzeitschrift Petra, wurden 1000 Frauen gefragt, ob sie zehn Punkte ihres Intelligenzquotienten opfern würden, wenn sie dafür einen Schönheitsmakel ausgleichen könnten. Fast drei Viertel der Befragten antworteten mit Ja.[6] Nirgendwo sonst auf der Welt haben

Frauen – und eine wachsende Anzahl von Männern – ein derart gestörtes Selbstbild. Die Psychoanalytikerin Susie Orbach bringt es auf den Punkt: »Körperhass ist ein westlicher Exportschlager«.[7]

Die Frankenstein-Methode

Und weil das so ist, überschreiten von Jahr zu Jahr mehr Menschen die Hemmschwelle vom bloßen Fitness- und Kosmetik-Tuning hin zur operativen Selbstoptimierung. Ein gigantischer Wachstumsmarkt auch das: 120 bis 1000 Euro für ein scheinbar faltenfreies Gesicht, 2000 bis 10 000 Euro für einen um diverse Fettwulste bereinigten Bauch, 5000 bis 8000 Euro für einen Busen der Körbchengröße C oder auch D – Gewünschtes bitte ankreuzen. Eine halbe Million Schönheitsoperationen wurden 2012 allein in Deutschland durchgeführt, Botoxspritzen nicht mitgerechnet. Fünf Jahre zuvor waren es noch nicht einmal halb so viele.

Die Hitliste wird dabei seit Jahren von den Brustvergrößerungen angeführt, mit Wachstumsraten von jährlich bis zu zehn Prozent. Da spielt es auch keine Rolle, dass Ende 2011 ein gewaltiger Gesundheitsskandal in etlichen Ländern Europas aufflog. Damals wurde bekannt, dass das französische Unternehmen Poly Implant Prothèse (PIP) mit Sitz in La Seyne-sur-Mer über Jahre hinweg minderwertige Brustimplantate vertrieben hatte, etwa 10 000 davon auch nach Deutschland. In zahlreichen Fällen waren die unter die Haut operierten Kissen gerissen, so dass Silikongel allmählich ins Brustgewebe der betroffenen Frauen sickerte. Die Langzeitfolgen sind bis heute ungeklärt.

Eins ist aber sicher: Einen nennenswerten Nachfragerückgang nach Brustoperationen mussten Schönheitschirurgen nicht fürchten. 2012 ließen sich rund 20 000 Frauen in Deutschland einen neuen Busen aus dem Labor verpassen.

Männer freilich sind auf dem Weg zur ästhetischen Gleichberechtigung schon ein gutes Stück vorangekommen. Lag der Anteil männlicher Patienten unter den Schönheitsoperierten 1990 noch bei unter fünf Prozent, ist er inzwischen auf 16 Prozent gestiegen. Der Dreiklang der Adonis-Werdung lautet hier: Fett absaugen, Schlupflider heben, Tränensäcke entfernen. Als kleinen Bonus lässt sich mancher Mann gelegentlich noch eine Testosteron-Spritze verpassen – das erhöht die im Alter abnehmende Aggressivität und verspricht eine gleichbleibend toughe Performance im Job.

Wer schön sein will, muss leiden: Nie zuvor haben so viele Menschen dieses Sprichwort so furchtbar ernst genommen. Im Abwägungsprozess zwischen der eigenen Gesundheit und der eigenen Schönheit entscheiden sich erschreckend viele gegen die Gesundheit.

Wie schwarze Satire klingt ein Trend aus den USA, über den Medien im Sommer 2013 berichteten: Weil sich trotz des allmählichen Preisverfalls längst nicht alle Frauen einfach mal so eine Schönheits-OP leisten können, lassen sich offenbar viele auf eine hochgefährliche Do-it-yourself-Methode ein.

Eine von ihnen ist Apryl Michelle Brown. Die junge Frau aus Pensacola in Florida träumte um das Jahr 2005 herum davon, dereinst einen ähnlichen Hintern zu haben wie die vielgepriesene Rückansicht von Jennifer Lopez. In einem Schönheitssalon lernte sie eine Frau kennen, die anbot, ihr privat Silikon zu injizieren. Brown ließ sich darauf ein. Nach und nach wurden die Einspritzstellen jedoch hart, der gesamte Hintern begann zu schmerzen. Jahrelang quälte sich die junge Frau, bis sie schließlich 2011 in Kalifornien zu einem Arzt ging. Der stellte fest, dass man Brown jenes herkömmliche Silikon gespritzt hatte, das man in Baumärkten zum Abdichten kaufen kann. Die Frau wurde sofort operiert, aber es war zu spät. Nach dem Eingriff entwickelte sich in Browns Körper eine lebensgefährliche Infektion, um ihr das Leben zu retten, mussten ihr Ärzte beide Hände und Füße amputieren. Heute betreibt Apryl Brown eine eigene Website,[8] auf der sie ihre Erfahrungen schildert und versucht, Frauen zu erklären, dass sie schön sind, so wie sie sind.

Vergeblich: Aus Alabama, Georgia, Florida, Pennsylvania, Nevada und New York wurden bereits Todesfälle von Frauen gemeldet, die den Traum von einem schönen Hintern mit dem Leben bezahlt haben. Amerikaweit treffen sich immer häufiger Frauen zu so genannten Pumping Partys, um sich kollektiv mit Billig-Silikon aus dem Baumarkt vollspritzen zu lassen.[9]

Wer beachtet schon die Risiken, wenn die Nebenwirkung strahlende Schönheit verspricht? Und so boomen das legale und das illegale Geschäft mit chirurgisch erzielter Attraktivität. Sie ist inzwischen auch überall erhältlich. Zwar dürfen Schönheits-Chirurgen nach deutschem Recht nicht ihre Dienste bewerben. Aber es gibt ja genügend andere Methoden, Kunden zu ködern. So kommt es schon mal vor, dass im Online-Auktionshaus Groupon Gutscheine für eine klitzekleine Botox-Operation versteigert werden, frohgemut textet dazu die Anbieterin: »Das Zaubermittel beinhaltet zwar einen kleinen Pieks von einer Spritze, aber hey!, für knitterfreie Jugend nimmt man so einiges in Kauf, nicht?« Zum Beispiel Muskelschwäche oder Schluckstörungen oder, wenn es ganz dumm läuft, auch ein hängendes Augenlid – alles gar nicht mal so seltene Nebenwirkungen von Botulinumtoxin. Sogar an Bord von Kreuzfahrtschiffen haben mittlerweile die ersten Schönheitskliniken eröffnet – so bekommt der Slogan »Die Welt mit neuen Augen sehen« eine ganz andere Bedeutung.

Und natürlich gibt es längst auch die Fernsehsendung zum Trend. Seit April 2009 strahlt RTL2 – der Fachsender für menschliche Abgründe – die Doku-Soap *Extrem schön! – Endlich ein neues Leben!* aus. Dafür werden im Wochenturnus junge verängstigte Frauen vor die Kamera gezerrt, denen beispielsweise nach einer selbstzerstörerischen Extremdiät die überzähligen Hautlappen vom Körper hängen und die das so lange unter Tränen beklagen, bis ein freundlicher Skalpellträger im weißen Kittel um die Ecke kommt und verspricht, aus dem Entlein mit gezielten Schnitten einen Schwan zu machen. »Auf der Suche nach ein bisschen Glück bist du einen steinigen Weg gegangen. Jetzt bist du angekommen«, lautet dazu ein Sinnspruch der Redaktion, die genauso wenig wie die beteiligten Ärzte nichts dabei findet, dass sich junge Leute gegen jeden Menschenverstand und jede medizinische Vernunft binnen kürzester Zeit mehrfach unters Messer legen. Der »Porno des Prekariats« (Süddeutsche Zeitung) suggeriert auf perfideste Weise, dass auf dem OP-Tisch in Monatsfrist Probleme gelöst werden können, die über Jahre und Jahrzehnte hinweg entstanden sind.

Dummerweise aber macht die Frankenstein-Methode nicht unbedingt glücklich. In Norwegen begleiteten Forscher im Rahmen einer Langzeitstudie 13 Jahre lang rund 1500 Frauen durch ihren Alltag. Denjenigen, die sich in dieser Zeit einer Schönheitsoperation unterzogen hatten, ging es anschließend nicht etwa besser als denen, die natürlich gealtert waren. Im Gegenteil: Etliche waren unglücklich und frustriert, bei den Operierten traten sogar mehr als doppelt so oft Depressionen, Essstörungen und Alkoholprobleme auf wie bei den anderen.[10]

Ein Grund könnte sein, dass Schönheits-Operationen womöglich gar keine Schönheits-Operationen sind – zumindest nicht in den Augen des anderen Geschlechts. Die überwiegende Zahl der Männer findet chirurgisch optimierte Frauen alles andere als anziehend. Das zumindest ergab eine Umfrage der Zeitschrift Bild der Frau unter Männern unterschiedlichen Alters. Drei Viertel von ihnen erklärten, dass sie »natürliche Frauen« bevorzugen. Geradezu angewidert zeigten sich die Befragten angesichts prall gespritzter Schlauchbootlippen und melonenartiger Hartschalenbrüste.[11] »Es sind offenbar nicht die Männer, die die Frauen in die Operation treiben«, schreibt die Journalistin Nadine Ahr. »Wer aber ist es dann?« Oder was?

Von einer »Sucht nach dem Perfekten« spricht der Psychologe Peter Falkai. Es ist eine Sucht, die längst alle Lebensbereiche erfasst hat. Makel, Alterung, sichtbare Abweichungen von der Norm sind keine Option mehr – nicht im Haushalt, nicht auf der Straße, nicht im Liebesleben, nicht im Job. Wer ständig gewillt ist, alles zu optimieren, der kann vor dem eigenen Selbst nicht haltmachen. Vom »Körper als Kapital« spricht der Soziologe Pierre Bourdieu. Und so ist das nun mal auf dem Markt: Wer eine hohe Dividende einfahren will, braucht ein optimales Geschäftsmodel(l). Altern oder gar das sichtbare Nahen des Todes führen zu Kursabstürzen. »Der Mensch nimmt sich nicht mehr an, wie er ist«, sagt der Freiburger Professor für Medizinethik, Giovanni Maio, »sondern strebt nach einer vermeintlichen Perfektion, die ihn dann in die Tretmühle des Sich-stetig-verbessern-Müssens treibt«.[12] Die Frage, wie gesund oder wie sinnvoll das ist, stellt sich in dieser Logik gar nicht mehr. Was gemacht werden kann, wird gemacht. Weshalb es auch nicht überraschend ist, dass immer mehr Menschen jene Stellen ihres Körpers mit Skalpellen modellieren lassen, die so gut wie kein anderer jemals zu Gesicht bekommt.

Inzwischen werden in Deutschland jährlich mehr als 7000 Operationen im Intimbereich vorgenommen. Das ist noch weit entfernt von den Zahlen aus Brasilien oder den USA, aber die Deutschen holen auf und lassen sich zunehmend die Schamlippen verkleinern, die Klitoris versetzen oder den Penis vergrößern. Wobei das Wort »vergrößern« die Sache nicht wirklich trifft. Das Einzige, das Chirurgen tun können, ist, ein Stück Bindegewebe am Penisschaft zu durchtrennen. Dieser lugt dann ein Stückchen weiter aus der Bauchdecke hervor. Ein bis drei Zentimeter optische Täuschung sind damit herauszuholen – mehr geht nicht.

Konsequenterweise gibt es nun auch eine »Gesellschaft für ästhetische und rekonstruktive Intimchirurgie«, ihre erste Tagung fand im Frühjahr 2013 in einem Leipziger Hotel statt – inklusive surreal anmutender Szenen. Weil eine Live-OP an einer echten Vagina – noch? – nicht angemessen schien, operierten Chirurgen dort an einer Hühnerbrust aus dem Supermarkt herum. Mit Radiofrequenz schnitten sie ins hellrosa Fleisch, bis der Geruch von Verbranntem in der Luft lag, während nebenan diverse Silikonkissen drapiert waren.[13]

Marwan Nuwayhid, der Gründer der Gesellschaft, wittert bereits enorme Wachstumsraten: Jede zehnte Frau sei »unzufrieden mit ihrem äußeren Genital«, gewünscht werde von den meisten ein »juveniler Look«.[14] Wie schön, dass ihnen geholfen werden kann. Wer als ästhetischer Intimchirurg etwas auf sich hält, der schnitzt die unzufriedenen Frauen nun so zurecht, dass sie untenrum wie Brötchen aussehen: glatte äußere Schamlippen, welche die gestutzten inneren fest umschließen, ein Schlitz mit sanfter Wölbung. Damit können auch 40-Jährige aussehen, als seien sie gerade in die Pubertät gekommen. So werden ein paar Jahrzehnte Frauenbewegung mal eben weggeschnippelt. Besonders hübsch auf den Punkt bringt den Wahnsinn die Hamburger Psychosomatikerin Aglaja Stirn: Die Scham werde heute »zum zweiten Gesicht«.[15]

Von der Abschaffung des Menschen

Aber warum da schon aufhören? Konsequent zu Ende gedacht, lässt sich die Selbstoptimierung – Neudeutsch: human enhancement – noch weiter treiben. Viel weiter. Denn so sehr ausdefinierte, mit Anti-Aging-Cremes gesalbte und operierte Körper auch den Anschein erwecken, ihren Besitzern die ewige Jugend zu verleihen: Es ist, bei Lichte betrachtet, eben doch selbstbetrügerischer Kokolores. Etwas anderes als den Tod finden auch Menschen nicht, die ihren Körper zum Ersatzteillager umfunktionieren.

Was aber, wenn es gelänge, mit Hilfe der Genforschung das Haltbarkeitsdatum unserer Organe bis zum Sankt-Nimmerleins-Tag zu verlängern? Wenn mit bloßem Auge nicht sichtbare Roboter, so genannte Nanobots, dereinst auf Patrouille durch unseren Körper gingen, um minderwertige und schadhafte Zellen rasch auszutauschen? Wenn wir unseren Hirninhalt downloaden könnten wie Matt Damon in *Elysium*. Wären wir dann nicht ganz nah dran an der Unsterblichkeit? Und sollten wir das wollen?

Aber ja, sagt einer, der sein – nun auch schon bald 70-jähriges – Leben eben solchen Ideen gewidmet hat. Im Jahr 2009 gründete Ray Kurzweil im kalifornischen Silicon Valley die »Singularity University«. Unter anderem mit Hilfe von Google und der Weltraumbehörde Nasa wird dort an einer Lebensform geforscht, von der sich mit Bestimmtheit nicht mehr sagen lässt, was daran menschlich, was künstlich ist. Es geht um die Erschaffung eines Mischwesens, eines Cyborgs, das sich mit solchen Unannehmlichkeiten wie Altern, Vergesslichwerden, Dahinsiechen nicht mehr wird herumplagen müssen. Es wird einfach sein, für immerdar. In Kurzweils Universität tragen Forscher die neuesten Erkenntnisse aus der Genforschung, der Biotechnologie, der Robotik, der Neurowissenschaft, der Nanotechnologie und etlicher weiterer Wissenschaften zusammen, immer mit dem Ziel vor Augen, das Fehlerhafte am Menschen endgültig auszumerzen.

In 20 Jahren bereits, glaubt Kurzweil, werde es möglich sein, das menschliche Hirn einzuscannen und auf einem Computer hochzuladen. Der menschliche Geist werde dann als Software weiterleben. Ungefähr 2045 soll dann auch der Körper – oder das, was von ihm geblieben ist – so weit sein und nicht mehr altern. Kurzweil selbst wäre dann 97. So lange hält er sich nach eigenen Angaben mit täglich rund 250 Nahrungsergänzungsmitteln fit.

Was verrückt klingt, wird vor allem in den Vereinigten Staaten seit geraumer Zeit als ernsthafte Wissenschaft diskutiert. Ihr Überbegriff lautet »Transhumanismus«. Er stammt aus den 1930er Jahren, geprägt hat ihn der britische Biologe Julian Huxley, ein Befürworter der Eugenik. Huxleys jüngerer Bruder Aldous machte, nebenbei bemerkt, Karriere mit dem Buch

Brave New World, dessen Titel wiederum Shakespeares *Sturm* entlehnt ist: »Oh Wunder! Was gibt's für herrliche Geschöpfe hier! Wie schön der Mensch ist! Oh schöne neue Welt, die solche Bürger trägt!«.[16] So unterschiedliche Äpfel fallen bisweilen von einem Stamm.

Die Anhänger von Huxley dem Älteren, die mittlerweile auch in einer Deutschen Gesellschaft für Transhumanismus zusammengefunden haben, argumentieren in etwa so: Schon jetzt könnten beispielsweise Menschen mit Herzschrittmacher oder künstlicher Hüfte nur dank technologischer Segnungen gut leben – in gewisser Weise seien sie die Vorläufer künftiger Cyborgs. Was also spreche dagegen, technischen Fortschritt zur weiteren Optimierung des bedauerlich fehleranfälligen Menschen zu nutzen? Wenn also Implantate in Zukunft eine Hörschwäche im Alter verhindern könnten, wäre es dann nicht fahrlässig, dem Berufsmusiker eben jene Implantate zur Perfektionierung seines Gehörs zu verweigern? »Für einen kognitiv erweiterten Menschen, für einen Posthumanen, mag Mozart dann vielleicht klingen wie für uns heute Fahrstuhlmusik. Neue Kompositionsformen könnten sich ergeben«, schwärmt der Philosoph Stefan Lorenz Sorgner, der Direktor des Beyond Humanism Network.[17]

Es sei schlicht unsinnig, die Grenzen des Körpers und des Geistes als solche zu akzeptieren, finden Transhumanisten. Noch sei beispielsweise Usain Bolt das (menschliche) Maß aller Dinge auf der Tartanbahn. Aber wenn erst Prothesen existieren, die uns doppelt so schnell rennen oder doppelt so hoch hüpfen lassen – sollte man Athleten dann nicht erlauben, ihre Gliedmaßen gegen die überlegene Technik auszutauschen? Wieso umständlich googeln oder Datenbrillen spazieren tragen, wenn sich mit Hirnimplantaten Fremdsprachen auf Knopfdruck erlernen lassen und das Wissen der Welt jederzeit geupdated werden kann? Kurzum: »Wieso sollen wir das Leben nicht weiter verbessern?«, fragt Sorgner.[18]

Es ist ein bestechender Gedanke. So gesehen, müssten wir uns nämlich nicht länger mit lästigen Kleinigkeiten wie Klimawandel, Zivilisationskrankheiten, Hunger, Unzufriedenheit herumplagen – ein Update genügte und wir könnten uns an alle Umweltbedingungen anpassen. Auf die Idee, die Bedingungen dem Menschen anzupassen, scheint keiner mehr zu kommen.

Mit dem Transhumanismus wird der Kult um den Körper, den immer schon die Sehnsucht nach der Unsterblichkeit befeuert hat, seinen Endpunkt erreichen. Noch ist es nicht so weit. Noch arbeiten wir mit vergleichsweise herkömmlichen Methoden an uns, um schon morgen ein bisschen perfekter zu sein als heute. »Es geht darum, auf dem Arbeitsmarkt wettbewerbsfähiger zu sein, schneller zu denken oder sich länger konzentrieren zu können, oder aber körperlich zu glänzen, schön zu sein, schnell zu sein – schöner und schneller als andere«, schreibt die Journalistin Anna Sauerbrey.[19] »Es ist bemerkenswert, dass niemand an einem Mittel forscht, das uns umgänglicher macht und rücksichtsvoller, oder an einem Mittel, das uns mehr Empathie empfinden lässt.«

Wer nicht mitmacht bei diesem Wettlauf, der gilt schnell als Freak. Meret Haack hat sich trotzdem dafür entschieden. Anders als die meisten anderen jungen Frauen ihres Alters verbringt sie heute nicht mehr einen großen Teil ihrer Freizeit damit nachzugrübeln, wie sie ihr Äußeres optimieren kann. Sie konzentriert sich aktuell auf ihr Inneres – und das ganz ohne futuristische Hilfsmittel. Meret Haack hat angefangen, Psychologie zu studieren. Sie will versuchen, »die Menschen besser zu verstehen«.

IMMER KRÄNKER:
MEDIZIN

Wie die Unheilkunde zu einem profitablen Wirtschaftszweig wurde

»Die meisten Menschen sterben an ihren Arzneien,
nicht an ihren Krankheiten.«

Molière

Einmal, als er noch in einer Reha-Klinik am Starnberger See arbeitete, stieß Peter Trumpp auf eine Patientin, die seine Kollegen aufgegeben hatten. Eine Frau, 45 Jahre alt, in ständiger Atemnot, unfähig, Treppen zu steigen. Ein Wrack. Vier bekannte Kardiologen hatten sie in ihrer Obhut gehabt, zwölfmal hatte man der Frau einen Herzkatheter gelegt und dann die Diagnose gestellt: obstruktive Kardiomyopathie – eine unheilbare Herzmuskelverdickung, mit der man nicht alt wird.

Auch Peter Trumpp konnte da nicht mehr viel tun. Also setzte er sich hin und hörte der Frau zu. Und je länger er da saß, desto mehr beschlich ihn der Verdacht, dass das Grundproblem der Patientin ganz woanders zu suchen sei. Dass die Erschöpfung, die Kurzatmigkeit womöglich mehr mit einer geschundenen Seele als mit einem wuchernden Muskel zu tun haben könnten. Dass die Frau vielleicht wirklich herzkrank war, aber anders als gedacht. Trumpp schickte sie zur Psychotherapie und zur Krankengymnastik – eine riskante Entscheidung: Menschen mit Kardiomyopathie schweben in ständiger Gefahr eines Herzinfarkts. Bei dieser Patientin blieb er aus. Stattdessen konnte sie nach sechs Wochen wieder 30 Kilometer Rad fahren, mit ihrer Diagnose ein Ding der Unmöglichkeit. »Das war keine Wundermedizin«, sagt Trumpp. Die Kollegen hatten nur schlicht die simpelste Möglichkeit außer Acht gelassen: dass der Frau Zuwendung fehlte. Das hat sich Peter Trumpp bis heute gemerkt.

Der Weg zu Trumpps Praxis führt hoch in den Münchner Norden, in eine Gegend mit farblosen Wohnblöcken, die bisweilen unterbrochen werden von Aldi und Lidl und »Frankys Saftladen« und Lokalen, in denen das Schweineschnitzel mit Bratkartoffeln 7,90 Euro kostet. Gleich um die Ecke, in der Stösserstraße 14, ist das AWO-Dorf Hasenbergl, ein Alten- und Pflegeheim, in dessen Erdgeschoss Doktor Trumpp praktiziert: ein freundlicher Mann mit buschigen Brauen und mühsam gebändigten grauen Haaren, der entfernt an den mittelalten Clint Eastwood erinnert. Er sitzt mit Jeans und Hemd in einem winzigen Behandlungszimmer, vielleicht acht Quadratmeter groß, eine Liege, ein kleiner runder Tisch, ein Regal, darauf die einzige Extravaganz: eine afrikanische Holzskulptur. An der Wand tickt eine Miniuhr. Fast nichts erinnert hier an eine Arztpraxis, und genauso soll es sein, sagt Trumpp: »Meine Patienten sollen mich eher als Vertrauten oder Seelsorger sehen.« Daher auch der runde Tisch – er verringert die Distanz zwischen Arzt und Krankem.

Bereits 1981 entschied sich Trumpp mit einigen Kollegen, dahin zu gehen, wo es weh tut, und ausgerechnet im Bezirk Hasenbergl eine Gruppenpraxis zu eröffnen. Dort mangelte es seinerzeit an allem: an Jobs, an beheiztem Wohnraum, an einer medizinischen Basisversorgung, an Zuversicht. Dass er hier nicht reich werden würde, war dem gebürtigen Schwabinger klar. Aber er hatte im Hasenbergl schon als Student ein paar Jahre Stadtteilarbeit gemacht und den eindeutigen Zusammenhang zwischen erbärmlicher Infrastruktur, sozialer Ausgrenzung und Krankheit registriert. »Wir gehen davon aus, dass Resignation und Hilflosigkeit die größten pathogenen Faktoren sind«, sagt Trumpp. Also entschied er sich zu bleiben.

Seit mehr als dreißig Jahren sitzt der Doktor nun seinen Patienten gegenüber und staunt immer wieder über die komplexen Zusammenhänge zwischen Körper und Geist. Einmal zum Beispiel kam eine Patientin zu ihm, die alle Anzeichen einer Darmgrippe zeigte. Als Trumpp mit ihr ins Plaudern kam, stellte sich heraus, dass die Frau in einem Call Center arbeitete und in den vergangenen Wochen ständig verzweifelte alte Frauen aus Ostdeutschland an der Strippe hatte. Ihnen waren von Telefonfirmen mehrere Verträge gleichzeitig untergejubelt worden. Der Job der Frau im Call Center war es nun, den alten Damen eine Beschwerde auszureden und ihnen weiszumachen, alles habe seine Richtigkeit. »Da hat die das Kotzen gekriegt«, sagt Trumpp. Hätte er ihr Medizin gegen eine Darmgrippe verschrieben, wäre das nutzlos gewesen. Stattdessen riet er ihr, den Job zu wechseln.

Es sei nahezu unmöglich, sagt der Arzt, Patienten zu helfen, ohne ihre Geschichte, ihr Umfeld, ihre Herkunft, ihre Ängste zu kennen. »Genau das aber ist in unserer modernen Höher-Schneller-Weiter-Medizin gang und gäbe.« Ein Doktor, der zuhöre, erkläre und seinen Patienten anschließend einen Senfwickel gegen die Bronchitis auflege, verdiene damit schlicht kein Geld. Also verschrieben seine Kollegen in den allermeisten Fällen eben ein Antibiotikum, »obwohl es ein Schmarren ist«, so Trumpp. Gegen einen Tennisarm hülfen Massagen, Dehnübungen, zur Not die Ruhigstellung. Nur bringt das dem Arzt nichts. Also würden Patienten mit Tennisarm reihenweise in MRT-Röhren geschoben. Je mehr Hightech, desto besser für die Abrechnung.

Trumpp hält das für eine gefährliche Fehlentwicklung. Mit jedem Reformschritt in der Medizin sei in den vergangenen Jahrzehnten das Wohl der Patienten ein Stück mehr aus dem Blick geraten. Stattdessen dominiere die Frage, wie viel eine Behandlung koste und was sie dem einzelnen Arzt oder dem Krankenhaus einbringe. »Wir haben eine Medizinwissenschaft, die nach humanistischen Maßstäben keine mehr ist«, sagt Trumpp – »es ist eine Industrie.«

Vor einiger Zeit fand sich in seiner Praxis im Altenpflegeheim AWO-Dorf eine todkranke Patientin ein, den Bauch voller Krebs. Aus einem Münchner Klinikum hatte die Frau einen siebenseitigen Arztbericht mitgebracht, Peter Trumpp traute seinen Augen nicht, als er ihn las. »Obwohl von Anfang an klar war, dass in diesem Fall nichts mehr zu machen ist, wurde die Frau mit allen verfügbaren Mitteln auseinandergenommen.« Drei Bronchoskopien, eine Laparoskopie, drei Koloskopien, mehr als 20 EKGs und mehrere MRTs, Sonographien und etliche weitere Untersuchungen hatte die Patientin über sich ergehen lassen müssen, bis sie mit einer einzigen Therapieempfehlung – Diabetesdiät – nach Hause entlassen wurde. »Ich halte das für ungerechtfertigte Menschenquälerei«, sagt Trumpp, dem es überlassen blieb, die Frau in ihren letzten Wochen zu begleiten. Für das Krankenhaus hätte sich das nicht mehr gerechnet.

Peter Trumpp weiß inzwischen schon nicht mehr, ob er Patienten guten Gewissens empfehlen kann, ins Krankenhaus zu gehen. Er ist sich zwar sicher, dass auch dort ein Großteil der Ärzte versucht, gute Medizin zu machen. Das System aber lasse das immer seltener zu. »Die Gefahr ist groß, im Krankenhaus in eine medizinische Mühle zu geraten. Wer drin ist, kommt so einfach nicht mehr raus.«

Der Allgemeinarzt aus dem Hasenbergl geht einen anderen Weg. »Man kann in der Medizin mit den einfachsten Mitteln eine ganze Menge machen«, sagt Trumpp. Deswegen empfiehlt er seinen Patienten lieber Hautbürsten und Senfwickel statt Pillen. Deswegen schickt er sie lieber ins Bett als in die Röhre. Deswegen erklärt er viel in der Hoffnung, dass sich seine Kundschaft beim nächsten Mal gleich selbst helfen kann. »Natürlich«, sagt Trumpp, »geht ein Rezept ausstellen schneller und ist auch lukrativer.« Aber wieso sollte er jetzt, mit 69 Jahren, die wichtigste Erkenntnis aus einem Berufsleben über Bord werfen? »Ich bin fest davon überzeugt, dass Reden und Zuhören die besten Werkzeuge des Arztes sind.«

Im Land der Krankmacher

In der Theorie teilen viele Ärzte in Deutschland Trumpps Überzeugung. In der Praxis aber ist die Zeit, die sich Ärzte für ihre Patienten nehmen, nirgendwo in Europa so knapp bemessen wie in Deutschland. Gerade einmal 9,1 Minuten verbringt der durchschnittliche Kranke hier im Behandlungszimmer. Und, drastischer noch: Im Schnitt unterbricht ein Arzt bereits nach 18 Sekunden den kranken Menschen, der vor ihm sitzt, um ihm sein Leid zu klagen.[1] Manche haben sich da gerade zweimal geräuspert.

Vom »Stückgut Patient« spricht der Notfallmediziner Paul Brandenburg. Wer Ärzte nicht nach der Zeit bezahle, die sie für einen Patienten aufwenden, der dürfe sich nicht wundern, wenn sie Menschen wie am Fließband durch ihre Praxis schleusten. »So schrecklich banal ist das«, sagt Brandenburg – »wenn nach Masse bezahlt wird, macht der Arzt Masse.« Zuwendung, Empathie, Erklärungen, Trost bleiben dann eben auf der Strecke.

Das gilt insbesondere in Krankenhäusern, die sich seit Jahren einen zähen Überlebenswettkampf liefern. Im Sommer 2013 präsentierte die Journalistin Christina Berndt einen vielsagenden Frontbericht aus deutschen Kliniken. Sie traf dort auf aufgelöste Eltern, deren dreijähriger Sohn gerade über mehrere Stunden am Herzen operiert worden war, und die auf die Frage nach seinem Zustand an der Gegensprechanlage abgebürstet wurden: »Wir haben jetzt auch Mittagspause. Kommen Sie in zwei Stunden wieder.« Berndt sprach mit einem Sohn, der sich über die schäbige Behandlung seiner Mutter beschwerte und als Antwort hörte: »Ich hab' nicht studiert, um Händchen zu halten. Ich versichere Ihnen, ich kann noch viel grober werden.« Die Ärzte in den Krankenhäusern, schreibt Berndt, hetzten rastlos durch die Gänge, stets die Augen auf Pieper oder Papiere gerichtet, um nicht den Blicken von Angehörigen zu begegnen oder den Anschein zu erwecken, sie seien ansprechbar. Eine erschütternde Lieblosigkeit herrsche selbst Todkranken gegenüber. »Die Heilkunst, die den ganzen Menschen mit seinen körperlichen und seelischen Nöten einschließt, sie ist in deutschen Krankenhäusern ausgestorben«.[2]

Maßgeblichen Anteil hat daran ein Abrechnungssystem,

das deutschen Krankenhäusern im Jahr 2003 übergestülpt wurde, um die angeblich immer weiter explodierenden Gesundheitskosten in den Griff zu bekommen. Seither bestimmen »Diagnosis Related Groups« (DRG) – diagnosebezogene Fallpauschalen –, wie viel Geld einem Krankenhaus zur Verfügung steht. Mit dem medizinischen Bedarf hat dieses System so gut wie nichts mehr zu tun. Stattdessen wird jeder Diagnose eine Geldsumme zugeordnet, die sich am üblichen Aufwand für die Behandlung orientiert. Ein komplexes Zahlenwerk definiert, wie viel die Klinik für welche Leistung abrechnen darf. Dabei gilt: Aufwendige Eingriffe, komplizierte Operationen, Behandlungen mit Hightech-Medizin bringen unterm Strich deutlich mehr als konservative Therapien. Die Zeit, die ein Arzt mit seinem Patienten verbringt, schlägt dabei allenfalls negativ zu Buche.

Seit Einführung der Fallpauschalen zählt also für den Gewinn eines Krankenhauses nicht mehr, wie lange ein Patient auf einer Station liegt, sondern wie viel an ihm herumgedoktert wird. Der Verein Demokratische Ärztinnen und Ärzte schlägt bereits seit Jahren Alarm: »Die Frage, wie ›lukrativ‹ ein ›Fall‹ ist, entscheidet immer stärker darüber, ob der Patient gerade mit dem Nötigsten abgespeist wird, angemessen und qualitativ gut versorgt wird oder gar, wie auch viele Privatpatienten, medizinischen Maßnahmen zugeführt wird, die den Erlös steigern, aber für den Patienten keinen Nutzen haben. Diese zynische Haltung gegenüber Patienten bestimmt immer stärker die Prozesse im Krankenhaus«.[3] Die Botschaft wurde gehört – geändert hat sich nichts.

Mit der Einführung des Fallpauschalen-Systems stellten sich auch auf der Leitungsebene zahlloser Krankenhäuser bemerkenswerte Veränderungen ein. Hatten dort über Jahrzehnte ärztliche Direktoren das Sagen, wurden sie nun zunehmend durch Betriebswirte ersetzt, die von Medizin keine, von Ökonomie dafür umso mehr Ahnung hatten. In der Abwägung zwischen dem Wohl der Patienten und dem Wohl ihrer Bilanzen entscheiden sie sich im Zweifelsfall für Letzteres. Aus Krankenhäusern werden so nach und nach renditeorientierte Fabriken.

Insofern ist es nur folgerichtig, dass zahllose Ärzte inzwischen nebenher ihren Bachelor in Betriebswirtschaftslehre machen. In Zeiten wie diesen lohnt es sich für Mediziner, mit dem Taschenrechner ebenso virtuos umzugehen wie mit dem Skalpell. Ärzte stünden unter permanentem Druck von Klinikleitungen und Controllern, beklagt Giovanni Maio, der Ethik und Geschichte der Medizin lehrt: »Ob aber ein Arzt mit seinen Patienten gesprochen hat, wird nirgends erfasst. Dem Krankenhaus ist das egal, und so wird es zunehmend auch den Ärzten egal«.[4]

Chefärzte dagegen werden immer häufiger mit mengenabhängigen Bonusverträgen auf Linie gebracht – wer viel und gerne schnippelt, der hat am Ende des Jahres auch ein sattes Plus auf dem Konto. Dass damit einer interessengeleiteten Medizin Tür und Tor geöffnet wird, liegt auf der Hand. »Früher war das Hauptziel eines Krankenhauses, kranke Menschen wieder gesund zu machen. Dass die Kosten dabei nicht aus dem Ruder laufen, war eine Nebenbedingung«, sagt der Ökonom Matthias Binswanger.[5] »Heute steht die Nebensache im Vordergrund. Die Patienten sind zu einer Art Portfolio geworden. Wie optimiert man es? Indem man die Diagnose so stellt, dass lukrative Fälle dabei herauskommen.« Ähnlich wie der Notfallmediziner Brandenburg spricht Binswanger von einem fatalen Anreizsystem: »Zur Zeit der französischen Kolonialregierung in Hanoi gab es eine Rattenplage. Um sie zu beenden, kamen die Kolonialbeamten darauf, jedem, der eine tote Ratte ablieferte, eine Prämie zu zahlen. Was haben die Menschen daraufhin gemacht? Sie haben Ratten gezüchtet! Im Gesundheitswesen ist es ähnlich«.[6]

Die wundersame Gallenvermehrung

Tatsächlich liegen – zehn Jahre nach Einführung des Fallpauschalensystems – erstaunliche Zahlen vor, die sich mit medizinischen Notwendigkeiten oder einer alternden Gesellschaft nicht einmal im Ansatz erklären lassen. So kam etwa das Rheinisch-Westfälische Institut für Wirtschaftsforschung in einer Studie zu dem Ergebnis, dass allein zwischen 2006 und 2010 die Summe der Krankenhausleistungen um 13 Prozent zugenommen hatte.[7] Das entspricht einer wundersamen Vermehrung um 1,3 Millionen Behandlungen in nur vier Jahren – seither sind die Zahlen fröhlich weiter gestiegen.

In keinem anderen Land Europas kommen Patienten so oft unters Messer wie in Deutschland. Und zufälligerweise manifestiert sich das Siechtum der Bundesbürger just an jenen Körperregionen, an denen sich besonders gewinnbringend herumoperieren lässt. So brachte es etwa Frankreich im Jahr 2013 pro 100 000 Einwohner auf 81 Eingriffe an der Wirbelsäule, Schweden auf 187, Deutschland aber auf 698. Herzkatheter wurden im Schnitt aller OECD-Länder 177-mal gelegt – in Deutschland 624-mal.[8] Bei künstlichen Knie- oder Hüftgelenken sieht es ähnlich aus, auch hier sind die maladen Deutschen ungefähr-deter Europameister.

Dass das alles medizinisch notwendig ist, behaupten noch nicht einmal Mediziner. Ursula Strüwe, die ehemalige Vize-Vorsitzende des Marburger Bundes, berichtete in einem Interview von einer Klinik, die einen neuen Operationstrakt eingerichtet hatte: »Da setzen sich dann die Ökonomen hin und rechnen aus: Wenn man pro Tag etwa 35 Gallen operiert, dann ist der neue Trakt rentabel. Das wird auch den Ärzten so kommuniziert. Damit beginnt der Konflikt zwischen Ökonomie und Medizin. Denn Gallen wachsen ja nicht auf Bäumen. Die Folge: Unklare Oberbauchbeschwerden bei vorhandenem Gallenstein führen dann eben schneller zur Operation«.[9] Die Krankenschwester Susanne Sänger fasst es knapp zusammen: »Als Patient kann ich nicht ohne weiteres davon ausgehen, dass die Entscheidung so ausfällt, wie es für mich das Beste wäre«.[10]

Angesichts einer zunehmend auf Zahlen ausgerichteten Medizin herrsche in vielen Krankenhäusern inzwischen chronischer Galgenhumor, sagt der Oberarzt Peter Hoffmann, Anästhesist im Städtischen Klinikum München. Ein beliebter Orthopädenwitz über Patienten mit Rückenschmerzen laute etwa: »Lass uns schnell was machen, bevor es weg ist.« Zwar sei das deutsche Gesundheitswesen auch vor Einführung der Fallpauschalen kein Paradies gewesen, sagt Hoffmann, der im Vorstand des Vereins Demokratische Ärztinnen und Ärzte sitzt. Seither aber gelte fast nur noch: »Wir machen die teuren Sachen, und davon so viele wie möglich.« Deutschland sei hoffnungslos überversorgt mit Krankenhausbetten; um im zunehmend gnadenloseren Wettbewerb zu bestehen, flüchteten die Kliniken eben in die Menge. »Und wenn ethisches Handeln bedeutet, dass im nächsten Jahr wieder zwei Stellen gestrichen werden, dann gewöhnt man sich das eben ab.«

Hoffmann weiß von einer kardiologischen Abteilung in einem Münchner Krankenhaus, in der sich die Assistenzärzte einen bizarren Wettkampf um die Gunst des Chefarztes namens Klamm (Name geändert) lieferten. Je lukrativer die Diagnose, die sie stellen, desto höher rutschen sie in einer internen Rangliste. Pro Herzkatheter ließen sich die Nachwuchsmediziner zum Beispiel drei Klamm-Punkte gutschreiben, ein Vorhofohrverschluss bringt fünf Klamm-Punkte, eine Herzklappen-Operation gilt als Hauptgewinn, sie schlägt mit acht Klamm-Punkten zu Buche. Ein Punktabzug droht dagegen, wenn eine unvorhergesehene Blutung auftritt oder der Patient einer Darmspiegelung unterzogen werden muss. Das kostet unnötig Geld. Kurzum, so Hoffmann: »Wer viel reinbringt, ist Klamms Schätzelchen – das ist der reine Zynismus.«

Unnötiges Geld kosten Patienten auch, wenn sie nach einer Operation einfach nur im Krankenhaus herumliegen. Glücklicherweise lässt sich auch hier Abhilfe schaffen. Im Jahr 2000 verbrachte der deutsche Durchschnittspatient 9,7 Tage in der Klinik, 2010 waren es noch 7,8 Tage, Tendenz fallend. Man muss das verstehen: Es sind eben auch immer weniger Menschen da, die sich um die Siechen und Hilfsbedürftigen kümmern könnten. Seit Einführung des Fallpauschalen-Systems wurden in deutschen Krankenhäusern rund 30 000 Pflegestellen abgebaut, obwohl die Zahl der Patienten und die Zahl der Eingriffe nach oben geschnellt sind. Eine Krankenschwester muss deshalb heute 13 Patienten versorgen – zum Vergleich: in der Schweiz sind es nur acht, in Norwegen sogar nur fünf. Das hat ein paar unschöne Folgen. 85 Prozent der Klinik-Pflegekräfte hätten in Umfragen zugegeben, Patienten zuweilen festzubinden, da zu wenig Personal vorhanden sei, um sie zu überwachen, schreibt die Journalistin Sonia Mikich.[11] Die ehe-malige Leiterin des ARD-Magazins *Monitor* hat ihre eigenen traumatischen Erfahrungen als Patientin in einem Buch ver-arbeitet.[12] Sie ist bis heute empört über den seelenlosen Gesund-heitsbetrieb: »Das komplizierte System Krankenhaus verhindert Menschlichkeit. Ich kam mir vor wie jemand, der auf ein Fließ-band gerät und vom Menschen zum kranken Organ wird. Vom kranken Organ dann zu einer Fallpauschale. Von der Fallpau-schale zu einer Akte«.[13]

Schlimmer geht's nicht? Doch, es geht. Während nämlich die medizinische Grundversorgung schon in staatlichen Kliniken auf Kante genäht ist, bringen es private Krankenhäuser fertig, noch ein bisschen mehr zu sparen – zum Wohle ihrer Anteils-eigner. Nach Angaben der Dienstleistungs-Gewerkschaft ver.di beschäftigen private Krankenhausketten durchschnittlich zwölf Prozent weniger Personal als in der Branche üblich. Niedrigere Löhne zahlen sie in der Regel sowieso. Irgendwo muss die Divi-dende für die Aktionäre ja herkommen.

Hier die schlechte Nachricht für Kranke: In Deutschland ist der Anteil der Kliniken in privater Trägerschaft inzwischen sogar höher als in den USA. Im Jahr 2011 standen 17 Prozent der Krankenhausbetten in privaten Häusern. Den Markt teilen sich im Wesentlichen vier große Anbieter: Helios, die Rhön-Klinikum AG, Asklepios und die Sana AG. Und auch wenn sie alle in ihren Hochglanzbroschüren umfassende Medizin zu bezahlbaren Preisen versprechen, lohnt sich zuweilen der Blick aufs Kleingedruckte.

Wie sehr der Zwang, Gewinn um jeden Preis zu erzielen, den Krankenhausalltag der Privaten dominiert, zeigt beispielhaft ein Fall aus dem Universitätsklinikum Gießen und Marburg, nach eigenen Angaben einer der größten Gesundheitsdienstleister der Republik. Als das Krankenhaus 2006 von der Rhön-Klinikum AG übernommen wurde, wurde im Kaufvertrag die Einrichtung eines so genannten Partikeltherapiezentrums in Marburg festgelegt, es sollte für das Land Hessen ein medizinischer »Leuchtturm« werden. In Partikeltherapiezentren können Krebskranke besonders zielsicher und gewebeschonend bestrahlt werden, das Verfahren ist in etlichen Ländern erfolgreich erprobt worden. In ihrem Geschäftsbericht für das Jahr 2006 brüstete sich die Rhön-Klinikum AG noch stolz mit der hochmodernen Anlage – danach wurde es merkwürdig still um sie. Im Sommer 2011, rein zufällig wenige Tage nach den Kommunalwahlen in Hessen, verkündeten Rhön und Siemens in einer dürftigen Presseerklärung das Aus für die 120 Millionen Euro teure Anlage. Sie diente seither nurmehr der Forschung. Das Abschalten des hessischen Leuchtturms war das Ergebnis einer knallharten Kalkulation: Um das Zentrum gewinnbringend zu betreiben, hätte man 120 Patienten in zwei Schichten an sechs Tagen in der Woche durchschleusen müssen. Das war beim besten Willen nicht zu machen. In der Abwägung von Patientenwohl und Aktionärsinteressen mussten die Krebskranken leider hintanstehen.

Wie man Patienten von den Bäumen schüttelt

Fast schon rührend naiv lesen sich vor diesem Hintergrund Einlassungen wie die des SPD-Gesundheitsexperten Karl Lauterbach, der meint: »Das Gesundheitswesen ist kein Markt und darf auch keiner werden«.[14] Da muss er irgendetwas verpasst haben. Deutschlands Krankenhäuser befinden sich seit Jahren in einem knallharten ökonomischen Wettbewerb, der zunehmend auf dem Rücken derer ausgetragen wird, für die das Gesundheitssystem ursprünglich einmal erfunden wurde. Etwa ein Drittel der gut 2000 Krankenhäuser schreibt – obwohl die Logik des Marktes längt bis in die OPs vorgedrungen ist – rote Zahlen. Um in diesem Wettbewerb zu bestehen, rüsten die Kliniken technisch immer weiter auf, jedes noch so kleine Kreiskrankenhaus ist bis unters Dach zugestellt mit hochkomplexen Hightech-Apparaten, die sich irgendwie amortisieren müssen. Dumm nur, dass es einfach zu wenige Patienten gibt, die man hineinschieben oder davorspannen könnte. Zwischen Flens- und Freiburg gebe es etwa 500 000 Krankenhausbetten zu viel, sagt der Notfallmediziner Brandenburg. »Also schütteln wir Patienten von den Bäumen, bauen gleichzeitig aber Personal ab, mit der Folge, dass immer weniger Zeit für die Patienten ist – das ist komplett widersinnig.«

Natürlich kennt die Politik längst diese Probleme, was sie aber nicht daran hindert, nichts zu tun. Alle wissen: Das Krankenhausnetz in Deutschland – das dichteste der Welt nach Japan und Korea – muss dringend ausgedünnt werden. Aber kein Bundestagsabgeordneter, kein Landrat will derjenige sein, der die Schließung einer Klinik ausgerechnet in seinem Wahlkreis zu verantworten hat. Zu groß ist die Angst vor dem Zorn der Patienten, der ja, so lange er noch atmet, auch Wähler ist.

Und die Anspruchshaltung der siechen Deutschen ist gewaltig. In keinem anderen OECD-Land lassen sich die Menschen so häufig beim Onkel Doktor blicken. Während zum Beispiel die Schweden im Jahr 2010 durchschnittlich 2,9-mal zum Arzt gingen, die Briten fünfmal und die Franzosen 6,7-mal, brachte es der Deutsche auf unerreichte 8,9 Besuche im Krankenhaus oder der Praxis. Und die wenigsten wollen sich dort mit der Anleitung zum Senfwickeln abspeisen lassen – es darf schon ein bisschen dramatischer sein. »Wir müssen vielen Patienten eine Operation regelrecht ausreden«, wundert sich Brandenburg. Niedergelassene Ärzte stöhnen unterdessen, dass etliche Kranke regelrecht nach rezeptpflichtigen Medikamenten lechzten, selbst dann, wenn Bettruhe das Einzige ist, das garantiert Linderung verspricht. »20 Prozent meiner Patienten wollen unbedingt Pillen«, schätzt auch Allgemeinarzt Peter Trumpp.

Das nun wiederum lassen sich die Gerätehersteller und die Pharmaindustrie nicht zweimal sagen. Sie überschwemmen den Markt Jahr für Jahr mit neuen Apparaten und Pillen, für die Krankheiten zum Teil erst noch erfunden werden müssen. Nach Prognosen des Marktforschungsinstituts IMS werden die weltweiten Arznei-Ausgaben im Jahr 2014 erstmals die Eine-Billion-Dollar-Marke überschreiten. Und der Hauptgrund seien nicht etwa steigende Preise, sondern die stetig wachsende Menge an Medizin, die sich Kranke verabreichen.[15] In den vergangenen zehn Jahren ist der globale Verbrauch an Pillen und Tropfen demnach um 48 Prozent gestiegen. Wobei für die exorbitante Zunahme fast ausschließlich die Patienten in den modernen Industrie- und den großen Schwellenländern verantwortlich sind. Dort allein nämlich lässt sich das große Geld verdienen. Und nichts anderes zähle, sagt der Anästhesist Hoffmann: »Wer kein Geld hat, existiert für die Pharmaindustrie nicht. Dessen Existenz ist irrelevant.«

Beispielhaft lässt sich das am beeindruckenden Arsenal an Impfmitteln veranschaulichen. Nehmen wir die Japanische Enzephalitis, eine Viruskrankheit, die in Südostasien jährlich rund 50 000 Menschen, vor allem Kinder, befällt und in bis zu 30 Prozent der Fälle tödlich verläuft. Die Pharmaindustrie habe gewaltige Anstrengungen unternommen, »um für den bürgerlichen Reisenden aus Mitteleuropa ein Impfmittel zu entwickeln«, sagt Hoffmann. An der Ausrottung der Krankheit scheine dagegen kein übergroßes Interesse zu bestehen. Warum nicht? »Weil das unprofitabel wäre.«

Großen Erfindungsreichtum beweist die Pharmaindustrie dagegen traditionell in jenen Ländern, in denen der Markt eigentlich längst gesättigt ist. 50 000 Medikamente überschwemmen derzeit etwa Deutschland, obwohl Gesundheitsexperten davon ausgehen, dass 1500 zuverlässige Präparate mehr als ausreichend wären – Hausärzte würden gar mit 150 problemlos auskommen. Aber von irgendetwas müssen ja auch die Pillendreher leben, die längst dazu übergegangen sind, auch die hartgesottensten Pferdenaturen trickreich zu pathologisieren. Wechseljahre beim Mann, Cellulite bei der Frau: Was früher irgendwie normal war, gilt nun als Krankheit und muss behandelt werden. Dumm nur, dass die Industrie für verschreibungspflichtige Wunderprojekte nicht offen werben darf. Aber auch da wissen die Hersteller oft Rat.

Im Frühjahr 2013 etwa waren deutsche Innenstädte plötzlich mit knallroten Plakaten gepflastert, darauf ein missmutiges Strichmännchen, das seiner Partnerin einen Einblick in seine Unterhose gewährt. Das putzige Piktogramm war gedacht als Alarmruf für den allzeit bereiten Herrn, der von seinen Trieben beim Sexualspiel unglücklich übermannt wird: vorzeitiger Samenerguss – den Plakaten zufolge offenbar ein neues, bedauernswertes Massenleiden. Obacht: »Jeder 5. ist betroffen.« Zum Glück kann der Misere Einhalt geboten werden, nähere Informationen versprach die Website www.späterkommen.de. Dort nun erfuhr man allerhand über »Ejaculatio praecox«. Ein Blick aufs Impressum wiederum verriet, wem die fürsorgliche Seite zu verdanken ist: der Firma Berlin Chemie, zufälligerweise der Hersteller des einzigen in Deutschland zugelassenen Wirkstoffs gegen das Zu-früh-Kommen. Kein Schnäppchen zwar – eine Pille kostet bis zu zwölf Euro –, aber wenn's hilft? Verbotene Werbung freilich war die ganze Aktion nicht, sondern lediglich ein »Service« von Berlin-Chemie.[16]

Um ihre Pillen an den Patienten zu bringen, pumpt die Industrie zudem Jahr für Jahr horrende Beträge in die Überzeugungsarbeit von Ärzten. Die werden regelmäßig zu Kongressen in Fünf-Sterne-Hotels mit Rundum-Service geladen, bekommen großzügige Fördermittel für Studien, die die Welt nicht braucht, und regelmäßig Besuch von Kofferträgern, die anschließend Gratis-»Proben« ihrer neuesten Errungenschaften und das ein oder andere Geschenk in der Praxis zurücklassen. Risiken und Nebenwirkungen? Keine. Denn im Juni 2012 entschied der Bundesgerichtshof so höchstrichterlich wie überraschend, dass Pharmavertreter nicht so ohne weiteres wegen Bestechung und niedergelassene Ärzte nicht wegen Bestechlichkeit verurteilt werden können.

Damit urteilte der BGH zugunsten einer Pharmareferentin des Herstellers Ratiopharm. Sie hatte Kassenärzten, die ihren Patienten munter ein Ratiopharm-Medikament verschrieben hatten, Schecks über einen Gesamtbetrag von rund 18 000 Euro übergeben – als »Prämie«. Korruption sei das aber nicht gewesen, fanden die Bundesrichter. Niedergelassene Ärzte seien nämlich keine Beauftragten der Krankenkassen und damit auch keine Amtsträger. Nach dem Urteil stellten Staatsanwaltschaften bundesweit hunderte ähnliche Verfahren gegen Ärzte ein. Die Praxis, Mediziner für willfährige Dienstleistungen zum Wohle der Industrie zu entlohnen, dürfte seither eher nicht abgenommen haben.

So ist es kein Wunder, dass die Zahl der Arzneimittelverordnungen seit Jahren steigt und steigt. 2011 lag sie bei 784 Millionen – macht rechnerisch nahezu zehn Medikamente pro Bundesbürger. In ihrem Arzneimittelreport 2013 schlug die Krankenkasse Barmer GEK Alarm. Mittlerweile sei ein Drittel der Versicherten von »Polypharmazie« betroffen, einer chronischen Überdosis von mehreren Medikamenten gleichzeitig. Über 65-Jährige schluckten im Schnitt täglich Tabletten mit mehr als sieben verschiedenen Wirkstoffen, obwohl Experten davon ausgehen, dass der Körper nur drei bis vier Wirkstoffe gleichzeitig vertragen könne – alles andere sei lebensbedrohlich.[17]

Dabei ist auch der Nutzen zahlloser Medikamente mehr als fraglich. Das wird immer deutlicher, seit Deutschland, als eines der letzten Länder der Welt, 2011 ein Arzneimittelneuordnungsgesetz erließ. Seither müssen Pharmahersteller, die bis heute gegen die Regelung Sturm laufen, für ihre Pillen einen Zusatznutzen nachweisen, bevor sie mit den Kassen einen Preis für ihre Drogen aushandeln können. Überprüft wird die Wirksamkeit der Mittel vom Gemeinsamen Bundesausschuss, dem höchsten Gremium im deutschen Gesundheitswesen. 2013 legte der Ausschuss erstmals eine Bilanz vor, sie war für die Pharmaindustrie verheerend. Nur bei sieben von 37 überprüften Medikamenten vermochten die Experten einen »deutlichen« Zusatznutzen zu erkennen, bei 14 einen »geringen«. Einen »erheblichen« Zusatznutzen, die höchste Kategorie, konnte kein Hersteller nachweisen. Anders gesagt: Knapp die Hälfte aller neuen Medikamente waren vollkommen nutzlos.[18]

Um ähnlich peinliche Veröffentlichungen für die Zukunft zu vermeiden, mischten sich zahllose Lobbyisten der Pharmaindustrie nach der Bundestagswahl 2013 mit Verve in die Koalitionsverhandlungen zwischen CDU/CSU und SPD ein. Als der Koalitionsvertrag schließlich stand, konnten die Vertreter einen ersten Erfolg für sich verbuchen: Aus heiterem Himmel hatten sich die Großkoalitionäre darauf geeinigt, künftig wenigstens nicht mehr den Nutzen bereits auf dem Markt befindlicher Medikamente überprüfen zu lassen. Im Gegenzug sicherte die Pharmalobby großzügige Rabatte für ihre Präparate zu. Damit hatte sie einen Pfeiler des neuen Gesetzes schon einmal beseitigt – weitere sollen, wenn möglich, folgen.

Des Wahnsinns fette Beute

Die verblüffende Kreativität der Konzerne beim Erschließen neuer Märkte lässt sich auch auf dem Gebiet der Geisteskrankheiten beobachten. Kritiker warnen seit Jahren davor, dass in der Psychiatrie immer mehr Verhaltensauffälligkeiten als Krankheiten deklariert werden, obwohl es sich lediglich um Eigenheiten des Charakters handelt. Die freilich kann man nicht medizinisch behandeln, einen Psychodefekt sehr wohl – auch wenn es nur ein erfundener ist.

Im Frühjahr 2013 erlaubte sich ausgerechnet der emeritierte US-Psychiatrieprofessor Allen Frances, eine Koryphäe seiner Zunft, Unerhörtes: In seinem Buch *Normal – Gegen die Inflation psychiatrischer Diagnosen* erhob er wortgewaltig Anklage gegen die interessengeleiteten Krankmacher der Branche. Das weltweit operierende Psychopharmaka-Kartell betreibe ungeheuren Aufwand, um aus Menschen mit kleinen Macken oder harmlosen Ängsten Pillenabhängige zu machen. In den Vereinigten Staaten, so Frances, lebten bereits 83 Prozent aller Kinder mit irgendeiner psychiatrischen Diagnose, »und viele erhalten entsprechende Arzneimittel mit allen damit verbundenen Nebenwirkungen«.[19] »Wir sollten skeptischer sein und unseren eigenen Verstand benutzen. Und das Auf und Ab unserer Psyche gelassener betrachten. Meistens ist es normal.« In seinem Buch berief sich Frances auf Thomas Sydenham, einen englischen Arzt, der es im 17. Jahrhundert zur Berühmtheit brachte. Dessen Rezept: »Die Ankunft eines guten Clowns ist für eine ganze Stadt heilsamer als die Ankunft von zwanzig mit Medikamenten beladenen Eseln.«

Frances hatte den Zeitpunkt für seinen Generalangriff klug gewählt. 2013 gab die einflussreiche American Psychiatric Association zum ersten Mal seit 20 Jahren eine Neuauflage des »Diagnostischen und Statistischen Manuals Psychiatrischer Störungen« (DSM-5) heraus – die Bibel der Psychiatrie. Die Erstausgabe des Handbuchs war 1952 erschienen, seither hat sich die Zahl der weltweit existierenden Geisteskrankheiten von Auflage zu Auflage erhöht. Während die Autoren des Manuals vor 60 Jahren gerade mal 106 psychiatrische Diagnosen auflisteten, waren es 2013 nahezu dreimal so viele, nämlich 297.

Besonders überraschend sei das nicht, schreibt der Fachjournalist Jörg Blech, denn in all den Jahren, in denen an der Neuauflage gewerkelt wurde, habe die Pharmaindustrie mit am Tisch gesessen: »Rund 70 Prozent der aktuellen DSM-Autoren arbeiten als Berater für pharmazeutische Firmen und bekommen von ihnen dafür persönliche Honorare«.[20] So kam es, dass 2013 das Jahr der wundersamen Wahnsinns-Vermehrung wurde. Die gute alte Schusseligkeit darf nunmehr als »leichte kognitive Störung« medikamentös behandelt werden, der Jähzorn macht Furore als »disruptive Launenfehlregulationsstörung«, der Heißhunger firmiert neuerdings als »Binge Eating Disorder«, und wenn Frauen vor ihren Tagen ein Ziehen oder Stechen verspüren, was sie häufig tun, leiden sie jetzt unter einer »prämenstruellen dysphorischen Störung«.

Auch traurig sein kann man heute nicht mehr einfach nur so. »Das Trauerjahr«, schreibt Blech, »mag dem Volksmund geläufig sein, weil es die Leute stets als normal empfunden haben, wenn ein Mensch viel Zeit brauchte, um den Verlust eines nahen Angehörigen zu verwinden. Diese Frist, im DSM-4 bereits auf zwei Monate begrenzt, hat die zuständige Arbeitsgruppe nun verkürzt, auf zwei Wochen. Wer also 14 Tage nach dem Tod eines Verwandten noch schwer niedergeschlagen ist, der kann als geisteskrank eingestuft werden«.[21] Zum Glück gibt es einen Namen dafür – und eine Pille dagegen.

Dass die neuen Bezeichnungen für alte Sorgen und Nöte so wahnsinnig beeindruckend bzw. beunruhigend klingen, ist dabei durchaus im Sinne der Erfinder. Dem anspruchsvollen Patienten von heute kann der Psychodoc nämlich nicht mehr einfach mit irgendwelchen Lappalien kommen. Es darf schon etwas Besonderes sein, sonst macht man sich im Freundeskreis ja lächerlich. Als beispielsweise während der Arbeit am neuen DSM bekannt wurde, dass übellaunige Kinder fürderhin wegen einer »Fehlregulation des Temperaments« behandelt werden sollten, liefen allen Ernstes viele Eltern solcher Kinder Sturm dagegen. Der harmlose Name klinge ja gerade so, als seien ihre Sprösslinge nur ein bisschen aufbrausend, dabei seien sie offenkundig schwer hirnkrank. Die Autoren des DSM-5 gingen darauf noch einmal in sich und erfanden anschließend eine ziemlich cool klingende Krankheit: die »disruptive Launenfehlregulationsstörung« (Disruptive Mood Dysregulation Disorder) – kurz: DMDD.[22] Damit konnten alle leben.

Die Episode zeigt einmal mehr, dass eben nicht nur skrupellose Konzerne und willfährige Ärzte das explosionsartige Wachstum des Psychopharmaka-Marktes zu verantworten haben. Vielmehr stoßen sie in einer verunsicherten, überforderten, gestressten Gesellschaft auf zahllose dankbare Kunden. Wer auf einen diagnostizierten Hirnschaden verweisen kann, entledigt sich bequem der Verantwortung, andere Gründe für seine Wut, seine Niedergeschlagenheit, seine Erschöpfung zu suchen. Das gilt insbesondere für Eltern von »Problemkindern«: Sie müssen sich nicht mit lästigen Gedanken über das Schulsystem, den Leistungsdruck oder womöglich gar ihren Erziehungsstil herumplagen – viel einfacher ist es doch, wenn der Nachwuchs nachweisbar psychisch krank ist. Da kann man nichts machen. Außer Pillen geben.

Deutschland ist inzwischen auf dem besten Weg, es den Amerikanern bei der flächendeckenden Pathologisierung von Kindern gleichzutun. Die Verschreibung von Psychopharmaka an Minderjährige habe einen besorgniserregenden Höchststand erreicht, warnte die Barmer GEK in ihrem Arzneimittelreport: Zwischen 2005 und 2012 sei die Zahl der an Kinder verabreichten Pillen um 41 Prozent gestiegen. Hauptverantwortlich dafür ist die erstaunliche Karriere der vermeintlichen Aufmerksamkeitsstörung ADHS.

Sein Debüt als Geisteskrankheit gab das zappelige Verhalten von Kindern in der zweiten DSM-Auflage 1968 als »hyperkinetische Reaktion des Kindesalters«. Fast keine Krankheit dieser Welt hat seither einen ähnlich seuchenhaften Verlauf genommen. Inzwischen sitzt im Schnitt in jeder deutschen Grundschulklasse mindestens ein Kind, das angeblich unter der Aufmerksamkeitsdefizit-/Hyperaktivitätsstörung leidet. Rund 700 000 Mädchen und vor allem Jungen sollen davon betroffen sein. Das bevorzugte Mittel dagegen: Methylphenidat, in Deutschland vor allem unter dem Handelsnamen Ritalin geläufig. Die Pille stellt nicht nur Kinder ruhig. Sie leistet auch dem gestressten Erwachsenen zuverlässig gute Dienste, indem sie Schmerz und Erschöpfung unterdrückt. Zudem kann sie kurzfristig die Leistungsfähigkeit des Menschen, ob groß oder klein, steigern. Sie ist, mit anderen Worten, die Wunderdroge der Leistungsgesellschaft.

Im Jahr 2002 wurden von deutschen Ärzten noch 17 Millionen Tagesdosen Methylphenidat verschrieben – 2011 waren es bereits 56 Millionen.[23] Und seltsamerweise scheint die Krankheit besonders häufig dann aufzutreten, wenn Kinder aus der Grundschule in eine weiterführende Schule wechseln. Von einem »inflationären« Anstieg spricht die Barmer GEK. Pillen gegen Erziehungsprobleme seien der falsche Weg. »Wir müssen aufpassen, dass die ADHS-Diagnostik nicht aus dem Ruder läuft und wir eine ADHS-Generation fabrizieren.« Was heißt eine? Es gibt schon mehrere. Und das Tollste ist: DSM-5 erlaubt künftig ADHS-Diagnosen nicht mehr nur bei Schülern, sondern bei Menschen jeden Alters. Zappelphilipp bekommt Gesellschaft von Zappelheinrich und Zappelgisela. Der Markt kennt keine Grenzen.

Menschlichkeit als Medizin

Sind wir wirklich so krank, wie wir gemacht werden? Braucht es für jedes Gebrechen ein Medikament? Sollen wir immer mehr Pillen schlucken? So lange, bis der Arzt kommt? »Wir haben verlernt, auf unseren Körper zu hören«, sagt Dr. Peter Trumpp. Dabei sei es im Grunde doch ganz einfach: Viele Krankheiten seien Ausdruck seelischer Nöte, das beste Mittel dagegen seien Zuwendung, Aufmerksamkeit, Trost. Es ist im Prinzip eine uralte Erkenntnis. Schon im Koran, sagt Psychiatrieprofessor Frances, stehe über den Umgang mit Kranken: »Nährt sie (…), kleidet sie und sprecht Worte der Güte zu ihnen.« Und sogar in der modernen Medizinforschung reift mittlerweile wieder die Einsicht, dass man vor lauter Therapien den zu Therapierenden viel zu lange aus dem Blick verloren hat. »Wesentliche Elemente der Heilung liegen im Menschen«, sagt etwa Winfried Rief, der Leiter der Psychiatrie-Ambulanz an der Universität Marburg.[24] Es gibt erstaunliche neuere Studien, die belegen, dass Zuversicht, Zuwendung und intakte soziale Bindungen sogar bei schweren körperlichen Erkrankungen die Heilungschancen signifikant erhöhen. Von seelischen Leiden ganz abgesehen.

Mancherorts hat deshalb ein Umdenken eingesetzt. Am Universitätsklinikum Hamburg-Eppendorf zum Beispiel wollen Ärzte der Volkskrankheit Rückenschmerz nicht mehr routinemäßig mit dem Skalpell zu Leibe rücken, sondern gezielt die Heilkraft der Zuversicht einsetzen. Am Universitätsklinikum Regensburg sagt der Anästhesist Ernil Hansen, Worte seien »das mächtigste Werkzeug« des Arztes. Man müsse sie nur richtig einsetzen, um wieder ein Vertrauensverhältnis zwischen Arzt und Patient herzustellen.

Gelegentlich könnte es auch nicht schaden, wenn sich Ärzte wieder an das Genfer Gelöbnis erinnern würden, das 1948 als moderne Version des hippokratischen Eides verabschiedet wurde, aber heute kaum noch eine Rolle spielt. Dort steht:

»Bei meiner Aufnahme in den ärztlichen Berufsstand gelobe ich feierlich:/

mein Leben in den Dienst der Menschlichkeit zu stellen. (…)/

Ich werde meinen Beruf mit Gewissenhaftigkeit und Würde ausüben./

Die Gesundheit meines Patienten soll oberstes Gebot meines Handelns sein. (…)«

Eine Weile geht das noch so weiter. Aber egal, wie weit man darin liest – von Gewinnstreben, Wachstum oder Dividenden findet sich in dem Schriftstück kein einziges Wort.

IMMER MEHR:
ARBEIT

Wieso wir uns »Minderleister« und andere Faulenzer einfach nicht mehr leisten können

»Mein Vater lehrte mich arbeiten, aber er hat mich nicht gelehrt, es gern zu tun.«

Abraham Lincoln

Es gibt nicht viel, was im zweiten Leben des Alexander Hartmann noch ans erste erinnert. Außer vielleicht seine Haare. Sie sind silbergrau, fein und gut gepflegt. Er trägt sie halblang und nach hinten gekämmt, sie fallen so, dass sie einen Mittelscheitel andeuten. Seine Frau nennt das frotzelnd »Bankerfrisur«.

Es ist ein milder Tag in Basel, als Alexander Hartmann in sein Büro bittet. Es ist ein schlichtes Zimmer am Nordrand der Stadt, das er sich mit einer Kollegin teilt. Vielleicht 15 Quadratmeter groß, zwei Schreibtische, eine Pinnwand, ein Deckenfluter. Knarzende Treppen führen nach unten in den parkähnlichen Hof der Universitären Psychiatrischen Klinik Basel, in der Alkohol- und Drogenabhängige, Schizophrene und Depressive, Spiel- und andere Süchtige behandelt werden. Hartmann hat im September 2013 angefangen, er ist Sozialarbeiter in Ausbildung, montags und dienstags studiert er, den Rest der Woche arbeitet er hier im Dreiländereck mit Erwachsenen, denen das Leben entgleist ist. In den ersten Wochen, sagt der 47-Jährige, sei das »schon komisch« gewesen, diese merkwürdigen Leute an diesem merkwürdigen Ort mit seinen weitläufigen lindgrünen Gebäuden, der Gärtnerei und dem Gatter, in dem Schafe, Ziegen, Kaninchen zu therapeutischen Zwecken gehalten werden. Aber er hat sich schnell eingewöhnt. Außerdem, sagt Hartmann, habe sich sein altes Leben ja an einem nicht minder merkwürdigen Ort abgespielt. Und Süchtige gab es dort auch.

Er war einer von ihnen.

Alexander Hartmann war fast 20 Jahre lang ein Bilderbuch-Banker. 1991, mit gerade mal 24 Jahren, heuerte er bei der Schweizerischen Kreditanstalt, der heutigen Credit Suisse, an. Als »Credit Officer« war er dort zuständig für notleidende Kredite, ein aggressiver Markt, zumal in den 1990er Jahren. Hartmann schlug sich gut, »ich war voll auf Karriere fixiert«. Bereits vier Jahre später wechselte er zu Pricewaterhouse-Coopers, einer der weltgrößten Prüfungsgesellschaften, in die Abteilung Bankenrevision. Das internationale Geschäft war nun auch seines.

Von da an ging es immer weiter bergauf. Alle paar Jahre wechselte er den Arbeitgeber, und jedes Mal kletterte er dabei eine Stufe nach oben. Vom Handlungsbevollmächtigten zum Prokuristen, vom Prokuristen zum Vize-Direktor, vom Vize-Direktor zum Stellvertretenden Direktor. Von 2006 an war Hartmann »Chief Compliance Officer« bei der Sarasin-Gruppe, der viertgrößten Privatbank der Schweiz. Er war nun verantwortlich dafür, dass das Unternehmen Branchen-Standards und internationale Banken-Reglements einhält, dass Sarasin keine Geschäfte tätigt, die rechtlich und womöglich auch ethisch zweifelhaft sein könnten. Alexander Hartmann war das Gewissen seiner Bank.

Es war ein 60-, manchmal auch ein 70-Stunden-Job, gerne auch mal samstags. Hartmann jettete um die Welt, London, Luxemburg, Frankfurt, Dubai, Singapur, Hongkong, er verdiente sechsstellig und fühlte sich gut, bis auf die chronischen Darmprobleme, die ihn begleiteten. Sein Arzt meinte, das sei der Stress, er solle mal kürzertreten. Seine Frau sah es ähnlich. Aber Hartmann dachte nicht daran, er war noch nicht ganz oben, da wollte er hin.

Dann wechselte bei Sarasin das Management. Die über Jahrzehnte patronal geführte Bank wurde von der niederländischen Rabo-Gruppe übernommen, die privaten Eigner stiegen aus. Und die neuen Herren ließen keinen Zweifel daran, dass das Unternehmen von nun an noch effizienter und gewinnträchtiger werden solle. In der Compliance-Abteilung arbeitete zu diesem Zeitpunkt sein früherer Chef, der aus Sicht der neuen Führung mit Ende 50 zu alt, zu teuer und zu langsam war. Hartmann sollte ihn loswerden, aber der weigerte sich.

Er geriet nun häufiger mit der Sarasin-Spitze aneinander. Hartmanns ewige Bedenkenträgerei ging dem Management zusehends auf die Nerven. »Die Ansage lautete jetzt: Mach alles möglich, was noch legal geht, finde die Schlupflöcher, guck nicht so genau hin« – was den Profit maximierte, war gut, alles andere zweitrangig. »Ich war zwar jetzt immer noch das Gewissen der Bank, aber was dieses Gewissen sagt, war scheißegal.« Das, sagt Hartmann, seien seine »ersten Berührungspunkte mit hässlichem Banking« gewesen.

Hartmann begann, sich Fragen zu stellen: »Will ich die nächsten 20 Jahre wirklich Reiche immer noch reicher machen?

Zu welchem Preis? Und gibt's nicht etwas anderes?« 2007 unternahm er einen ersten ungewöhnlichen Schritt und schrieb sich an der Universität Zürich ein. Er arbeitete nun für eine Bank und studierte gleichzeitig Ethik. Parallel begann er, sich für Transparency International zu engagieren, einer Nichtregierungsorganisation, die weltweit Korruption bekämpft. Ende 2009 – ein Jahr nach Ausbruch der globalen Bankenkrise und kurz vor Ende seines Studiums – war Alexander Hartmann klar, dass er nicht Banker bleiben kann. Er wollte sich etwas anderes suchen. Nur was?

Am liebsten Geschäftsführer, dachte sich der Schweizer. Bei einer Organisation, die er für ethisch einwandfrei hält. Greenpeace zum Beispiel oder Amnesty International. Dorthin wandte er sich. »Aber die hatten nicht auf mich gewartet.« Dann, aus einer Laune heraus, bewarb er sich beim Bürgerlichen Waisenhaus Basel als Praktikant. Was folgte, war »das härteste Bewerbungsgespräch meines Lebens«. Eineinhalb Stunden lang wurde er von vier Sozialpädagogen gegrillt, die dem Karrieristen im Businessanzug gegenübersaßen und zweifelten, ob er es ernst meine und ob er wirklich wisse, was er da tue. Am Ende luden sie Hartmann ein, mit in die Wohngruppe zu kommen. »Aber zieh dein Jackett aus«, rieten sie ihm, »sonst denken die Kinder, du bist von der Polizei.«

Ein paar Wochen gab sich Hartmann danach noch. Dann, im Februar 2010, stand er in der Mittagspause am Baseler Münster, blickte über den Rhein nach Kleinbasel, wo er das Waisenhaus erkennen konnte, und beschloss, nach 19 Jahren sein erstes Leben zu beenden.

Er hat es nie bereut. Natürlich, sagt Hartmann, sei die Entwöhnung nicht einfach gewesen. »Jahrelang auf Geld und Karriere fixiert zu sein, ist ja nichts anderes als eine Verhaltenssucht.« Und von heute auf morgen vom Bestimmer zum Praktikanten zu werden und nur noch ein Sechstel des früheren Gehalts zu verdienen, sei auch nicht die leichteste Übung. Er hat nie horrende Rücklagen gebildet, der Schritt ins Unbekannte war einer ohne doppelten Boden. Aber im Waisenhaus hätten es ihm die neuen Kollegen genauso leichtgemacht wie neuerdings in der Psychiatrischen Klinik, seiner zweiten Praxisstation während des Sozialarbeit-Studiums. Obwohl er aus einem Klub »abgespaceter Hochlohnempfänger« gekommen sei, habe ihn keiner schräg angesehen. Nur ein 16-Jähriger aus seiner ersten Wohngruppe fragte ihn einmal, ob er noch ganz dicht sei, ein Jetset-Leben gegen die triste Wirklichkeit im Waisenhaus einzutauschen. »Ich habe geantwortet, dass es Wichtigeres gibt als Geld.«

Selbst von seinen früheren Kollegen habe er »eigentlich nur Positives gehört«. Gerade kürzlich hat er einen alten Freund getroffen, der auch aussteigen wolle, aber aus Angst noch zögere. Ein indischer Kollege mailte ihm aus Dubai, ein derart weitreichender Einschnitt ins Leben sei »gut fürs Karma«.

Seine Goldene Kreditkarte hat Alexander Hartmann wieder zurückgegeben, seinen Zweitwagen, einen Audi A5, verkauft, er hatte ohnehin nie Zeit, ihn zu fahren. Den gutbestückten Weinkeller gibt es nicht mehr, seine Frau und er kaufen sich jetzt nur noch gelegentlich einen teuren Tropfen, den sie allerdings umso mehr genießen. Er habe nun endlich wieder Zeit, sagt Hartmann, er treibe wieder Sport, sei schlanker geworden und gesünder. Die Darmprobleme sind wie von selbst verschwunden.

Ein neuer Mensch sei er zwar nicht geworden. Noch immer

habe er etliche Pläne und Ziele, »so bin ich halt«. Aber sie haben eben nichts mehr mit einer steilen Karriere zu tun. Stattdessen mischt er jetzt im Bundesvorstand der Schweizerischen Pfadfinder mit und überlegt, nach seinem zweiten Studium noch ein drittes draufzupacken. Diesmal vielleicht Soziologie.

»Ich glaube, ich bin auf dem richtigen Weg«, sagt Hartmann. Er ist sicher, dass er nie wieder 100 oder gar 150 Prozent arbeiten will. Und auch eine Führungsfunktion, ganz gleich wo, reizt ihn nicht mehr. Neulich ist er von seinen Vorgesetzten gefragt worden, ob er sich vorstellen könne, in absehbarer Zeit Teamleiter zu werden. Hartmann hat nur ganz kurz überlegt und dann gesagt: »Eigentlich nicht.«

Nicht wir haben Arbeit – die Arbeit hat uns

Leute wie Alexander Hartmann müsste es eigentlich wie Sand am Meer geben. In Umfragen wächst von Jahr zu Jahr die Zahl der Menschen, die beteuern, auf ein hohes Einkommen oder Erfolg im Beruf sehr viel weniger Wert zu legen als auf gute Freunde und ein zufriedenes Leben. Auch die Bereitschaft, ganz umzusatteln und neu anzufangen, nimmt zu – wenn man den Selbstauskünften der abhängig Beschäftigten glauben kann.

Seltsam nur: Die tatsächliche Zahl der Aussteiger und Umsattler hält sich nach wie vor in sehr engen Grenzen. Zumal in Deutschland. Hier arbeitet inzwischen sogar jeder Zehnte, so er denn Arbeit hat, länger als es das Gesetz erlaubt, nämlich 48 Stunden in der Woche und mehr. Ändern wollen daran die wenigsten etwas. Der Coach und Ausstiegsberater Arnd Corts sagt, schon etliche Klienten hätten ihm versichert, am liebsten ihr ganzes Arbeitsleben umkrempeln zu wollen. »Aber am Ende bleibt davon nur übrig, dass sie mit dem Fahrrad und nicht mehr mit dem Auto zur Arbeit fahren (…). Dass Leute wirklich drastisch weniger arbeiten, passiert selten«.[1]

Menschen wie die ehemalige MTV-Sprecherin Angie Sebrich, die vor elf Jahren von der Karriereleiter hüpfte, um in Bayrischzell eine Jugendherberge zu übernehmen, oder wie der frühere New-Economy-Star und heutige Kinderfotograf Claus Rottenbacher stehen im Ruf, mindestens schrullig, wenn nicht gar plemplem zu sein. Karriereverzicht ist gleichbedeutend mit der Bereitschaft zur Selbstauslöschung, Erfolg im Beruf die ultimative, wenn nicht einzig nennenswerte Prestigequelle. Wer in geselligen Runden die scheinbar harmlose Frage »Und was machst du so?« wahrheitsgemäß mit »Ich lerne Spanisch«, »Ich ziehe Kinder groß« oder »Nichts« beantwortet, brandmarkt sich selbst als Aussätziger. Wir sind derart verschmolzen mit unserer Berufstätigkeit, dass uns die Angabe »Arzt« oder »Ingenieurin« oder »Friseur« als hinreichende Charakterisierung unserer selbst zu genügen scheint. Niemand ist im sozialen Ranking niedriger angesiedelt als der Arbeitslose – außer vielleicht der »Arbeitsmigrant«. Nicht wir haben Arbeit. Die Arbeit hat uns.

Seit Jahren wächst die Unzufriedenheit mit diesem Zustand. Nach einer aktuellen Studie des Gallup-Instituts hat gerade noch jeder siebte Beschäftigte in Deutschland eine hohe emotionale Bindung an seinen Arbeitsplatz, bei zwei Dritteln ist diese Bindung nur mehr gering ausgeprägt, bei 23 Prozent ist sie gar nicht mehr vorhanden.[2] Eine anständige Bezahlung wünschen sich zwar die meisten, noch wichtiger sind den Menschen jedoch ein »kollegiales Umfeld« und ein »erfüllender Job«. Haben halt leider nur die wenigsten.

Fragt man nach den Gründen, klagt eine überwältigende Mehrheit der Beschäftigten über stetig zunehmenden Leistungsdruck. »Wir müssen immer schneller immer mehr machen und blicken immer weniger durch«, sagt der Arbeitsmediziner Michael Kastner.[3] Von »Dynaxität« sprechen Experten, einem Wort-Bastard aus Dynamik und Komplexität. Er besagt schlicht, dass der stetig wachsende Haufen Arbeit, mit dem wir es zu tun haben, sich schneller verändert, als wir ihn verstehen können. Aber da müssen wir durch: Hauptsache, einen Job, und irgendjemand wird sich bei dessen Beschreibung schon etwas gedacht haben. Außerdem schläft die Konkurrenz, wie man weiß, nie. Unternehmensberater und Controller haben daher für jede Tätigkeit Zeitvorgaben entworfen, an die sich der Untergebene sklavisch zu halten hat. Sie betreffen sogar die Länge der Rauch- und Pinkelpausen und die Zeit, die ein Beschäftigter beim Plausch mit Kollegen verliert. Wie praktisch, dass das neuerdings alles spielend einfach zu kontrollieren ist.

Die britische Supermarktkette Tesco zum Beispiel hat ihre Lagerarbeiter mit sogenannten smarten Armbändern ausgerüstet. Die Geräte sind ungeheuer hilfreich beim Scannen von Waren – oder von Menschen: Nach einem Bericht des Independent bekamen jene Angestellten Ärger, die aufs Klo gegangen waren, ohne an ihren elektronischen Handfesseln zuvor die Pausenfunktion aktiviert zu haben.[4] Der japanische Elektronikkonzern Hitachi geht sogar noch einen Schritt weiter und misst mit Hilfe »intelligenter« Namensschilder, wie oft ein Untergebener aufsteht, wo im Gebäude er sich aufhält und mit wem er wie lange redet.[5]

Wäre ja auch noch schöner, wenn die Beschäftigten am Ende auf eigene, womöglich gar blöde Gedanken kämen. Nur wer pausenlos Leistung bringt, zahlt sich für sein Unternehmen aus. Das ist nicht angenehm, muss aber sein, der internationale Wettbewerb, Sie wissen schon. Ja, wir wissen, wir verstehen das, weswegen wir sicherheitshalber abends lieber noch ein oder zwei Stündchen länger in unseren gläsernen Bürowaben sitzen bleiben, auch wenn es womöglich gar nichts mehr zu tun gibt. Wer zuerst geht, hat verloren. »Das Mantra von Flexibilität, Effizienz und Produktivitätssteigerung, also der Logik des Marktes, hat sich in das Denken eines jeden von uns bereits eingenistet«, sagt die IG-Metall-Expertin Sandra Siebenhüter, die verblüfft registriert, dass sogar immer mehr Gefeuerte ihren Ex-Arbeitgebern mit barmherziger Demut begegnen: »Wie kann es sein«, so Siebenhüter, »dass in Diskussionen Ingenieure ganz der Sachzwanglogik folgend argumentieren: ›Ja, ich versteh' meine Firma, dass sie mich entlässt. Ich bin inzwischen zu teuer für sie.‹«[6]

Die Forderung, stets ein perfektes Rädchen im Getriebe zu sein, trifft den Kassierer im Discounter ebenso wie den Banker und den globalen Handlungsreisenden. Nach einer Umfrage der Bundesanstalt für Arbeitsschutz und Arbeitsmedizin hat der Leistungsdruck in den vergangenen Jahren in allen Branchen massiv zugenommen, jeder fünfte Beschäftigte in Deutschland fühle sich inzwischen heillos überlastet – deutlich mehr als im europaweiten Durchschnitt.

Das liegt auch daran, dass der moderne Büroarbeiter einem Jongleur gleicht, der pausenlos etliche Bälle gleichzeitig in der Luft halten muss, während die Zahl der Bälle stetig wächst. Konferenzen, Meetings, Besprechungen wechseln sich in schneller Folge ab, permanent unterbrochen von eingehenden Anrufen, E-Mails, Tweets und Postings. Kalifornische Computerwissenschaftler haben sich einmal den Arbeitsalltag in einer Hightech-Firma angeschaut – das Ergebnis: Der durchschnittliche Beschäftigte konnte sich ganze elf Minuten mit einer Aufgabe befassen, bevor seine Aufmerksamkeit durch Kollegen oder elektronische Nachrichten abgelenkt wurde. Erst nach rund 25 Minuten widmeten sich die Testpersonen wieder ihrer ursprünglichen Aufgabe, danach brauchten sie weitere acht Minuten, um ihre Gedanken wieder zu sammeln. Das heißt: Drei Minuten später war die nächste Ablenkung da.[7] Und die Studie entstand bereits 2005. Seither ist es im Büro sicher nicht ruhiger geworden.

Außerhalb des Büros erst recht nicht. Bis nachmittags arbeiten, danach chillen, das war einmal. Der Feierabend ist längst kein freier Abend mehr, dafür gibt es zu viele E-Mails zu checken, zu viel mit Kollegen oder Kunden in fernen Zeitzonen zu besprechen, zu viel, das man als pflichtversessener Arbeitnehmer verpassen könnte. Deshalb geht der Trend im Wohnzimmer zum Zweit- bzw. Drittbildschirm, wofür gibt es Werbepausen, wenn nicht zum Twittern, Skypen oder Networken? Bei einer europaweiten Onlinebefragung gaben rund 61 Prozent der deutschen Teilnehmer an, gerne auch mal am Wochenende und im Urlaub berufliche E-Mails zu beantworten. Die Hälfte der Befragten tut dies sogar täglich oder fast täglich.[8] Es gibt im Prinzip keinen Ort mehr auf der Welt, von dem aus wir nicht noch schnell was erledigen können. Man muss schon in den birmanischen Dschungel oder die Wüste Gobi fahren, um für den Chef nicht mehr erreichbar zu sein. Dafür braucht es starke Nerven. Schon wahr: Ein Home- oder Holiday-Office kann praktisch sein. Die Frage ist nur, wo und wann man dann wirklich mal im Wortsinne abschalten kann. Die flexiblere Gestaltung des Arbeitslebens durch die Wunderwelt der Technik könne zwar neue Freiräume eröffnen, aber eben auch zusätzlichen Druck erzeugen, sagt die Psychologin Anna Rosa Koch, die an der Universität Münster über Arbeitsstress forscht: »Das Gute an solchen Modellen ist: Wir können immer und überall arbeiten. Das Schlechte daran: Wir können immer und überall arbeiten«.[9]

Inzwischen haben sogar etliche Unternehmen in Deutschland ein Einsehen und verfügt, dass berufliche Mails am Abend und an Wochenenden nicht mehr an die Beschäftigten weitergeleitet werden. Auch die seinerzeitige Bundesarbeitsministerin Ursula von der Leyen ordnete im Sommer 2013 an, dass Führungskräfte des Ministeriums nur noch »in begründeten Ausnahmefällen« in ihrer Freizeit durch Mails oder Anrufe gestört werden dürfen. Damit, so steht es im neuen Kodex des Hauses, solle »eine Selbstausbeutung der Beschäftigten« vermieden werden. Das ist rührend. Aber löst es auch das Problem einer dauerhaften Überlastung im Job? »Die Mails sind ja noch immer da, auch wenn ich sie erst zwei Tage später abrufe – nur dann eben geballt«, sagt der Psychologe Matthias Burisch. »Nicht die Erreichbarkeit ist das Übel, sondern die Menge der Arbeit«.[10] Die wächst und wächst. Digital wie analog. Was ja doch irgendwie erstaunlich ist.

Die Erfindung der Bullshit-Jobs

Mal doof gefragt: Müsste, bei stetig steigender Effizienz, bei immer größerer Verdichtung, bei Technisierung und Optimierung von Arbeitsprozessen, die Zeit, die wir mit Arbeit verbringen, nicht eher ab- als zunehmen? Müsste, mit anderen Worten, nicht längst John Maynard Keynes' Prophezeiung aus dem Jahr 1930 eingetreten sein, wonach wir heute alle gerade mal noch 15 Stunden in der Woche zu arbeiten hätten? Irgendwie schon. Dafür allerdings müsste die noch vorhandene tatsächlich sinnvoll zu erledigende Arbeit halbwegs gleich verteilt werden.

Die Autoren des Buches *Zukunftsfähiges Deutschland in einer globalisierten Welt* haben das mal ausgerechnet. Demnach brachte es der durchschnittliche Arbeitnehmer im Jahr 1970 auf exakt 1943 Arbeitsstunden. Dank gestiegener Arbeitsproduktivität müsste diese Zahl seither – theoretisch – immer weiter sinken: auf 1300 Stunden im Jahr 2000 und auf 1250 Stunden im Jahr 2005.[11] Heute würde nach dieser Rechnung jeder Beschäftigte nur noch weniger als 30 Stunden in der Woche arbeiten müssen. Und könnte, wie es Frithjof Bergmann, der Vordenker der »Neuen Arbeit«, beschreibt, endlich das tun, was er »wirklich, wirklich will«. Wie schön. Aber leider weltfremd.

Tatsächlich läuft das mit der Verteilung in Deutschland eher suboptimal. Hier gibt es auf der einen Seite das Millionenheer der Arbeitslosen, das viel größer ist als offiziell behauptet, weil all die Umschuler, Praktikanten und prekären Selbständigen, all die befristeten Zeitarbeiter, Frühverrenteten und nicht mehr vermittelbaren Hartz-IV-Empfänger fleißig aus den Statistiken herausgerechnet werden. Und auf der anderen Seite steht das Bienenvolk der Hochqualifizierten, das seinen Königinnen, der Effizienz und der Dividende, treu dient und dafür reich entlohnt wird. Und das darüber in der Regel vergisst, die Frage zu stellen, was genau es da eigentlich tut und ob das wirklich nötig ist.

Der Sinn der vielen Arbeit, die in den daueroptimierten Hocheffizienzbetrieben zu tun ist, erschließt sich tatsächlich immer seltener auf den ersten Blick. Nicht mal demjenigen, der sie hat. Wer nicht gerade Brötchen backt oder Yoga lehrt, durchschaut kaum noch, worin genau eigentlich im hundertfach zergliederten Arbeitsprozess der eigene Beitrag besteht und was das große Ganze soll. Seit den 1920er Jahren sei in industrialisierten Ländern eine nahezu unerschöpfliche Anzahl von »Bullshit Jobs« entstanden, kritisiert der Anthropologe und Autor David Graeber.[12] Millionen Beschäftigte vor allem in Europa und Nordamerika verbrächten ihr gesamtes Arbeitsleben mit Dingen, deren Notwendigkeit sie insgeheim bezweifelten. Man müsse sich nur einmal vorstellen, was passierte, wenn von heute auf morgen alle Krankenschwestern, Müllwerker, Mechaniker oder Lehrer verschwänden – »die Folgen wären prompt und katastrophal. (…) Es ist dagegen nicht ganz klar, worunter die Menschheit leiden würde, gäbe es plötzlich keine Chefs von Kapitalbeteiligungsgesellschaften mehr, keine Lobbyisten und keine PR-Strategen, keine Versicherungsmathematiker, Telefonverkäufer, Gerichtsvollzieher, Berater oder ähnliches. (Manche glauben gar, die Dinge würden sich dadurch signifikant verbessern)«.[13] Während im Handwerk und in der Industrie seit langem ein dramatischer Job-Schwund zu beobachten sei, blähe sich der Verwaltungssektor immer weiter auf, schreibt Graeber: »Es ist, als würde irgendjemand sinnlose Tätigkeiten erfinden, nur mit dem Ziel, uns alle immer weiter beschäftigt zu halten.«

Da ist es kein Wunder, wenn sich Arbeitnehmer nicht mehr mit ihrem Unternehmen identifizieren. Immer mehr Menschen würden, weil sie den Sinn ihrer Arbeit nicht erkennen, innerlich kündigen, sagt Heike Bruch von der Hochschule St. Gallen.

Wenn man einen Mann, der Steine mit dem Hammer bearbeitet, frage, was er da tue, werde er unter gegebenen Bedingungen vermutlich sagen: »Ich hämmere 50 Steine und kriege dafür 30 Euro.« Wenn derselbe Mann aber gute Vorgesetzte habe und den Zweck seines Tuns begreife, antworte er vielleicht: »Ich baue eine Kathedrale«.[14]

Gerade in größeren Unternehmen aber meißeln zahllose Beschäftigte heute sinnlos vor sich hin. »Der normale Alltag meiner Kunden besteht aus Meetings, Telefonieren, Excel Charts und Konferenzen«, sagt die Berliner Berufsberaterin Uta Glaubitz. »Da wird evaluiert, verworfen und neu evaluiert. Man arbeitet in einem abstrakten Nichts, das wichtigtuerisch daherkommt und sich immer weiter aufbläht. Das ist ballaballa.« Die allermeisten ihrer Klienten kämen zur Beratung, weil sie »endlich mal etwas Reales« machen wollten, etwa als Koch, Winzer, Konditor oder Förster. Es sei verblüffend, wie viele Hochqualifizierte davon träumten, in einen Handwerksberuf zu wechseln. »Sinnsuche ist das zentrale Thema«, sagt Glaubitz.

Im Hollywoodfilm »Margin Call – Der große Crash« liefert der desillusionierte Bankmanager Eric Dale (gespielt von Stanley Tucci) das Mantra des entfremdeten Arbeitnehmers. Nachdem sein Unternehmen – ein fiktiver Zwilling der Pleitebank Lehman Brothers – durch hochabstrakte Risikogeschäfte die Weltwirtschaft an den Rand des Abgrunds geführt hat, sagt er zu einem Kollegen: »Ich hab' mal 'ne Brücke gebaut. In meinem ersten Leben war ich Ingenieur. Sie spannte sich von Wilsbaden/Ohio bis Moundsville/West Virginia, der Bogenscheitel liegt 280 Meter über dem Ohio River, 12 120 Menschen benutzen sie täglich. Sie hat die Fahrstrecke von Willing nach New Martinsville um 56,3 Kilometer verkürzt, das sind aufgerundet

690 000 Kilometer Fahrstrecke. Pro Tag. Oder 20 700 000 Kilometer im Monat. Oder 248 400 000 im Jahr. Eingespart. Das Ganze wurde im Jahr 1986 fertig, vor 22 Jahren. Die Brücke brachte also bisher eine Einsparung von fünf Milliarden 446 Millionen und 800 000 Kilometern, so viel wurde weniger gefahren. Mit – was weiß ich – 80 Stundenkilometern? Das macht dann 134 164 800 Stunden oder 559 020 Tage. Also hat diese Brücke den Fahrern und ihren Familien insgesamt 1531 Jahre Lebenszeit erspart, die sie damit nicht in ihren beschissenen Autos verschwenden mussten. 1531 Jahre!«

Eric Dale kehrt in dem Film nicht an seinen Arbeitsplatz zurück. Abermillionen reale Arbeitnehmer, die in ihrem Beruf ebenfalls keinen Sinn mehr erkennen, tun es sehr wohl. Komme, was wolle. Zwar ist nach Angaben des Deutschen Gewerkschaftsbundes nur jeder Siebte in Deutschland zufrieden mit seinem Job; zwar wünschen sich von Umfrage zu Umfrage mehr Beschäftigte einen Tapetenwechsel oder wenigstens eine deutlich geringere Arbeitszeit; zwar gibt es inzwischen etliche Modelle für Teilzeitarbeit oder ein mehrmonatiges Sabbatical – aber die wenigsten trauen sich. Zu groß scheint die Gefahr, in den Augen des Arbeitgebers als Weichei oder Leistungsverweigerer dazustehen – und damit ungewollt in die soziale Isolation zu geraten. Wer einmal als »Low Performer« abgestempelt wurde, für den gibt es meist keinen Weg zurück.

Kein Platz für »Sozialfälle«

»Low Performer«: ein Begriff, der in den letzten Jahren erstaunliche Karriere gemacht hat. Erfunden wurde er bereits in den

1980er Jahren von Jack Welch, dem Ex-Chef des Industriegiganten General Electric. Der pflegte seine Mitarbeiter in drei Gruppen einzuteilen: 20 Prozent Top-Leister, 70 Prozent Solide und 10 Prozent Ausfälle. Welch nannte Letztere »Lemons« – und schmiss sie raus. Ähnlich gnadenlos ging der Tycoon mit Konzerntöchtern um, die nicht binnen zweier Jahre die hochgesteckten Renditeerwartungen erfüllten. Sie wurden dichtgemacht oder verkauft. Auf Welch geht schließlich auch der Shareholder-Value-Gedanke zurück: Alle unternehmerischen Entscheidungen, befand der Multimillionär, hätten sich am Interesse der Aktionäre auszurichten. Viele Jahre später kam Welch offenbar zur Besinnung und bezeichnete das als »die blödeste Idee der Welt«. Das Wichtigste, das eine Firma habe, seien die eigenen Mitarbeiter, die Kunden und die Produkte.

Aktuell steht dagegen der frühe Welch wieder ganz hoch im Kurs. So führte etwa Yahoo-Chefin Marissa Mayer kurz nach ihrem Amtsantritt im Juli 2012 mit den »Quarterly Performance Reviews« ein neues internes Bewertungssystem ein. Yahoo-Manager sind seither angehalten, ihre Untergebenen nach klaren Prozentangaben in fünf Leistungsstufen einzuteilen. Wer das Pech hat, in der Kategorie »Gelegentlicher Ausfall« oder »Ausfall« zu landen, muss jederzeit mit einer Kündigung rechnen. Ähnliche »Forced Rankings« hatten zuvor schon Konzerne wie IBM, Microsoft und Enron eingeführt.

In Deutschland ist das amerikanische Hire-and-Fire-Prinzip so ohne weiteres nicht anwendbar. Was aber den einen oder anderen Welch-Fan nicht hindert, es trotzdem so gut wie möglich zu kopieren, um noch das Letzte aus der Belegschaft herauszukitzeln. Im Jahr 2012 machte etwa der schwäbische Schraubenpatriarch Reinhold Würth mit einem bemerkenswerten

Drohbrief von sich reden: Im ersten Halbjahr, wütete der Konzernchef, habe man »nur 3,3 Prozent Wachstum erzielt«. Das sei »miserabel« und könne dazu führen, dass man sich »von Außendienstlern, die vielleicht nicht mehr als ihre eigenen Kosten verdienen, trennen« werde.[15] Wie menschenverachtend der Umgang mit »Minderleistern« ausfallen kann, zeigt auch ein internes Papier, das zum Leidwesen der Deutschen Post im selben Jahr seinen Weg in die Öffentlichkeit fand. Führungskräfte einer Postniederlassung lästerten darin über »Sozialfälle« in den eigenen Reihen, die »den Schalter nicht mehr umlegen können«. Am besten wäre es, so die Manager, den Schwächlingen vor Feiertagen nicht mehr freizugeben und ihre Überstunden zu streichen.

Als Feindbild der Leistungsgesellschaft sind die »Low Performer« längst auch Gegenstand von Seminaren und Ratgebern der deutschen Wirtschaftselite. So ruft etwa der selbsternannte »Personalguru« Jörg Knoblauch unverhohlen zu »mehr Härte im Personalmanagement« auf. »C-Mitarbeiter« schädigten Unternehmen langfristig, es sei unsinnig, sie weiter durchzuschleppen. Griffiger Titel der Knoblauch-Lektion: »Minderleister raus!«.[16] Der schneidige Berater ist, nebenbei bemerkt, auch Initiator des »Kongresses Christlicher Führungskräfte«.

Dabei, sagen Kritiker, sei es schlechterdings unmöglich, die Leistung von Beschäftigten allein mit Hilfe von Excel-Tabellen oder Taschenrechnern zu bewerten. »Zu viele gerade auch für den unternehmerischen Erfolg relevante Dimensionen menschlichen Verhaltens fallen dabei der Vereinfachung zum Opfer«, moniert der langjährige Manager Patrick D. Cowden. »Lässt sich beispielsweise ein Verkäufer ausschließlich nach der Anzahl der von ihm verkauften Produkte beurteilen? Vielleicht baut gerade dieser Verkäufer, im Gegensatz zu seinem kurzfristig erfolgreichen Kollegen, Beziehungen zu Kunden auf, die langfristig umso mehr Früchte tragen«.[17]

Es sei ungerecht und widersinnig, Kollegen auf eine bloße Zahl zu reduzieren, sagt Cowden. »Das Vertrauen der Menschen, fair und respektvoll behandelt zu werden, falls es das je gegeben hat, löst sich in Luft auf. Plötzlich haben der betroffene Mitarbeiter, aber auch alle anderen, an denen der Kelch noch einmal vorübergegangen ist, die Botschaft klar vor Augen: Ihr seid nicht mehr als eine austauschbare Nummer, ein Rädchen im Getriebe, das sich zum Wohle der Profitmaximierung dreht. Und wenn das Schicksal, sprich die Führung, es so will, dann wird euch in diesem Unternehmen die Luft abgedreht.« Ein derartiger Umgang könne »weitreichende Folgen für das Leben der Betroffenen« haben.[18]

Die gedopte Belegschaft

»Wir haben den Wert der Leistung verabsolutiert«, sagt der Freiburger Medizinethiker Giovanni Maio. »Alles, was vermeintlich zwecklos ist, wird wegrationalisiert«.[19] Im Zweifel halt der Angestellte. Der arbeitet wie wild, weiß immer seltener, wofür, wird dabei aber dauerhaft gescannt und muss jederzeit mit dem Kündigungsgespräch rechnen. Das kann nicht ohne Folgen bleiben. Und es bleibt nicht ohne Folgen.

Seit Jahren beobachten Ärzte und Therapeuten, dass die Zahl derer, die dem Druck und der Entfremdung am Arbeitsplatz nicht mehr standhalten, stetig wächst. Ob man es nun Burnout nennt oder anders – Tatsache ist: Kein anderes Krankheitsphänomen hat sich in der Erwerbswelt im vergangenen Jahrzehnt auch nur ähnlich rasant ausgebreitet. Von der Jahrtausendwende bis heute hat sich die Zahl der Krankheitstage wegen psychischer Belastungen verdreifacht. Sie lag im Jahr 2011 in Deutschland bei 59,2 Millionen Tagen. Und es trifft alle Branchen, Frauen wie Männer, Menschen in Leistungsverantwortung etwas häufiger als normale Beschäftigte.

Immer öfter solle er »Patienten wieder fitmachen für ein System, das sie krank werden lässt«, sagt Jochen-Friedrich Buhrmann, Chefarzt der Klinik für Psychosomatische Medizin in Schwerin. Buhrmann berichtet von Männern, die nur abschalten können, wenn sie sich betrinken, von Frauen, die vor lauter Anspannung motorische Ticks entwickeln und bisweilen unfähig sind, morgens aufzustehen. Und dabei handele es sich nicht nur um Manager, die sich knallharten Renditezielen gegenübersehen. »Das sind Verkäuferinnen, deren Filialen permanent videoüberwacht werden und die für jeden falschen Handgriff Rechenschaft ablegen müssen«.[20]

Psychische Erkrankungen sind inzwischen auch der häufigste Grund für Frühverrentungen. Im Jahr 2010 schieden bundesweit 71 000 Männer und Frauen wegen Depressionen, chronischen Angst- oder Erschöpfungszuständen vorzeitig aus dem Berufsleben aus – das waren rund 30 000 mehr als noch knapp 20 Jahre zuvor. Und diejenigen, die trotz wachsender Belastungen weiter durchhalten, behelfen sich immer häufiger mit leistungssteigernden oder betäubenden Mitteln. Anlässlich des Fehlzeitenreports 2013 schlug AOK-Chef Uwe Deh Alarm: Zunehmender Leistungsdruck und Verdichtung von Arbeit ließen erwachsene Arbeitnehmer zunehmend zu pharmazeutischen Wachmachern wie Ritalin, Modafinil oder Donepezil greifen. »Gehirndoping ist erkennbar auf dem Vormarsch«, so Deh.[21] Fünf Prozent der Beschäftigten räumten ein, in den vergangenen zwölf Monaten ohne jede medizinische Notwendigkeit so genannte Neuro-Enhancer eingeworfen zu haben, um im Job bessere Leistungen abrufen zu können oder ihren Stresspegel zu senken. Wobei Frauen offenbar angstlösende Präparate, Männer leistungssteigernde Drogen bevorzugen. Dehs Fazit: »Die neue Arbeitswelt mit ihren Anforderungen an Flexibilität, Erreichbarkeit und Mobilität ist Nährboden für neue Süchte«.[22]

Der volkswirtschaftliche Schaden, der durch psychisch bedingte Krankheitstage, die Überdosierung von Gehirndopingmitteln und die innere Kündigung von Arbeitnehmern entsteht, lässt sich nur vage schätzen. Die Zahlen schwanken zwischen sechs und 90 Milliarden Euro im Jahr. Klar ist: Die Einbußen sind exorbitant – weswegen zahllose Unternehmen längst dazu übergegangen sind, ihren Untergebenen ein erkleckliches Repertoire an Hege- und Pflegediensten angedeihen zu lassen. Ganz selbstlos, versteht sich.

So gehören Sportkurse und kostenlose Vorsorgeuntersuchungen für Beschäftigte längst zum gängigen Angebot etlicher Konzerne. Vielerorts gibt es Ruheräume, Seminare zur Stressbewältigung und frisches Obst bis zum Abwinken. Auf der Website des Bundesgesundheitsministeriums wimmelt es vor »Best-Practice-Beispielen« aus dem wahren Arbeitsleben. Auffällig dabei: Je wirtschaftsstärker ein Bundesland, desto fürsorglicher offenbar die dortigen Unternehmen. Nordrhein-Westfalen, Hessen, Bayern und Baden-Württemberg sind die »Fit for Job«-Vorreiter, im Osten hapert es noch.[23]

Die deutschen Arbeitgeber ahmen damit immer häufiger nach, was ihnen die digitalen Hipster aus dem kalifornischen Silicon Valley vorgemacht haben. Die dortigen Bürobauten sind lustig-plüschige Mischungen aus Fitnessstudio, Multimediazentrale und Großraum-WG, Kuschelecke inklusive. In der Zentrale des Datengiganten Google, dem »Googleplex« in Mountain View, können gestresste Mitarbeiter – sollte es sie geben – in zwei kleinen Schwimmbädern planschen, Beachvolleyball spielen, in einer von 18 Kantinen essen, so viel sie wollen, und dabei die Nachbildung des Space Ship One bestaunen. Im Hauptgebäude gibt es viele bunte Lampenschirme und Gummibälle und ein Klavier. Wer Wäsche waschen muss, kann das kostenlos in diversen Wäschereien tun. Und natürlich gibt es auch den einen oder anderen Schlafplatz. Google-Beschäftigte können wählen, ob sie im Googleplex oder vielleicht doch lieber zu Hause arbeiten. Aber wer sollte das wollen, wo hier doch alles so einladend und gemütlich ist? Und wenn die Belegschaft dadurch zufällig noch mehr arbeitet, als sie es ohnehin tun würde, hat Google zumindest nichts dagegen.

Es ist ein Genie!

Nur der arbeitende Mensch ist ein vollwertiger Mensch. Und wer mehr arbeitet als andere, ist noch ein bisschen vollwertiger. Dass das mal anders war, kann sich heute kaum noch jemand vorstellen. Den alten Griechen zum Beispiel galt Arbeit als eher anrüchig, man hielt sich, wenn möglich, davon fern. Gutes Leben bestand gerade darin, nicht einer sinnentleerten, aber anstrengenden Tätigkeit nachgehen zu müssen. Arbeit hielt vom

Wesentlichen ab – vom Denken und Verstehen, davon, Sinnvolles zu tun und sich den eigenen Fähigkeiten gemäß für die Gemeinschaft einzusetzen.

Das neuhochdeutsche Wort »Arbeit« leitet sich mutmaßlich vom indogermanischen »orbho« ab und bedeutet »Plage, unwürdige Tätigkeit«. Ganz ähnlich sieht es in anderen Sprachfamilien aus: Das italienische »lavoro« und das englische »labour« stammen vom lateinischen »labor« ab, das zuallererst »Mühe« bedeutet. Das französische »travail« und das spanische »trabajo« dagegen gehen auf das ebenfalls lateinische »tripalium« zurück – ein ziemlich unangenehmes Folterwerkzeug. Noch bis in die Neuzeit genossen Menschen, die es nicht nötig hatten zu arbeiten, den höchsten sozialen Status. An ihre Stelle aber seien in der heutigen Arbeitsgesellschaft längst die »Workaholics« getreten, schreiben Robert und Edward Skidelsky: »In unserer Wettbewerbsgesellschaft müssen Menschen, die begabt sind, aber nicht reich, härter arbeiten, um den Status zu erlangen, den früher Menschen, die reich waren, aber nicht begabt, mühelos einnahmen«.[24]

Und am besten ist es, man beginnt ganz früh, sich darauf einzustellen. Idealerweise spätestens nach dem Besuch der Schnullerfee. Die Zahl der Eltern jedenfalls, die schon ihre Allerkleinsten früh zu Hochleistung anspornen, wächst seit Jahren besorgniserregend. Im Bemühen, ihrem Nachwuchs einen Startvorteil ins Leistungsleben zu sichern, schrecken viele Väter und Mütter nicht mehr davor zurück, schon Zweijährige zu überfördern beziehungsweise zu überfordern. Zum Beispiel mit Englisch- oder besser noch Chinesischunterricht. Danach ist die Karriere ein Klacks. »Verbesserte Kindesmisshandlung« nennt das der Marburger Psychologie-Professor Detlef Rost, der eine zunehmende

»Förderhysterie« in Deutschland beklagt.[25] Sie lässt sich festmachen an der wachsenden Zahl der Eltern, die überzeugt davon sind, ein »hochbegabtes« Wesen in die Welt gesetzt zu haben, und alles dafür unternehmen, dieser Begabung zur freien Entfaltung zu verhelfen. Zwar verfügen statistisch nur zwei Prozent der Deutschen über einen Intelligenzquotienten von 130 Punkten und mehr. Aber man weiß ja nie, ob anhaltendes Babygeschrei nicht die verzweifelte Reaktion eines geborenen Geistesriesen auf seine entsetzlich dummen Eltern ist. Oder die Weigerung eines Kleinkindes, mit Gleichaltrigen zu spielen, nicht Ausdruck beleidigter Intelligenz. Deswegen gibt es inzwischen in fast jeder Stadt Selbsthilfegruppen für Eltern vermeintlich Hochbegabter. Deswegen veröffentlichen Babyzubehör-Unternehmen im Internet Listen mit Indizien für ein womöglich angeborenes Einstein-Syndrom – zum Beispiel schlechter Schlaf oder Trotz. Und deswegen rennen hoffnungsfrohe Eltern Detlef Rost die Bude ein, der in Marburg die Begabungsdiagnostische Beratungsstelle »Brain« leitet. Da tauchen dann schon mal Zweitklässler auf, die auf die Frage, warum es in der Schule nicht läuft, antworten: »Die anderen Kinder hindern mich in meiner kognitiven Entwicklung«.[26] Rost und andere Psychologen wissen von zahllosen Eltern, die von Arzt zu Arzt tingeln, um endlich die erhoffte Diagnose – Es ist ein Genie! – zu erhalten. Die hochbegabt zwar schön, höherbegabt aber noch schöner fänden. Die ihre Kinder derart unter Druck setzen, dass diese emotional und sozial daran zerbrechen.

Aber es ist ja nur zu deren Besten. Deswegen steigt auch die Zahl der Gymnasiasten seit Jahren in schöner Regelmäßigkeit. 370 000 Schüler legten in Deutschland 2013 das Abitur ab, so viele wie nie zuvor. Gleichzeitig blieben 33 000 Lehrstellen unbesetzt.[27] Die Möglichkeiten, als Tischler zu Ruhm und Ehre zu kommen, sind halt doch begrenzt. Deswegen züchtet die Leistungsgesellschaft Akademiker. Dabei spielt es offenbar immer weniger eine Rolle, ob das einzelne Kind das will – oder kann. Es gibt Gymnasien, auf denen mehr als die Hälfte der Schüler gegen das ausdrückliche Votum der Grundschullehrer unterrichtet werden.

Und damit sie möglichst schnell dem Arbeitsmarkt zur Verfügung stehen können, wurde vor rund zehn Jahren halt einfach mal deutschlandweit die Zeit bis zum Abitur von neun auf acht Jahre verkürzt. G8 statt G9 – das heißt, dass nach der Schulzeit vielleicht nicht bessere, aber doch wenigstens jüngere Abiturienten damit anfangen können, die Renten der immer zahlreicheren Alten zu sichern. Weshalb die größten Befürworter von G8 auch nach wie vor in Deutschlands Wirtschaftsverbänden sitzen.

Für zahllose Kinder bedeutet G8 dagegen Dauerstress, pausenloses Pauken und rücksichtsloses Einbimsen des nicht eben geschrumpften Lernstoffs. Und wenn sie Pech haben, warten am Nachmittag zu Hause die Eltern, um den gehetzten Nachwuchs zum Leistungssport, Klavierspielen oder dem Erwerb einer vierten Fremdsprache anzutreiben. Schon 13-Jährige arbeiten heute im Schnitt 44 Wochenstunden in der oder für die Schule. Nach einer Untersuchung der DAK leiden inzwischen jeder fünfte Schüler und jede dritte Schülerin regelmäßig an Kopfschmerzen und Schlafstörungen[28] – und man darf annehmen, dass es sich dabei nicht nur um Hochbegabte handelt. Kinder- und Jugendärzte beobachten mit Sorge das wachsende Aufkommen »neuer Kinderkrankheiten«: Nicht mehr Masern, Röteln, Mumps seien das größte Problem, sondern die steigende

Zahl an Depressionen, Psychosen und psychosomatischen Erkrankungen schon bei den Allerkleinsten.[29] Als der Berufsverband der Kinder- und Jugendärzte im Frühjahr 2014 zu seinem 20. Jugendkongress nach Weimar lud, lautete das sinnige Motto »Schule macht krank?!?«.

In einem aufsehenerregenden offenen Brief an Die Zeit schrieb die Hamburger Neuntklässlerin Yakamoz Karakurt: »Jeder weiß, dass die Schule nicht das Leben ist. Mein Leben aber ist die Schule, was heißt, dass da etwas falsch gelaufen sein muss.« Und weiter: »Was haben unsere Eltern davon, dass wir ihre Rente in 30 Jahren sichern, aber heute schon kaputt gemacht werden?«.[30] Sie habe durchaus gute Noten, so die 15-Jährige. Aber: »Wir sollen Maschinen sein, die funktionieren, und das mindestens 10 Stunden am Tag (…). 37 Stunden in der Woche bin ich in der Schule und bringe sie danach auch noch für mehrere Stunden mit nach Hause (…). Ist es nicht verantwortungslos, eine Generation heranwachsen zu lassen, die keine Hobbys hat? Warum tut niemand etwas gegen diese Hobbylosigkeit, also den Stress in der Schule? Wodurch ist das alles zustande gekommen? (…) Es mag für einige übertrieben klingen, aber die Schule nimmt mir gerade das Wichtigste, was ich besitze: meine Kindheit (…).«

Karakurts Protest hat zahllose Nachahmer gefunden. In vielen Städten gehen seit Jahren Schüler und Eltern auf die Straße, um gegen G8 zu demonstrieren. Vier Fünftel der Deutschen wünschen sich inzwischen eine erneute Kehrtwende zu G9. Erstaunlicherweise zeigte der Protest sogar Wirkung: Etliche Bundesländer kündigten bis zum Sommer 2014 an, entweder zum neunjährigen Gymnasium zurückzukehren oder es wieder alternativ zum achtjährigen anzubieten. Dass das Grundproblem damit gelöst ist, darf man jedoch getrost bezweifeln. Arbeitgeber wird es bei Einstellungsgesprächen künftig sicher nicht egal sein, ob ein Bewerber die Hochschulreife im Zeitraffer erlangt oder sich ein Jährchen länger gegönnt hat.

Und mit der Schule ist das Nadelöhr ja auch längst noch nicht durchschritten. Was für sie gilt, gilt nicht minder für Deutschlands Universitäten. Auch dort steigt der Druck im Kessel stetig, spätestens seit der Einführung von Bachelor und Master sind Stress und Zeitnot ständige Begleiter der künftigen Management-Elite. Das belegen eindrucksvoll mehrere Studien, die Krankenkassen in den vergangenen Jahren durchgeführt haben. Demnach berichten zwei Drittel der Studierenden, dass sie an den Hochschulen unter Dauerdruck stehen, jeder Sechste gibt an, unter Panikattacken zu leiden, viele meinen, den Anforderungen nur mit Hilfe leistungssteigernder Präparate gerecht werden zu können. So räumten tatsächlich vier Prozent der Medizin-, Pharmazie- und BWL-Studenten an der Universität Mainz freimütig ein, ihre Fähigkeiten durch den Konsum verschreibungspflichtiger Medikamente, Amphetamine, Kokain oder Ecstasy zu optimieren.[31] Was man halt so macht, um eher früher als später ganz oben anzukommen. Das ist mörderisch. Manchmal sogar im Wortsinne – wie das Beispiel von Moritz Ehrhardt zeigt.

Der junge Mann, ein Elitestudent der WHU Otto Beisheim School of Management, wurde im Sommer 2013, kurz vor Semesterbeginn, tot im Badezimmer einer Londoner Pension gefunden. Ehrhardt war dort für ein Praktikum bei der Investmentbank Bank of America Meryll Lynch. Er starb an einem Epilepsie-Anfall. Wie es dazu kam, wird wohl ungeklärt bleiben. Die britische Richterin, die seinen Tod untersuchte, mutmaßte allerdings: »Es könnte sein, dass Moritz so hart gearbeitet hat, dass Übermüdung den Anfall auslöste, der ihn tötete«.[32] Ehrhardt wurde 21 Jahre alt.

Unstrittig ist, dass er kurz vor seinem Tod offenbar mehrere Tage lang praktisch ohne Schlaf für Meryll Lynch arbeitete. So genannte »All Nighter« sind nicht nur dort durchaus üblich. 80, 90, 100 Wochenstunden gelten in der Finanzbranche als Ausweis unbedingten Einsatz- und Karrierewillens. Aussteiger wie die frühere Bankerin Alexandra Michel berichten von Ex-Kollegen, die Meetings liegend auf Tischen abgehalten hätten, weil sie anders ihre Rückenschmerzen nicht aushalten würden. Ein Blutfleck auf dem Hemd gelte als Nachweis, dass man es nicht nach Hause geschafft und sich deshalb auf der Bürotoilette rasiert habe.

Moritz Ehrhardt schien mit dieser Welt keinerlei Probleme zu haben. Im Gegenteil: Sie faszinierte ihn. Unter den studentischen Mitarbeitern der Bank galt er wegen seines unermüdlichen Einsatzes als »Superstar«. Er selbst beschrieb sich als »hoch kompetitiv und ehrgeizig«, seine Eltern hätten ihn dazu erzogen, »in jeder Beziehung herausragend zu sein«. Der Spiegel stieß bei Recherchen auf ein Motivationsschreiben, das Ehrhardt an seiner Universität verfasst hatte. Darin heißt es: »Mein primäres Interesse besteht darin, mich selbst kontinuierlich zu verbessern und nach Exzellenz zu streben«.[33]

Einen besseren Ort als die WHU gibt es dafür kaum. Die privat finanzierte »Wissenschaftliche Hochschule für Unternehmensführung« in Vallendar gilt in Deutschland als eine der führenden Kaderschmieden für herausgehobene Managementberufe. Die Zahl ihrer Studenten wächst stetig. Im Bewusstsein, Elite zu sein, arbeiten die jungen Frauen und Männer mindestens 45 Stunden in der Woche für ihr Studium. In ihrer »Freizeit« organisieren sie Vorträge von Unternehmern und Politikern, absolvieren Praktika in hochrangigen Unternehmen, besuchen »Networking-Dinner« oder rudern mit Studenten anderer Hochschulen um die Wette. Besucher berichten von einer verschworenen Gemeinschaft, in der Kritik ungern gehört oder gar geäußert wird. Als Paria gilt daher der ehemalige WHU-Student Mojtaba Sadinam, der sich in einem Buch eher ungehörig über seine ehemalige Eliteanstalt äußerte. Dort, so Sadinam, würden »Job, Geld und Karriere zum Selbstzweck«.[34]

Viel lieber berauscht man sich in Vallendar an Karrieren wie der von Oliver Samwer, Tausendsassa des Internet-Unternehmertums und Investor des überaus erfolgreichen Online-Versandhandels Zalando. Samwer ist bis heute regelmäßig Dozent an der WHU. Auch ihn darf man wohl, wie Moritz Ehrhardt, als hoch kompetitiv bezeichnen. Seinen Mitarbeitern jedenfalls schreibt Samwer auch schon mal E-Mails wie diese: »Ich würde sterben, um zu gewinnen, und ich erwarte das Gleiche von euch«.[35]

Die Glückssucher

Ist es das? Arbeiten bis zum Umfallen? Karriere um jeden Preis? Nein, das ist es nicht, sagen Menschen wie Thomas Meyer. Bis vor wenigen Jahren war Meyer ein durchaus erfolgreicher Manager. Chef zweier Firmen für Inhalationsgeräte, 70 Mitarbeiter, hoher Lebensstandard. Nach einer jahrelangen reibungslosen Karriere dämmerte dem Mann jedoch plötzlich, dass sein Alltag im Prinzip nur noch aus Schreibtischarbeit bestand, »verbunden mit einer Menge Druck und Stress. Irgendwann habe ich gemerkt, da läuft was schief. Ich habe nur noch für die Wander- und Radl-Touren am Wochenende gelebt.[36] Kurzentschlossen entschied sich Meyer daher für einen Ausstieg auf Probe. Mit seiner Frau Petra übernahm er für vier Wochen die Urlaubsvertretung auf einer Schweizer Alpenhütte. Danach wusste er: »Das passt perfekt.« Seit April 2012 bewirtschaftet der einstige Firmenchef nun die Gufferthütte in Tirol, knapp 1500 Meter hoch im Rofangebirge gelegen. Dort ist er Hotelier und Kindergärtner, Bergführer und Handwerker in einem, an sechs Tagen in der Woche, von sieben bis 24 Uhr. Knallharte Arbeit sei das, sagt Meyer. Aber gestresst fühle er sich dennoch nicht. »Nein, die Arbeit erfüllt uns«.[37]

Meyer ist, wie auch der Schweizer Ex-Banker Alexander Hartmann, »Downshifter«. Ein Begriff, der seit den 1990er Jahren immer mal wieder durch die öffentliche Diskussion geistert. Der Leitsatz der Downshifting-Bewegung lautet: »Lebensstandard ist, wenn du mit Geld, das du nicht hast, Dinge kaufst, die du nicht brauchst, um Leute zu beeindrucken, die du nicht magst.« Ihren Protagonisten geht es, mit anderen Worten, um Selbstbestimmung statt Fremdbestimmung und darum, herauszufinden aus dem selbstgewählten Dreiklang der Erstarrung, der da lautet: Das habe ich schon immer so gemacht – Das habe ich noch nie so gemacht – Da könnte ja jeder kommen. Downshifter wollen dabei nicht notwendigerweise weniger machen, sondern etwas anders. »Dabei ist viel Arbeit nicht das Problem«, schreibt Wiebke Sponagel in ihrem Buch *Runterschalten*. »Die meisten Menschen arbeiten gern viel, wenn sie darin einen Sinn sehen. Sinn entsteht, (…) wenn Menschen Anerkennung finden, wenn sie Einfluss nehmen können auf ihren Arbeitsbereich und ihre Zeit (…)«.[38] In der

Wettbewerbsgesellschaft aber ist Sinn längst eine zu vernachlässigende Größe. Ein Fehler, wie der Psychologieprofessor Howard Gardner findet. Der Wissenschaftler aus Harvard erforscht seit 1995 im »Good Work Project«, welche Faktoren bei der Arbeit glücklich machen. Seine Antwort: die drei E. Sie stehen für Exzellenz, Ethik und Engagement. Soll heißen: Wer seinen Job wirklich beherrscht und das Gefühl hat, damit etwas Positives zu bewirken, übt seinen Beruf auch mit Leidenschaft aus – zum eigenen Nutzen und dem seines Unternehmens. Leider, so Gardner, arbeiteten die meisten heute in einem System, »in dem Geld wichtiger ist als Inhalt«. Auf Dauer sei das verheerend: »Ich glaube, dass die Welt ein besserer Ort wäre, wenn wir mehr gute Berufstätige hätten«.[39]

Eine kleine, aber immerhin wachsende Zahl von Menschen scheint das tatsächlich genauso zu sehen und beginnt, sich einer Berufswelt zu entziehen, die aus Wettbewerb, Druck und Entfremdung besteht. Immerhin drei Viertel der Berufstätigen in Deutschland jedenfalls sympathisieren, zumindest in der Theorie, mit einer Haltung, die einer »Work-Life-Balance« den Vorzug gibt vor einem schnellen Aufstieg auf der Karriereleiter.[40]

Dabei sind es vor allem die Berufseinsteiger, die den Personalchefs großer Unternehmen zunehmend Probleme bereiten. Allenthalben hört man aus den Führungsetagen seit geraumer Zeit die Klage, dass die Jungen statt nach unverschämten Gehältern gleich mal nach Sabbaticals und Auszeiten fragen. Dass sie keine Lust haben, werktags Überstunden anzuhäufen und auch noch am Wochenende bereitzustehen. Und dass sie – unerhört! – auch noch einen Sinn in dem erkennen wollen, was sie von montags bis freitags tun.

IMMER WEITER:
REISEN

Warum wir andauernd unterwegs sind,
aber nie wirklich weg

»Als deutscher Tourist im Ausland steht man vor der Frage,
ob man sich anständig benehmen muss oder ob schon deutsche
Touristen dagewesen sind.«
Kurt Tucholsky

Freundliche Menschen hatten gesagt, der Bus fährt um neun.
Also standen wir bereits um kurz nach acht auf dem Busbahn-
hof von Paklai, einem langweiligen Nest am Ufer des Mekong
im äußersten Südwesten von Laos. Wir wollten die letzte
Chance, rechtzeitig nach Vientiane und damit zu unserem
Nachtzug nach Bangkok zu kommen, nicht verpassen. Tatsächlich wartete bereits ein schäbiger Bus mit laufendem Motor auf
dem staubigen Platz am Rande des Städtchens. Also kauften wir
Tickets und setzten uns in die zweite Reihe. Immerhin das
schien zu klappen …

Wir hatten uns die Sache eigentlich anders vorgestellt. Von
Paklai aus, so hatten wir gelesen, fahren regelmäßig Slow Boats
über den Mekong in die Hauptstadt. Außerdem Frachtschiffe,
die, wenn man fragt, auch Reisende mitnähmen. Es gebe kaum

119

Schöneres, als auf einem Sack Reis hockend an der laotisch-thailändischen Grenze entlangzuschippern, um pünktlich zum Sonnenuntergang den goldenen That Luang in Vientiane zu erblicken. Das klang so überzeugend, dass wir beschlossen, den langen Weg von Hongsa nach Paklai an einem Tag zurückzulegen. Eine Strecke von rund 300 Kilometern, von denen vielleicht 30 die Bezeichnung Straße verdienen, der große Rest ein Patchwork aus sandigen Buckeln und halbmetertiefen Schlaglöchern, durch das sich unser Pick-up mit 30 Menschen auf zehn Sitzplätzen, bollerndem Getöse und der stoischen Hartnäckigkeit eines Radpanzers fräste. Sagen wir es so: Nach rund zehnstündiger Fahrt waren wir froh, unsere Nacken- und Lendenwirbel noch intakt vorzufinden. Aber wir hatten es geschafft, wir waren in Paklai. Jetzt mussten wir nur noch das Boot suchen.

»Welches Boot?«, fragte der erste Laote, den wir abends trafen und der ein paar Brocken Englisch sprach. Nein, die verkehrten schon lange nicht mehr. Doch, doch, sagte der Nächste, das Ticketoffice sei dort vorne. Da war aber keines. Kein Boot mehr in diesem Jahr, versicherte uns ein Dritter. Und so war es dann auch. Die ganze Tortur, vergebens. Jetzt blieb nur noch der Bus und damit weitere acht Stunden Fahrt über laotische Buckelpiste.

Immerhin: Der Bus war pünktlich. Dachten wir. Es wurde dann neun Uhr, es wurde halb zehn, es wurde zehn. Der Bus aber stand noch immer mit laufendem Motor auf dem Parkplatz. Dabei war er eigentlich fast voll, und das nicht nur mit Menschen, sondern auch mit Tieren, Reifen, Werkzeugen, Körben, oben auf dem Dach zudem eine kunstvoll geschichtete Landschaft aus Koffern, Säcken, Volieren und Passagieren.

Um kurz nach zehn ging es dann endlich los. Das heißt: Es ging fast los. Nach etwa 200 Metern nämlich bog der Bus noch rasch auf das Gelände eines Sägewerks ein, wo ein gewaltiger öliger Motorblock im Staub lag. Der musste auch irgendwie mit. Nur wie? Der Busfahrer und seine beiden Adjutanten standen da und rätselten, wie sie das Ding aufs Dach bekämen. Nach und nach gesellte sich die Belegschaft des Sägewerks dazu, dann stiegen die Busfahrgäste aus und diskutierten mit. Schließlich kamen noch die Nachbarn dazu. Und nach etwa 15 Minuten gaffte halb Paklai den blöden Motorblock an. Man versuchte es mit Seilen, man versuchte es, indem man die Unebenheit des Geländes ausnutzte, das konnte nicht klappen, und es klappte nicht. Es schien niemanden sonderlich zu bekümmern.

Irgendwann fiel einem ein, dass in der Halle des Sägewerks ein Lastenaufzug war. Also machten sich die Busbegleiter am Kofferberg auf dem Dach zu schaffen, während der Fahrer ruckartig Richtung Aufzug bretterte. Dass er seinen Kollegen dabei um ein Haar geköpft hätte, störte diesen am wenigsten. Er lachte. Man fand den Aufzug, man schleppte den Motor herbei, man hievte ihn aufs Dach, man stapelte die Koffer neu, man stieg wieder ein. Es konnte losgehen. Es war noch nicht mal Mittag.

Und so hoppelten wir mit mal 25, mal 30 Stundenkilometern Vientiane entgegen. Über Straßen aus rotem Sand und durch winzige Dörfer mit Hütten aus Holz, Bambus, Bast, in denen die Ankunft des Überlandbusses in etwa so gefeiert wurde wie in Londons Straßen ein Defilee von Prinz William und seiner Kate. Dass seltsame Weiße darin saßen, machte die Sache für die Einheimischen noch spannender. Wir unterhielten uns mit Händen und Füßen und lehnten dankend Dinge ab, von denen wir nicht wussten, ob man sie essen oder sie sich in die Wohnung hängen soll. Das taten wir in den Fahrpausen. Und von denen gab es viele. Ständig stiegen Menschen aus, aber vor allem zu. Menschen, die – warum auch immer – mit einem Sack Reis in die Hauptstadt wollten oder mit einem Korb voller Geflügel. Lebendem, versteht sich. Menschen mit gewaltigen Koffern oder Kisten, welche die Busbegleiter noch irgendwie auf dem Dach befestigten, als wir schon längst weiterratterten. Und einmal stand ein Mann mit einem Lastwagenreifen am Straßenrand. Den nahmen wir auch noch mit. Um das Ding irgendwie in den Mittelgang zu bekommen, musste nur mal schnell die erste Sitzbank im Bus abmontiert werden, danach saßen wir plötzlich in der ersten Reihe, die Füße auf einem Kautschukungetüm. Hinter und über uns gefühlte 200 Menschen, 300 Sack Reis und 400 Koffer.

Es war, als seien wir in einem rollenden Dorf unterwegs, mit Menschen, denen es augenscheinlich völlig egal war, ob sie nun heute, morgen oder nächste Woche in Vientiane ankommen würden. Ob sie sich zu zweit oder zu dritt einen Sitz teilen mussten. Oder ob irgendein fremdes Huhn auf ihrem Schoß gackerte. Und obwohl acht Stunden für nicht mal 200 Kilometer für uns vorher wie blanker Horror geklungen hatten, verging die Zeit wie im Flug. Als wir tatsächlich abends, nach gut zehn Stunden, die Hauptstadt erreichten, hatten wir zum ersten Mal das Gefühl zu wissen, was Douglas Adams meinte, als er schrieb: »I may not have gone where I intended to go, but I think I have ended up where I needed to be.«

Normbürger im Normhotel

»Wenn man langsam reist, erhascht man einen Blick hinter die Kulissen der einzelnen Nationen«, schreibt der Brite Dan Kieran in seinem Buch *Slow Travel*.[1] Aber langsam reisen – das ist schon lange aus der Mode gekommen. Wir reisen heute nicht mehr, dafür fehlt uns schlicht die Zeit. Wir machen stattdessen Urlaub, ein Wort, das vom Mittelhochdeutschen »urloup« abstammt und Erlaubnis bedeutet – die Erlaubnis, bei der Arbeit zu fehlen. Es ist also eine kurze Pause von der Pflichterfüllung, die wir uns nehmen, wenn wir Urlaub machen. Kein Wunder, dass wir so viele Orte wie möglich in diese Zeit pressen wollen. Kambodscha, Laos, Vietnam in zwei Wochen. Europas Hauptstädte in acht Tagen. Barcelona übers Wochenende. Als seien wir nicht in den Ferien, sondern auf der Flucht. Hinjetten, Fotos machen, bei Facebook posten. Das gibt das sichere Gefühl, etwas erlebt zu haben.

Und weil das kurze Hin-und-Weg seit Jahrzehnten immer billiger wird, wächst kaum etwas schneller als der Tourismusmarkt. Im Jahr 1970 verzeichneten Statistiker gerade einmal 166 Millionen Gästeankünfte weltweit, 1980 waren es bereits 286 Millionen, 1990 459 Millionen, zur Jahrtausendwende 678 Millionen, 2010 949 Millionen. Zwei Jahre später wurde dann erstmals die Milliarde geknackt.[2] Seither geht es weiter aufwärts.

Und immer ganz vorne dabei: die Deutschen. Die sind seit einigen Jahren zwar nicht mehr Reiseweltmeister, das sind jetzt die Chinesen; aber ein ungefährdeter zweiter Platz scheint ihnen noch auf Jahre hinaus sicher. 2012 buchten die Deutschen rund

40 Millionen Urlaube und damit mehr als je zuvor, der Umsatz der Branche stieg auf das Rekordergebnis von 24,2 Milliarden Euro. Tourismus, frohlockte Jürgen Büchy, der Präsident des Deutschen Reiseverbandes, sei ein »hochdynamischer Wachstumsmarkt« und einer der wichtigsten Pfeiler der deutschen Konjunktur.

Die letzten unerschlossenen Ecken des Planeten, so scheint es, sind inzwischen pauschal buchbar, die letzten Geheimtipps keine mehr. Die letzten Abenteuer erlebt, wer mit Ryanair nach Marrakesch will und bis zum Einsteigen bangt, ob der Koffer die 20-Kilo-Marke auch ja um kein Gramm übersteigt, weil sonst barsches Bodenpersonal das kurze Vergnügen zu einem noch kürzeren machen könnte. »In der Zwischenzeit ist das Reisen nicht nur zu einem Massenphänomen geworden, sondern auch zu einem simplen Konsumgut«, sagt Christine Plüss, die Geschäftsführerin des Schweizer Arbeitskreises Tourismus & Entwicklung. »Es ist nicht mehr das Spezielle, einmal im Leben eine große Reise zu machen (...) Dabei ist etwas verlorengegangen, was wir wieder verstärkt zurückgewinnen möchten: das Reisen als Chance (...). Etwas Neues zu sehen, vielleicht sich selbst zu erneuern, neue Begegnungen einzugehen, den Blick zu öffnen und den Alltag nach der Rückkehr wieder anders angehen zu können«.[3]

Nur: Wieso sollte man etwas Neues erleben wollen, wenn man doch nur Sonne, Meer und eine freie Liege am Pool sucht? Die große Mehrheit der deutschen Urlauber will auch in den Ferien keine Experimente wagen, weswegen die Hotels in Shanghai auch exakt genauso aussehen wie die in Johannesburg und New York City. Genormte Ferienklubs, genormte Restaurants, genormte Shops, genormte Souvenirs, genormte Pauschal-

angebote erleichtern dem Normbürger in den Ferien das Überleben in der Wildnis. Die ist am tollsten, wenn sie genauso ist
wie zu Hause – nur ein bisschen wärmer. Von Urlaub als »Be-
täubungszustand« spricht Dan Kieran.

Dummerweise sind deshalb aber auch die meisten Urlauber
taub und blind gegenüber den Verhältnissen am jeweiligen Ur-
laubsort. Das führt dann dazu, dass Europas Golfspieler keinerlei Problem damit haben, zum Beispiel nach Kapstadt zu
reisen und auf perfekt gepflegtem Rasen eine Partie zu spielen,
der exakt am Zaun eines staubigen Slums endet, um sich anschließend in ein Strandhaus zu legen, von dem aus der Blick
auf den Tafelberg nur durch den leider nötigen Stacheldraht-
zaun getrübt wird.

Die Ignoranz des Durchschnittstouristen beklagt seit Jahren,
ohne nennenswerte Folgen, der Informationsdienst Tourismus-
Watch von Brot für die Welt. Dass die Malediven womöglich
noch in Abfall ertrinken, bevor sie vom steigenden Meeresspiegel überspült werden; dass in Hotels in Thailand oder den
Arabischen Emiraten angekarrte Hilfskräfte aus Nachbarstaaten
zum Teil zu Dumpinglöhnen und unter katastrophalen Bedingungen ihren Dienst am Weltreisenden verrichten; dass in
Birma oder Brasilien Menschen aus ihren Dörfern vertrieben
werden, um Platz zu schaffen für Luxusresorts – was geht es die
Gäste aus Europa an? Hauptsache, das Bier ist kalt.

Auf Bali, bis heute Traumziel zahlloser Deutscher, haben
nach Angaben von TourismusWatch heute 1,7 der 3,9 Millio-
nen Einwohner keinen angemessenen Zugang zu Trinkwasser.
Den Bali-Touristen aber muss das nicht stören: Die wachsende
Zahl der Vier- und Fünf-Sterne-Hotels auf der indonesischen
Insel verbrauchen mindestens 50 000 Liter Reinwasser am Tag.

Inzwischen benötigt die Tourismuswirtschaft zwei Drittel des gesamten auf Bali verfügbaren Wassers für ihre Zwecke, wozu auch der Unterhalt von Golfplätzen, Pools und Luxus-Spas gehört. Die Folge: Der Grundwasserspiegel der Insel sinkt seit Jahren, Salzwasser dringt in den Boden ein und macht den Landwirten das (Über-)Leben schwer.[4]

Muss man sich um so etwas kümmern? Auch im Urlaub noch? Die meisten sagen: nein. Seltsam jedoch: Die meisten sagen in Umfragen gleichzeitig, sie legten auch beim Reisen großen Wert auf Umweltschutz, Nachhaltigkeit und darauf, dass die örtlichen Veranstalter ihr Personal fair behandeln. Das freilich hat bei Anbietern von Fair-Trade-Reisen – ja, die gibt es – bis heute noch zu keinem überwältigenden Umsatzplus geführt.

Wie scheinheilig sich Reiseweltmeister zu verhalten pflegen, wird deutlich, wenn es um Kompensationszahlungen für Flugreisen geht. Gemeinnützige Organisationen wie atmosfair oder myclimate bieten Passagieren seit Jahren an, den exorbitanten CO_2-Ausstoß von Flugreisen durch eine freiwillige Spende zumindest zu kompensieren. Das Geld wird in nachhaltige Umweltprojekte überall auf der Welt investiert. In Umfragen geben regelmäßig bis zu 80 Prozent aller Touristen an, von dieser Kompensationsmöglichkeit Gebrauch machen zu wollen. Tatsächlich, so heißt es bei atmosfair, ließen gerade mal ein Prozent der Menschen den Worten auch Taten folgen.

Wie verheerend sich unbedachter Tourismus auf die schönsten Orte dieser Welt auswirken kann, zeigt das Beispiel Venedig. In der Lagunenstadt legten im Sommer 2013 an einem Samstag gleich zwölf Kreuzfahrtschiffe auf einmal an – ein neuer Rekord. Die tausenden Touristen, die auf diese Weise in die Stadt gespült wurden, wurden aber nicht von allen Venezianern mit offenen Armen empfangen, im Gegenteil. Bewohner hüpften spärlich bekleidet ins brackige Wasser, um die Schiffe an der Einfahrt zu hindern. »No Grandi Navi« war der Schlachtruf der Protestbewegung, die auch vom alten Haudegen Adriano Celentano unterstützt wurde. Der bezeichnete die Ankunft der schwimmenden Mietskasernen als »schändliche Parade«. Die arglosen Weltreisenden an Bord rieben sich verwundert die Augen. Was hatten sie nur, die Italiener?

Sie hatten, um es kurz zu machen, die Schnauze voll. Jedes Jahr nämlich steuern sage und schreibe 700 Kreuzfahrtschiffe Venedig an und pflügen jedes Mal aufs Neue ein hochsensibles Ökosystem um. Die Lagune, die ursprünglich nur einen Meter tief war, wurde stellenweise auf bis zu elf Meter Tiefe ausgebaggert, um sie für die Giganten befahrbar zu machen. Das sei einer der Hauptgründe dafür, dass Venedig immer häufiger überspült und so allmählich zerstört werde, sagt Umwelttreferent Gianfranco Bettin.[5] Die Schiffe verdrängen gewaltige Mengen Meerwasser und wirbeln dabei den weichen Untergrund aus Algen, Sand und Schlamm durcheinander, auf dem die Stadt ruht. Durch die Erosionen vertiefen sich die Kanäle immer weiter, umso heftiger kann die Flut Venedig unter Wasser setzen. Dazu kommt, dass jeder Touristentanker die Luft in der Stadt so sehr verpestet wie 140 000 Autos auf einmal. Wenn die Touristen denn wenigstens Geld in die Stadt bringen würden. Das tun sie aber nicht. Nur etwa jeder vierte Urlauber, der per Kreuzfahrtschiff in Venedig haltmacht, besichtigt auch wirklich das Stadtzentrum. Wenn die Fremden wieder verschwinden, lassen sie weit mehr Müll als Geld in der Stadt zurück.

Alles in einem Boot

Mit dem Kreuzfahrtboom der vergangenen Jahre ist das Konzept, immer unterwegs, aber nie wirklich weg zu sein, endlich bei sich selbst angekommen. Es ist die perfekte Reisevariante für den Weltbürger, der alles sehen, aber nichts erleben will, schon gar keine unliebsamen Überraschungen. Darin ähnlich den Kochshows im Fernsehen: Man tut so als ob. Wie diese erfreuen sich auch jene einer schier unglaublichen Beliebtheit.

War die Kreuzfahrt, nachdem sie 1891 vom Hamburger Reeder Albert Ballin erfunden worden war, über Jahrzehnte nur ein Luxusvergnügen für Reiche, hat sie sich seit den 1990er Jahren durch stetig sinkende Preise in Windeseile demokratisiert. Die drastische Verbilligung der Schiffspassagen freilich war nur zu erreichen, indem die Anbieter immer mehr Menschen in ein Boot pferchten. Waren auf der ersten Kreuzfahrt von Cuxhaven ins Mittelmeer gerade mal 241 Passagiere an Bord, laufen die heutigen Luxusliner nicht mehr ohne die Belegschaft einer ganzen Kleinstadt aus.

Das größte Kreuzfahrtschiff seiner Art ist die »Allure of the Seas«, ein schwimmendes Trumm der US-Reederei Royal Carribean, die sich das 362 Meter lange, 81 577 PS starke Gefährt im Jahr 2009 leistete. Baukosten: 900 Millionen US-Dollar. So was muss sich erst mal amortisieren, weswegen auf den 26 Decks der »Allure« auch Platz ist für 5400 Passagiere, die rund um die Uhr betreut werden von 2165 Besatzungsmitgliedern.

Und was für eine Betreuung das ist. Der Anbieter verspricht seinen Kunden nichts weniger als »ein bisher nie dagewesenes

Kreuzfahrterlebnis«. Das Schiff beherbergt beispielsweise das erste Starbucks-Café auf hoher See, ein Musicaltheater, ein handgeschnitztes Karussell, einen Wasserpark für Kinder, ein 3-D-Kino, einen Jazz Club, ein Casino mit 27 Spieltischen und 14 Restaurants, darunter das leider zuzahlungspflichtige 50er-Jahre-Diner »Johnny Rockets«. Außerdem einen Surfsimulator und eine Seilrutsche, zwei 13 Meter hohe Kletterwände, einen Sport-, einen Minigolf- und einen Eislaufplatz, zehn Whirlpools, von denen zwei über die Bordwand hinausragen. Und: einen ganzen »Central-Park« mit 12000 echten Bäumen und Pflanzen. Mit anderen Worten: all das, was es zu Hause auch gibt – nur auf engstem Raum zusammengedrängt.

Das macht aber nichts. Denn das ist genau, was die Menschen haben wollen. Im September 2013 konnte sich die Branche auf der Seatrade Europe in Hamburg, der größten europäischen Kreuzfahrtmesse, denn auch in Superlativen suhlen. Im Vorjahr hatten Kreuzfahrten mit rund 38 Milliarden Euro zu Europas Wertschöpfung beigetragen. 6,2 Millionen Europäer waren an Bord gegangen, vor allem Briten und Deutsche. Die Nachfrage, jubelten Branchenvertreter, sei derart gewaltig, dass bereits 22 neue Luxusliner im Bau seien, mit einem kumulierten Auftragsvolumen von 10,5 Milliarden Euro.

So erwartete man allein für 2014 die Jungfernfahrt von fünf neuen Ozeanriesen, darunter »Mein Schiff 3« von TUI Cruises, ein vergleichsweise bescheidenes Schiff für 2500 Passagiere, dafür mit einer Glasfassade am Heck in der Form eines Diamanten. Was wiederum kein Vergleich ist zur »Quantum of the Seas«, die ihre knapp 5000 Gäste unter anderem mit einer Aussichtskugel aus Glas erquickt, welche bis zu 90 Metern über den Meeresspiegel ausgefahren werden kann.

Bei so vielen Attraktionen ist es eigentlich fast schon egal, ob die Dinger sämtliche Häfen im Mittelmeer ansteuern oder den ganzen Tag über auf dem Indischen Ozean im Kreis fahren. Wobei man in letzterem Fall nicht auf die Schnelle die Sehenswürdigkeiten einer Hafenstadt fürs Familienalbum ablichten kann. Schon der Schriftsteller Stefan Zweig beklagte die seltsame Angewohnheit seiner Zeitgenossen, »nur an vielem Neuen vorbeizufahren, nicht ins Neue hinein«. Durch Kreuzfahrten ist dieses Verhalten massentauglich geworden.

Umso ärgerlicher finden es übliche Spielverderber wie etwa der Naturschutzbund (Nabu), dass Kreuzfahrtschiffe ihren Teil zur Verschmutzung der Meere und der Luft beitragen – und nicht den geringsten. Allein die 15 größten Schiffe der Welt stießen pro Jahr so viele Schadstoffe aus wie 750 Millionen Autos. Das liegt vor allem daran, dass die Ozeanriesen noch immer hochgiftiges Schweröl als Treibstoff verbrennen, das wegen seiner ausufernden Umwelt- und Gesundheitsschäden »an Land längst verboten ist«, so der Nabu.[6] 2013 rief der Verband die Kampagne »Mir stinkt's« ins Leben, um die Branche zu technischen Umrüstungen zu zwingen. Sie verlief auch deshalb weitgehend im Sand, weil der Durchschnittskreuzfahrer kein Problem damit hat, durch die Welt zu schippern, dabei kein Risiko einzugehen, so gut wie nichts zu erleben – aber dafür anständig die Luft zu verpesten.

Die Entdeckung der Genügsamkeit

Dass es auch andere Wege gibt zu reisen, schonendere, aber nicht uninteressantere Wege, Wege, die einen ins Unbekannte führen, ohne dass man dafür Kopf und Kragen riskieren muss, erlebte der Autor Dan Kieran am eigenen Leib. Ausgangspunkt war im wahrsten Sinne des Wortes eine Schnapsidee. 2007 saß Kieran mit Freunden im Pub, als einer vorschlug, auf die denkbar langsamste Weise vom östlichsten zum westlichsten Punkt Großbritanniens zu reisen.

Am Ende hockten sich die Männer in einen batteriebetriebenen Milchwagen, um die 965 Kilometer von Lowestoft nach Land's End zu bewältigen. Das Ding fuhr maximal 25 Stundenkilometer, es war zugig und ungemütlich, und in den ersten Tagen war sich Kieran sicher, dass sie ihr Ziel nie erreichen würden. Dann aber passierte etwas Merkwürdiges: Je mehr die Männer sich auf die grotesk langsame Fortbewegungsart einließen, desto mehr entspannten sie sich und desto mehr schärften sich ihre Sinne für scheinbar beiläufige Beobachtungen. »In diesem Moment veränderte sich unsere Wahrnehmung«, schreibt Kieran. »Der Elektromotor war so leise, dass er die Wildtiere nicht verscheuchte, und wir gewöhnten uns daran, auf kleinen Feldwegen von Hasen, Kaninchen und Vögeln begleitet zu werden. Einmal fuhren wir einen Hügel hinauf und wurden von einer Hummel überholt (…) Es war, als hätte die Welt etwas von ihrer Magie zurückgewonnen, und mir fielen Dinge auf, die ich vorher aus Gewohnheit einfach ignoriert hatte.«[7]

In den Dörfern, die sie durchquerten, kamen sie mit den Menschen ins Gespräch, die begeistert zu sein schienen von den Verrückten auf dem Milchwagen. Zum Teil hätten Autofahrer am Straßenrand geparkt und seien nebenher gelaufen, während die Freunde Richtung Westen zuckelten. Andere hätten Name, Nummer und Adresse hinterlassen für den Fall, dass sie Hilfe, ein Quartier oder auch nur eine Steckdose für ihr merkwürdiges

Gefährt brauchten. »Vielleicht«, so Kieran, »eröffnet das langsame Reisen eine Sicht auf das Leben, die ansteckend ist und auf die Menschen um einen herum übergreift«.[8]

Seither jedenfalls ist der Mann, der sich selbst als überzeugten Müßiggänger beschreibt, ganz sicher: »Wenn man in die entgegengesetzte Richtung unterwegs ist als die meisten anderen, ist es gewöhnlich ein Zeichen dafür, dass man einen interessanteren Weg eingeschlagen hat«.[9]

IMMER TEURER: FUSSBALL

Wie aus einem Sport für die Massen ein Geschäft ohne Maß wurde

»Nichts ist scheißer als Platz zwei.«
Erik Meijer

Im Treppenhaus der Alten Försterei hängen Bilder aus uralten Tagen. Sie zeigen verschwitzte Männer mit Hammer und Amboss, Schlosser im halbverdreckten Blaumann, Gesichter erschöpfter Schweißer, mal mit Schutzbrille, mal ohne. Die Menschen auf den Schwarzweißfotos sind so etwas wie die namenlose Ahnengalerie des 1. FC Union, sie lassen keinen Zweifel am Gründungsmythos des Klubs aus Ostberlin. Arbeiterverein, Malochertreff, Fußballzeche. Kein Platz für Schnösel in feinem Zwirn.

Oben, im ersten Stock, sitzt Dirk Zingler mit Jeans und Karohemd und raucht rote Marlboro. Es ist ein etwas schummriges Büro, die Fenster der Försterei lassen im Winter nicht viel Licht hinein, dunkle Auslegeware, eine Sitzecke, eine Zimmerpflanze. Draußen rauscht vierspurig der Verkehr von und nach Köpenick vorbei. Natürlich könnte das anders sein, glänzender, cooler. Zingler ist Bauunternehmer, er hat genug Geld, und sein Verein, der sich im deutschen Profifußball etabliert hat, hat es inzwischen auch. Aber es geht ums Prinzip. Union Berlin, sagt Zingler, hätte sich längst ein schickes Stadion für 40 000 Leute in Tempelhof oder Berlin-Mitte bauen können. Es könnte, zum Beispiel, Vivantes- oder Air-Berlin-Arena heißen. Es würde bei jedem Heimspiel voll werden. »Aber das wären dann andere Menschen« sagt der Präsident, der aus der Fankurve kam – »und wir wären ein anderer Verein.«

Als Union Berlin 2001 zum ersten und einzigen Mal in den UEFA-Pokal vorstieß, aber die FIFA eine Spielgenehmigung für das marode Stadion an der Alten Försterei verweigerte, pilgerten 10 000 Fans quer durch die Stadt in den verhassten Jahn-Sportpark und brüllten 90 Minuten lang »Auswärtssieg! Auswärtssieg!«. Das Spiel gegen Litex Lowetsch aus Bulgarien ging 0:2 verloren. Die Fans feierten trotzdem die ganze Nacht.

»Für mich«, sagt Zingler, »wäre eine Grenze erreicht, wenn wir unsere Fans verlieren würden.« Union Berlin, der zweitgrößte Sportverein und der zweiterfolgreichste Fußballverein der Hauptstadt, geht daher seit Jahren einen etwas anderen Weg. Die Mannschaft wird immer besser, der Etat immer höher, er lag in der Saison 2013/14 bei rund 25 Millionen Euro. In derselben Saison schnupperte man lange am Tor zur Ersten Bundesliga. Es ist nicht so, dass die Union-Verantwortlichen sich nicht nach Titeln sehnten. Aber statt, wie die meisten Konkurrenten, durch Vermarktung und Professionalisierung noch das Letzte aus dem Klub rauszuholen, pflegen Zingler und die Seinen lieber sorgfältig das Image des Arbeitervereins, in dem tatsächlich noch der Monteur mit dem Manager Schulter an Schulter auf den Stehrängen mitfiebert. Das Ergebnis ist mitten in Berlins Wuhlheide an jedem zweiten Wochenende eine Stadionatmosphäre, wie sie im Profifußball nicht mehr allzu oft zu erleben ist. Die »Eisern-Union«-Hymne von Nina Hagen und Stadionrunden des Maskottchens »Ritter Keule« inklusive. »Hier«, sagt Zingler, »findet ein Verzicht auf Maximierung statt.«

Ein Werbetrick? Schon. Aber eben auch mehr als leere Worte. Zwar passen ins Union-Stadion inzwischen fast 22 000 Leute. Nach wie vor aber müssen – oder dürfen – die meisten von ihnen stehen. Der durchschnittliche Ticketpreis liegt unter zehn Euro. Es gibt keinen Großbildmonitor, der während des Spiels Werbeblöcke einstreut, die Ergebnisse von anderen Plätzen werden nicht von Bierbrauern, die Eckballstatistiken nicht von Wettanbietern präsentiert. »Die 90 Minuten Fußball sind uns heilig«, sagt Zingler. Und wollte er das Stadion an der Alten Försterei meistbietend an einen Sponsor verschachern, könnte er das gar nicht. Die Stadion AG gehört fast zur Hälfte den Fans, dass sie in einen derartigen Deal jemals einwilligen würden, ist auszuschließen.

Die Anhänger danken es ihrem Verein, der in seiner jüngeren Geschichte mehr als einmal am finanziellen Abgrund entlangtaumelte, mit hartnäckiger Ergebenheit. Als der Klub Ende der 1990er Jahre wieder einmal vor dem Aus stand, organisierten Fans eine Massendemonstration durch das Brandenburger Tor. Union konnte sich retten. In der Saison 2004/05 waren es erneut die Fans, die für ihren hochverschuldeten Verein bluteten. Und das im Wortsinne: Tausende meldeten sich seinerzeit zum Aderlass, anschließend erhielt Union doch noch die Spielgenehmigung für die Regionalliga.

Und einmal bauten Anhänger mal eben einen Großteil ihres Stadions neu – weil es anders anscheinend nicht ging. Damals, im Jahr 2008, schienen die letzten Tage der alten Arena in der

Wuhlheide bereits gezählt. Der Bau war schlicht zu marode für die Dritte Liga. Das noch stärker verschuldete Land Berlin wollte aber partout nicht die nötigen Millionen zuschießen und bot stattdessen einen Umzug ins Olympiastadion oder den Jahn-Sportpark in Prenzlauer Berg an. Aus Sicht des Vereins und seiner Fans eine ungeheure Provokation. Die Spielstätten der großen Konkurrenten Hertha BSC und des einstigen Hauptrivalen BFC Dynamo kamen für sie nicht in Frage. Also nahmen sie die Sache selbst in die Hand. Das Präsidium, zufälligerweise bestehend aus einem Bauunternehmer, einem Stahlfabrikanten und einem Architekten, lieferte Baustoffe und Pläne, den Rest erledigten die Fußballfreunde. Und so standen bis zum Sommer 2009 an 306 Tagen mehr als 2000 Menschen frühmorgens auf der Baustelle in Köpenick – Kinobetreiber neben Polsterern, Angestellte neben Arbeitslosen –, um das Fundament ihrer Leidenschaft neu zu gießen. 140 000 unbezahlte Arbeitsstunden waren es insgesamt. So etwas schweißt zusammen.

Dirk Zingler, der mit sechs Jahren sein erstes Union-Spiel sah und dem Verein seit 2004 als Präsident vorsteht, sagt denn auch mit einigem Recht: »Wir sind nicht wie alle anderen.« Der Klub sei am Südostrand der Hauptstadt, wo inzwischen auch der letzte offene Jugendtreff dichtgemacht hat und wo die Arbeitslosenquote überdurchschnittlich hoch ist, eine Art sozialer Kitt mit Spielbetrieb. »Wir sind Heimat für Menschen, die mit der ständigen Maximierung, dem ständigen Leistungsdruck nicht klarkommen.« Würde der FC sich selbst in diese Spirale begeben, wäre er schon bald austauschbar, davon ist Zingler überzeugt. »Wir versuchen, Bestandteil des realen Lebens zu bleiben.« Und dazu gehörten nun einmal Siege wie Niederlagen gleichermaßen.

Zingler lästert nicht gerne über den Weg, den andere Vereine gehen. Er will nicht als Neider dastehen. Er sagt, er gönne dem FC Bayern seinen 400-Millionen-Euro-Umsatz und jeden Pokal dieser Welt. Aber gelegentlich macht er sich schon Gedanken um das Spiel, das seit Jahren immer weniger seines ist. »Ich mag Traditionsvereine. Ich mag Vereine mit Höhen und Tiefen. Ich mag Vereine, welche die Menschen, die sie besuchen, in den Mittelpunkt stellen.« Er hat das Gefühl, dass er damit zu einer aussterbenden Art gehört. Aber dass er wenig dagegen tun kann. Der Fußball bilde ja nur ab, was anderswo auch passiere, »eine ständige Suche nach Mehr« – mehr Leistung, mehr Geld, mehr Druck, mehr Siege. »Ich persönlich finde das pervers.«

Erst kommt das Siegen, dann die Moral

Damit befindet er sich in guter Gesellschaft. Seit Jahren vergeht kein Bundesliga-Spieltag, an dem nicht Fangruppen in etlichen Stadien gegen die Kommerzialisierung ihres Sports protestieren. Seit in den 1990er Jahren immer mehr Profivereine mit Millionenaufwand ihre Stadien in Event-Arenen verwandelten und, um das Ganze zu finanzieren, die Ticketpreise stetig anhoben, fühlen sich »klassische« Fußballfans zunehmend an den Rand gedrängt. Sie reagieren mal ironisch (»Sitzen ist für'n Arsch!«), mal mit Rückzug – und immer häufiger mit Gewalt. Insbesondere die sogenannten Ultras, die sich mit Chuzpe als einzig wahre Fans inszenieren, liefern sich mit Polizei und Sicherheitskräften immer häufiger brutale Scharmützel. Das aber nicht grundlos, glaubt der Sozialwissenschaftler Gerd Dembowski: »Ohnmächtig gegenüber der als entfremdend empfundenen Kommerzialisierung des Fußballs entwickelte sich bei vielen Ultras eine Art *resistance identity*, deren soziale Technik die organisierte Provokation ist«.[1] Die Behörden ihrerseits antworten rituell mit erhöhter Repression, so dass sich die Situation in den Stadien immer weiter aufschaukelt.

Dabei könnte es sich lohnen, den Ursachen für manchen Protest gelegentlich auf den Grund zu gehen. Bereits im Jahr 2008 veröffentlichte etwa die Fangruppe »Schickeria München« ein Schreiben, das sie etwas hochtrabend als »Manifest gegen den modernen Fußball« bezeichnete. Gemeint war damit nicht etwa das von Trainern wie Pep Guardiola entwickelte Spielkonzept der totalen Dominanz, sondern die fortschreitende Verwandlung des Spiels in eine Spielart von Big Business. »Auf den Punkt gebracht ist der ›moderne Fußball‹ für uns die Entwicklung, dass das Interesse der Profitmaximierung über alle anderen Interessen im Fußball gestellt wird«, schrieb die »Schickeria«. Und weiter: »Niemand glaubt, dass man, was das Transfersystem oder Spielergehälter angeht, wieder zu den Zuständen von vor den 70ern zurückkehrt oder dass Werbung auf den Trikots wieder verschwindet. Eine Kritik aus den Fankurven wird niemals sagen können, an diesem Punkt wurde eine Grenze überschritten oder diese Neuerung ging zu weit. Sie kann aber sehr wohl eine Entwicklung kritisieren, die von Maßlosigkeit geprägt ist. Eine Maßlosigkeit bei den Ablösesummen oder den Gehältern der Spieler, beim Einfluss von Sponsoren und TV-Anstalten oder dem Umgang mit den Traditionen der Vereine. Sie kann kritisieren, wenn durch höhere Eintrittspreise und Stadionverbote das Publikum ausgetauscht werden soll, damit sozial schwache und kritische Fans verschwinden, und wenn Repression und Einschränkungen Fankultur zerstören ...«.[2]

Gutgemeinte Worte. Die Konsequenzen: keine. Im Gegenteil. Seither hat sich das Geldkarussell im internationalen Fußball derart schwindelerregend zu drehen begonnen, dass immer mehr Vereine hinauskatapultiert werden. 2009, im Jahr eins nach dem größten Bankencrash der Geschichte, orakelte der Fußballweise Franz Beckenbauer: »Gott sei Dank trägt die allgemeine Finanzkrise als Nebeneffekt dazu bei, dass die absurde Preistreiberei in Europa aufhört. 20 oder mehr Millionen Euro für Durchschnittsspieler? Das war Wahnsinn und wird sich hoffentlich ändern«.[3]

Und? Hat es? Eher nicht. Vier Jahre später schnappte der FC Bayern München dem Ligakonkurrenten Borussia Dortmund mal eben Starspieler Mario Götze weg – Kostenpunkt: 37 Millionen Euro. Das war allerdings fast nichts im Vergleich zu Real Madrid, das sich den walisischen Superkicker Gareth Bale im selben Jahr mehr als 90 Millionen Euro kosten ließ. Oder zum Rekorddeal des FC Barcelona, der den Brasilianer Neymar für 86,2 Millionen Euro unter Vertrag nahm.

Der tatsächliche Umfang des Neymar-Geschäfts kam erst Anfang 2014 dank der Hartnäckigkeit eines Barça-Fans ans Tageslicht. Bis dahin hatte das Präsidium des spanischen Klubs tapfer behauptet, der junge Südamerikaner habe nur läppische 57 Millionen Euro gekostet. Bei näherer Betrachtung des Kleingedruckten stellte sich jedoch heraus, dass sich dazu unter anderem noch 9,9 Millionen für eine nicht näher spezifizierte »Zusammenarbeit« mit Neymars Papa, 2,7 Millionen Agentengebühr, zehn Millionen Handgeld für den Spieler selbst und rührenderweise 2,5 Millionen zugunsten »der Kinder in den Favelas von São Paulo« addierten.

Wieso das alles in einem aufwendigen Vertragskonstrukt

verschleiert worden war, wollte sich auf den ersten Blick nicht erschließen. Dann jedoch wiesen Fußballkenner darauf hin, dass so ein Deal ein bisschen blöd wirken könnte in einer Zeit, in der der spanische Fußball unter einer Schuldenlast von 35 Milliarden Euro ächzt, zwanzig Profivereine im Land unter Konkursrecht stehen, sogar der FC Barcelona selbst 320 Millionen Euro an Verbindlichkeiten angehäuft hat. Und, ach ja: Der spanischen Wirtschaft ging es insgesamt zu dieser Zeit nicht so blendend, im Frühjahr 2013 hatte jeder zweite Jugendliche dort keinen Job. Womöglich dämmerte den Verantwortlichen des Kultklubs da, dass 86 Millionen für einen Spieler unter den gemeinen Bürgern die eine oder andere Frage nach der Verhältnismäßigkeit aufwerfen könnte.

Wobei sich der Durchschnittsbürger, sobald es um Fußball geht, mit Kritik eher zurückzuhalten pflegt. Zumal in Deutschland. Während sich inzwischen jeder Banker und jeder Unternehmer für obszöne Gehälter, unanständige Boni und windige Geschäftspraktiken regelmäßig rechtfertigen muss, ist die Kaste der Kicker, Manager und Vereinsbosse für eine Mehrheit der Menschen sakrosankt. Dabei haben die Profiklubs in den umsatzstärksten Ligen längst ein mafiöses, menschenverachtendes und nahezu undurchdringliches System etabliert, das mit Sport oder gar Fair Play nur noch am Rande zu tun hat. »Dass im Fußballgeschäft mit vielen Millionen hantiert wird, wissen alle«, schreibt Paul Ingendaay. »Gefährlich ist, dass die Mystik um Stars und Vereine die Gehirne vernebelt und die üblichen moralischen Kriterien außer Kraft setzt«.[4]

Moderner Sklavenmarkt

So kommt es, dass immer mehr windige Geschäftsleute, obskure Unternehmen und Fonds, ja ganze Staaten Fußballvereine handstreichartig übernehmen können, die sie sich halten wie einen seltenen Karpfen oder exotischen Raubvogel, die sie mit Millionen päppeln und, wenn sie nicht reichen, mit noch mehr Millionen, um sie an die Spitze einer Ballsportart zu führen, deren Regeln sie selbst bisweilen nur rudimentär begreifen. Und so kommt es, dass ein überaus lukrativer Berufszweig sich selbst erfunden hat und fast kein Deal mehr ohne jene »Berater« über die Bühne geht, für die Fußball oft ein Spiel aus Scheingeschäften, Täuschung, verschachtelten Kontrakten ist, bei dem alles erlaubt ist, so lange am Ende die Provision stimmt. Von einem »hochkorrupten Bereich« spricht der Schweizer Rechtsanwalt Marco Balmelli, der freilich weitgehend unkontrolliert sei, weil niemand wirkliches Interesse an der Aufklärung habe: »Der eine legt hin, der andere nimmt. Es gibt kein klassisches Opfer«.[5] Außer vielleicht dem Fußball.

70 Millionen Euro zahlten die Bundesligaklubs allein in der Transferperiode 2010 an Spielervermittler – so viel wie nie zuvor. Da stöhnte sogar Karl-Heinz Rummenigge, der Vorstandsvorsitzende der steinreichen Bayern: »So geht es nicht weiter, 70 Millionen Euro sind einfach zu viel«.[6] Und danach? Ging es so weiter. Für die Saison 2012/13 schätzten Experten den deutschen Beratermarkt auf 80 bis 90 Millionen Euro.

Die Macht vieler »Berater« ist inzwischen so groß, dass sie überschuldeten Fußballvereinen gelegentlich selbst die Transferrechte an deren Spielern abkaufen, um diese dann gewinnbringend zu veräußern. Da spielt es oft nur eine untergeordnete Rolle, ob der Wechsel für einen Sportler sinnvoll ist und seiner Karriere dient. Und erst recht interessiert es niemanden, ob die jungen Kicker – zumal, wenn sie aus dem Ausland kommen – den Sprung in eine für sie vollkommen fremde Welt ohne weiteres verkraften. Sie sind nichts als eine Handelsware. Allerdings eine zerbrechliche.

So wie Breno Vinícius Rodrigues Borges aus Cruzeiro im Süden Brasiliens, den der FC Bayern München im Jahr 2008 für zwölf Millionen Euro nach Deutschland holte. Breno war damals 18 Jahre alt. Im Nachhinein muss man sagen: Die Investition hat sich nicht ausgezahlt.

In der Nacht zum 20. September 2011 zündete der junge Brasilianer seine Villa im Münchner Vorort Grünberg an, ein Gericht verurteilte ihn wegen schwerer Brandstiftung zu drei Jahren und neun Monaten Gefängnis. Ob Breno je wieder mit Fußball sein Geld verdienen wird, ist fraglich. Was ihn veranlasste, sein Luxusleben im Voralpenland niederzubrennen, ist bis heute nicht geklärt. Einen Hinweis jedoch lieferte ein anderer Bayern-Brasilianer: Der FC Bayern, urteilte dessen einstige Stürmer-Ikone Giovane Elber, habe viel zu wenig unternommen, um den jungen Kollegen in eine für ihn fremde Gesellschaft zu integrieren. Der Vorwurf wurde mit Abscheu und Empörung zurückgewiesen.

Dabei wissen alle: Es gibt da draußen zahllose Brenos. Vereine, Vermittler und Berater haben in den vergangenen Jahrzehnten ein immer dichteres, weltumspannendes Fahndungsnetz aufgebaut, um auch in den entlegensten Winkeln des Planeten, vorzugsweise in Afrika und Asien, junge Fußballtalente zu entdecken, zu kaufen und nach Europa zu verfrachten. Aus den wenigsten von ihnen wird ein neuer Messi, der seine Weltkarriere mit 13 Jahren beim FC Barcelona begann. Aber so ist das auf dem Menschenmarkt Fußball: Wenn auch nur eines von 1000 »Talenten« den Durchbruch schafft, hat sich der Aufwand gelohnt. Alles andere, alle anderen sind egal.

Und so ploppen in Ländern wie Mali, Ghana, Madagaskar, Algerien immer neue »Fußballschulen« aus dem Boden, in denen Minderjährige für das große Spektakel in europäischen Arenen gedrillt werden. Angelockt vom großen Versprechen auf Ruhm und Reichtum, liefern Eltern ihre Kinder Geschäftsleuten aus, die im Zweifelsfall die absolute Verfügungsgewalt über ihre Schützlinge haben. So kommt es, dass beispielsweise ein Spielerhändler wie der Franzose Jean-Marc Guillou, einer der ganz Großen der Branche, ungehindert acht-, zehn- oder zwölfjährige Jugendliche aus der Elfenbeinküste nach Thailand verschieben kann, wo er zufälligerweise auch eine Fußballschule besitzt. Dort warten ebenfalls zahlungskräftige Kunden.

Für Lennart Johannson, den ehemaligen Präsidenten des Europäischen Fußballverbandes (UEFA), sind solche Praktiken »Kindesentführung und nichts anderes«.[7] Der britische Sportsoziologe Paul Darby bezeichnet gerade die vermeintlich professionelleren Projekte, die von europäischen Klubs oder westlichen Investoren mitfinanziert werden, als Beispiele für »neokoloniale Ausbeutung«.[8] Aber offenbar ist niemand willens oder in der Lage, sie zu stoppen. Der Deutsche Fußballbund leistet sich zwar einen Kontrollausschuss, aber dessen Ermittlungen beginnen – und enden – in der Regel mit sportlichen Grobheiten auf dem Fußballplatz. Für den hochdubiosen und korrupten Handel mit halbwüchsigen Fußballern fühlt sich das Gremium eher nicht zuständig.

Dabei warnte die UN-Kommission für Menschenrechte bereits Ende der 1990er Jahre davor, dass skrupellose Geschäftsleute einen modernen »Sklavenhandel« mit jungen afrikanischen Spielern geschaffen hätten. In Belgien ermittelte der Senator Jean-Marie Dedecker 442 Fälle von Menschenhandel mit nigerianischen Spielern, von denen etliche auf der Straße, manche gar in der Prostitution gelandet waren. In Frankreich kümmern sich Vereine wie »Footsolidaire« um hunderte Jugendliche, die auf abenteuerlichen Wegen aus Afrika ins gelobte UEFA-Land gekommen sind, dort aber nicht mitspielen dürfen, weder auf dem Platz noch in der Gesellschaft. In Italien gab es wiederholt Berichte über zahllose Jungen, die dort als Fußballer Karriere machen wollten, bevor sie spurlos verschwanden – der Fall ist bis heute ungeklärt. Schon wahr: Immer mal wieder gibt es Kampagnen gegen Kinderhandel, unterstützt von staatlichen Verbänden oder Nationalen Olympischen Komitees. Und 2001 erbarmte sich sogar der Weltfußballverband FIFA und erweiterte seine Transferregeln um den Schutz Minderjähriger. Seitdem gilt beim Wechsel eines Spielers ins Ausland, dass dieser mindestens 18 Jahre alt sein muss.

Nur: Geändert hat sich so gut wie nichts. Denn die FIFA verankerte in ihrem Regelwerk freundlicherweise ein paar Ausnahmen. Die freundlichste: Wenn, zum Beispiel, senegalesische Eltern »aus Gründen, die nichts mit dem Fußballsport zu tun haben« nach, zum Beispiel, London ziehen, darf ihr Sprössling dort selbstverständlich auch für einen Topverein kicken. Man glaubt gar nicht, wie viele Hausmeisterposten seither in London und andernorts frei geworden sind für Afrikaner mit überdurchschnittlich sportlichem Nachwuchs.

Deshalb werden die Wunderkinder des Fußballs auch immer

jünger. Fast schon als Spätentwickler muss daher der marokkanische Edelkicker Brahim Abdelkader Diaz gelten, der Ende 2013 von Manchester City für rund drei Millionen Euro verpflichtet wurde. Der Knabe war da bereits 14 Jahre alt. Zur selben Zeit sicherte sich Real Madrid die Dienste des Japaners Takuhiro Nakai, genannt »Pipi«, der mit seinen acht Jahren noch zur Grundschule ging. Und ebenfalls Ende 2013 lieferten sich etliche europäische Spitzenklubs, darunter Chelsea und Manchester United, Atletico Madrid und der AC Mailand, ein bizarres Wettrennen um die Gunst eines anderen Achtjährigen. Claudio Gabriel Nancufil galt zu diesem Zeitpunkt als größtes Versprechen auf die Zukunft des Fußballs. Wegen seiner Herkunft aus den argentinischen Anden wird er »Snow Messi« genannt. Auch Real Madrid und der FC Barcelona ließen den Knirps vorspielen, wobei die Katalanen eher schlechte Karten hatten: Im April 2014 belegte die FIFA den Kultklub aus Barcelona mit einer Transfersperre bis 2015, weil es dieser beim Handel mit Minderjährigen etwas zu toll getrieben hatte. Alle anderen Topvereine auf dem Globus blieben davon unberührt.

Auch die deutschen Klubs müssen, wenn es gut für sie läuft, nicht darben. Im Frühjahr 2013 verkündete die schillernde Spielervermittlerin Samira Samii, sie habe gerade einen Achtjährigen von Ajax Amsterdam unter Vertrag genommen, den sie so schnell wie möglich zu Bayern München holen wolle. Ihr Geschäftsmodell fasste Samii, eine der ganz wenigen Frauen im Beratergeschäft, so zusammen: »Man muss immer früher an die Spieler herantreten, um vorne zu bleiben«.[9]

Die Schere zwischen Arm und Reich

Erfolg im Fußball: Das ist etwas, das man sich kauft. Um jeden Preis. Das ist zwar keine wirklich neue Entwicklung, aber eine, die in den vergangenen Jahren vollständig aus dem Ruder gelaufen ist. Spieler? Trainer? Taktiken? Schön, wenn man welche hat. Aber längst sind es clevere, und oft genug undurchschaubare Geschäftsstrategien, die über Wohl und Wehe in den Topligen dieser Welt entscheiden. Mit Skrupeln kann man sich da nicht aufhalten. Mit lästigen Fans auch nicht. Und wer mit Kategorien wie Sportlichkeit oder Fairness operiert, macht sich vollends zum Gespött. Der moderne Fußball, schreibt der Sportjournalist Philipp Selldorf, sei »ein Konsumprodukt und ein Kommerzphänomen, er ist die Beute von Leuten, die mit ihm glänzen und an ihm verdienen wollen, und manche von diesen Leuten sind reichlich zwielichtig«.[10]

Dabei scheint es den Strippenziehern des Ball-Business auch völlig egal zu sein, dass sie den Sport geradewegs in eine ruinöse Spirale hineingetrieben haben, die für manche Vereine stetig nach oben führt, für noch mehr aber immer weiter abwärts. So bringt es etwa die deutsche Bundesliga mittlerweile auf einen Jahresumsatz von mehr als zwei Milliarden Euro. Aber rund ein Drittel davon teilen sich gerade einmal zwei Klubs: der FC Bayern München und Borussia Dortmund. Im Jahr 2013 überschritten die Bayern erstmals die 400-Millionen-Euro-Marke, auf der Forbes-Liste werden sie als fünftwertvollster Verein der Welt geführt – mit einer Notierung von fast einer Milliarde Euro.

Auf der anderen Seite drückt etliche Erst- und Zweitligisten eine riesige Schuldenlast. Der Hamburger SV, Schalke 04 oder Augsburg ächzen seit Jahren unter millionenschweren Verbindlichkeiten, an deren Abbau nicht zu denken ist, so lange man weiter oben mitspielen will. Stattdessen haben manche Vereine, zum Beispiel der Hauptstadtklub Hertha BSC, damit begonnen, sich an dubiose Sponsoren zu ketten oder ein Konzerngeflecht aus Tochter- und Tochter-Tochter-Gesellschaften aufzubauen, in denen Schulden munter hin- und hergeschoben werden. Es ist ein hochriskantes Spiel, das manchen Klub an den Rand der Insolvenzverschleppung führt, das man aber meint, spielen zu müssen – im Dienste eines Sports, der längst keiner mehr ist.

Andere Vereine verscherbeln ihr allerletztes Tafelsilber, erhöhen von Saison zu Saison die Ticketpreise, machen jeden Quadratzentimeter ihres Stadions zur Werbefläche, verprellen ihre treusten Fans und umschmeicheln stattdessen eine solvente Kundschaft, die gerne mal aus vollverglasten Luxuslogen heraus gelangweilt die 22 Kurzbehosten unten auf dem Rasen beäugt. Damit aber sei auch einer der letzten Orte, in denen Menschen unterschiedslos eine gemeinsame Leidenschaft teilen, in Gefahr, kritisiert der Philosoph Michael Sandel in seinem Buch *Was man für Geld nicht kaufen kann*: »Tatsächlich waren Stadien während des gesamten 20. Jahrhunderts Orte, wo Führungskräfte Seite an Seite mit einfachen Arbeitern saßen, wo alle in den gleichen Schlangen anstanden, um Hotdogs und Bier zu kaufen, und wo Reiche und Arme gleichermaßen nass wurden, wenn es regnete«.[11] Luxuslogen seien in gewisser Weise »das sportliche Äquivalent zu Gated Communities«, in denen die Betuchten hinter hohen Mauern unter sich bleiben.[12]

Aber so sehr sich die in der Kreide stehenden Klubs auch

anstrengen: Es hilft ja nichts. Wer oben ist und wer unten bleibt, steht auch in der Bundesliga seit Jahren fest. Drei, vier, vielleicht fünf zahlungskräftige Klubs teilen die Champions-League-Plätze unter sich auf, der Rest kickt im sportlichen Niemandsland oder gegen den Abstieg aus dem Oberhaus. Ein Durchmarsch vom Aufstieg bis zur Meisterschaft in nur einer Saison, wie ihn der 1. FC Kaiserslautern 1997/98 schaffte, ist in der heutigen Zwei-Klassen-Gesellschaft Bundesliga undenkbar geworden.

Gleichzeitig wächst von Jahr zu Jahr der Abstand zwischen den diversen Ligen im deutschen Fußball. Nach einer Studie von Ernst & Young hat sich »die Kluft zwischen den einzelnen Klassen« zuletzt immer weiter vergrößert.[13] Wobei als absolutes Armenhaus die Dritte Liga gilt, aus der abzusteigen dem Fall in die totale Bedeutungslosigkeit gleichkommt, weshalb dort fast alle Klubs groteske finanzielle Verrenkungen vollführen. Das Ergebnis: Im Jahr 2013 befanden sich überhaupt nur noch sieben Prozent der Drittligisten in der Gewinnzone, der Rest schrieb fette rote Zahlen. Macht aber nichts: Im selben Jahr plante jeder zweite Drittligist den Um- oder Ausbau seines Stadions. Um jeden Preis wachsen, den Erfolg mit allen Mitteln erzwingen, mitmischen im Milliardenmarkt Fußball – das vernebelt offenbar einem Großteil der Vereinsbosse die Sinne. Deshalb sind viele von ihnen auch bereit, die Geschichte, Identität und Integrität ihres Klubs gegen ein paar Sponsorenmillionen einzutauschen. Es sei denn natürlich, sie sind selbst die Sponsoren und verfügen über nahezu unbegrenzte Mengen an Bargeld. So wie im Fall des Klubs RB Leipzig, an dessen Geschichte sich ablesen lässt, welche Entwicklung dem Fußball in den kommenden Jahren noch blühen könnte.

Der Verein, der offiziell »RasenBallsport Leipzig e. V.« heißt, wurde im Mai 2009 gegründet. Als Geburtshelfer fungierte der österreichische Milliardär Dietrich Mateschitz. Der Chef des Hallo-Wach-Brause-Herstellers Red Bull dominiert seit Jahren mit seinem Formel-1-Rennstall das Geschäft der ewig im Kreis Fahrenden. Irgendwann hielt er offenbar die Zeit für gekommen, in einem noch lukrativeren Markt mitzumischen. Also schickte er seine Emissäre aus, auf dass sie ihm einen Fußballklub in Deutschland kaufen.

Das freilich gestaltete sich zunächst schwieriger als gedacht. Bereits 2006 war Mateschitz drauf und dran, beim darbenden FC Sachsen Leipzig einzusteigen. Das aber fanden weder die Fans noch der DFB so richtig gut, Letzterer verweigerte seine Zustimmung. Mateschitz, nicht dumm, hielt daraufhin nach einem Klub in der fünften Liga Ausschau, die nämlich unterliegen nicht mehr dem Lizenzierungsverfahren des DFB. In Markranstädt vor den Toren Leipzigs wurde er fündig, dem dortigen Oberligisten SSV unterbreitete der Österreicher ein Angebot, dass jener nicht ablehnen konnte – und schon startete in der Saison 2009/10 anstelle von Markranstädt der »RB Leipzig« in der Oberliga Nordost. Wobei das Vereinswappen nur zufällig frappante Ähnlichkeit mit dem Red-Bull-Logo aufwies und auch die Buchstaben »RB« wirklich nichts anderes bedeuten als »RasenBallsport«. Ein Schelm, wer Brause dabei denkt.

Seither führt der Weg des mit unzähligen Millionen gepäppelten Vereins nahezu unaufhaltsam nach oben. Mit Hilfe verdienter und gut verdienender Ex-Profis gelang RB gleich in der ersten Saison der Aufstieg. Er zog daraufhin ins Leipziger Zentralstadion, das fortan »Red Bull Arena« hieß, und machte sich anheischig, geradewegs in die Bundesliga durchzumarschieren.

Dass das nicht auf Anhieb gelang, versetzte den fußball-affinen Teil Ostdeutschlands in Verzücken – aber nicht lange. Mateschitz pulverte einfach weiter Geld in sein Leipziger Fass, verpflichtete den langjährigen Bundesligatrainer Ralf Rangnick als Sportdirektor und weitere Topspieler, für die sich selbst manch Bundesligist gehörig strecken müsste. Schon ging die sächsische Erfolgssaga weiter. Nach dem nächsten Aufstieg 2013 spielte RB Leipzig auch in der Dritten Liga von Anfang an ganz oben mit. Konsequenterweise folgte bereits zwölf Monate später der Aufstieg in die zweite Bundesliga.

Zwischenzeitlich gab der Verein, in dessen Vorstand ausschließlich Mitarbeiter von Red Bull sitzen, bekannt, dass er mal eben 30 Millionen in ein neues Trainingsgelände mit Fußballinternat stecken wolle. Der Standort nahe der Leipziger Kleinmesse brachte dem Verein den Zorn zahlreicher Umweltverbände ein. Das erwies sich jedoch als nicht allzu hohes Hindernis. Die Stadt Leipzig legte Mateschitz keine Steine in den Weg und ließ den Wohltäter aus dem Alpenland gewähren. Aus dem Verein selbst kam eher wenig Kritik, was auch daran liegen mag, dass er bis zum Frühjahr 2014 gerade mal ein knappes Dutzend Mitglieder hatte. Fans dürfen zwar eine Mitgliedschaft beantragen, über eine Aufnahme entscheidet jedoch ein Ehrenrat. Und das eher restriktiv. So erspart man sich elegant interne Scharmützel. Kritik an seinem Vorgehen konterte der Verein im Übrigen regelmäßig damit, dass der Zuschauerschnitt in Leipzig höher sei als in allen anderen Stadien der Dritten Liga. Wobei man sagen muss: Die fußballerischen Alternativen in Ostdeutschland, das finanziell hoffnungslos vom Rest der Republik abgehängt ist, sind mehr als rar gesät.

Elf Pfründen müsst ihr sein

Ist das die Zukunft des Fußballs? Vereine aus der Retorte, deren Weg nach oben gepflastert ist mit Millionen? Millionen, die Scheichs und andere Reiche lockermachen oder die von den Klubs auf obskuren Wegen zusammengeliehen werden? Der Fußball – ein Spielball von Finanzjongleuren und Zockern? Elf Pfründen müsst ihr sein? Und wer nicht mithalten kann, ist draußen und wird durch einen Geschäftstüchtigeren ersetzt?

»Es leuchten viele rote Warnlampen«, befand UEFA-Präsident Michel Platini schon im Jahr 2011 anlässlich der Auslosung zur Champions League. »Setzt sich der Trend fort, riskiert der Profifußball den Ruin.« Platini war es denn auch, der maßgeblich eine Idee mit vorantrieb, das windige Milliardengeschäft Fußball wieder bodenständiger zu machen. »Financial Fairplay« heißt das Reglement, das die UEFA 2009 »zum Wohle des Fußballs« verabschiedete und das, zumindest bei oberflächlicher Betrachtung, einer Rückkehr zu einem vernünftigen Maß den Weg ebnen könnte.

Die Idee dahinter ist einleuchtend: Weil sich immer mehr europäische Vereine hoffnungslos überschulden, hat der Fußballverband beschlossen, unsolide wirtschaftende Vereine künftig an die Kandare zu nehmen. Wer deutlich mehr ausgibt, als er einnimmt, muss demnach mit einer Strafe rechnen, sie kann im Extremfall den Ausschluss von europäischen Wettbewerben bedeuten. Für eine Übergangszeit darf die Differenz noch bis zu 45 Millionen Euro betragen, später ist ab fünf Millionen Schluss. Als das 100-seitige Fairplay-Regelwerk nach zähen Verhandlungen endlich in Kraft trat, ließ sich Platini als Retter des

Profifußballs feiern. Dann jedoch nahte erstmals der Moment, in dem die UEFA ernst machen würde – und es passierte etwas Merkwürdiges.

Ende 2013 gab der Verband bekannt, dass drei europäische Klubs in der nächsten Saison womöglich draußen würden bleiben müssen. Es handelte sich um die weltberühmten Vereine Metalurg Donezk aus der Ukraine, Petrolul Ploiesti aus Rumänien und den FC Skonto aus Lettland. Man darf sagen: Ohne sie wären Champions und Europa League nicht mehr das, was sie einmal waren.

Fachleute in ganz Europa rieben sich etwas verwundert die Augen. Metalurg? Petrolul? Skonto? Seltsam. Denn im selben Jahr hatte beispielsweise der hochverschuldete AS Monaco Spieler für 144 Millionen Euro eingekauft, hatte Real Madrid für Gareth Bale annähernd so viel ausgegeben, wie es Miese hat, und hatte Paris St. Germain ein Transferdefizit von 100 Millionen Euro erwirtschaftet. Keiner der Klubs aber fand sich auf der Sanktionsliste der UEFA. Warum nicht?

Womöglich deshalb, weil die tief in der Kreide stehenden Spitzenvereine des Kontinents längst Geschäftsmodelle entwickelt haben, denen mit der simplen Ausgaben-Einnahmen-Regel der UEFA nicht beizukommen ist. Beispielhaft steht dafür ein cleverer Deal des spanischen Erstligisten Real Saragossa. Der verpflichtete in der Saison 2011 für mehr als acht Millionen Euro einen neuen Torwart, der von Benfica Lissabon kam. Eine erstaunliche Sache. Denn just zu der Zeit steckte Saragossa in einem Insolvenzverfahren, theoretisch hätte der Klub nicht mal ohne weiteres neue Eckfahnen anschaffen dürfen. Der Torhüter wechselte trotzdem. Den Löwenanteil der Ablösesumme nämlich hatte nicht etwa der Verein, sondern ein auf der steuerlich günstig gelegenen Insel Jersey ansässiger Investmentfonds bezahlt. Anteilseigner des Fonds soll rein zufällig auch der Präsident von Real Saragossa gewesen sein.

Hübsch auch, was sich der Traditionsklub Paris St. Germain so alles einfallen ließ, um sein Defizit kleinzurechnen. Im Oktober 2013 wurde bekannt, dass ein wundersamer Geldsegen aus Katar die Sorgen des Vereins auf Jahre hinaus schmälern wird. Die dortige Tourismusbehörde und die Fluglinie Emirates erklärten sich in dem als »Sponsoringdeal« verbrämten Geschäft bereit, den Parisern in den kommenden Jahren bis zu 200 Millionen Euro zu zahlen. Während die Fußballwelt sich wunderte, befand Klub-Boss Nasser Al-Khelaifi: »Alles ist legal.« Und fügte mehrdeutig hinzu: »Unsere Anwälte sind sehr kompetent.« Bei dem Deal mit den Kataris wird es im Übrigen nicht geschadet haben, dass der französische Klub bereits dem katarischen Sportinvestmentfonds QSI gehört, in dem wiederum der Sohn von UEFA-Chef Platini als Spitzenmanager tätig ist. Die UEFA beschränkte sich zunächst darauf, an die »Sittsamkeit« der Klubführung zu appellieren. Die wird es sich zu Herzen genommen haben.

Dass »Financial Fairplay« irgendetwas am Millionenwahnsinn in Europas Stadien ändern wird, bezweifeln seither selbst die größten Optimisten. Gerhard Schewe, der an der Universität Münster Betriebswirtschaftslehre lehrt, sieht es so: »Es gibt genug Mittel und Wege, wie man die Fair-Play-Regel umgehen kann. Bei Verträgen mit Stars wie Cristiano Ronaldo gibt es so viele Nebenabsprachen, die gar nicht über die Vereine laufen müssen – das kann die UEFA kaum kontrollieren«.[14] Oder in den Worten des FC-Arsenal-Trainers Arsène Wenger: »Die Fußball-Welt ist verrückt geworden.«

Vom Wert des schönen Spiels

Die ganze Fußball-Welt? Nein, verblüffenderweise gibt es hier und da noch Vereine, die der Logik des Immer-mehr partout nicht folgen, die das Fußballspiel noch immer als solches begreifen, die Erfolg nicht um jeden Preis wollen und trotzdem – oder deswegen? – erfolgreich sind. Einer dieser Vereine ist der Sportclub Freiburg, seit Jahren eine feste Größe im deutschen Profifußball und in der Saison 2013/14 sogar Teilnehmer in der Europa League. Ein Kunststück, das die Breisgauer vor allem ihrem Trainer Christian Streich zu verdanken haben, der das Team im Januar 2012 übernahm, als Freiburg fast schon als sicherer Absteiger feststand.

Streich, ein kauziger, bisweilen cholerischer Südbadener mit ebensolchem Dialekt, ist ein Trainer, wie ihn die Bundesliga selten gesehen hat. Der Metzgersohn hat sich studienhalber mit der Geschichte des Totalitarismus befasst und reist gelegentlich mit dem Rucksack durch die Welt. Zum Training seiner Profis pflegt er mit dem Rad anzureisen, warum auch nicht, findet Streich, er wohnt halt in der Nähe. Statussymbole bedeuteten ihm nun mal nichts. »Geld macht mit allen Menschen etwas, wenn es ihnen die ganze Zeit vors Gesicht gehalten wird. Wir versuchen, dies in Relation zu bringen zu Dingen, die wichtiger sind.« Einmal, sagt Streich, habe einer seiner Spieler Mitarbeiter der SC-Geschäftsstelle aufgefordert, ihm einen Friseurtermin zu besorgen. Das habe ihn wütend gemacht. »Am nächsten Tag habe ich in der Kabine gesagt: Jungs, also ich gehe zu einer Friseurin in Freiburg: 13,50 Euro für den Schnitt. Die interessiert sich nicht für Fußball, da habt ihr total eure Ruhe. Wenn jemand die Adresse braucht, ich habe sie. Und dann macht euch selbst einen Termin«.[15]

Streich sieht es, ungewöhnlich genug, als seine Aufgabe an, seinen Schützlingen nicht nur das Fußballspielen beizubringen, sondern sie auch als Menschen weiterzuentwickeln. Er sagt: »Wenn ich die Spieler nur als Wertgegenstände sehe, dann kann ich auch Aktienspekulant werden«.[16] Er glaubt, dass sich dauerhafter Erfolg nur über gereifte und teamfähige Sportler einstellt. Er hat die berühmte Freiburger Fußballschule mit aufgebaut und etliche Spieler zu erfolgreichen Profis gemacht. Sie werden regelmäßig von anderen Bundesligavereinen weggekauft, so wie 2013, als fast die Hälfte der Mannschaft nach dem Erreichen des fünften Tabellenplatzes zu zahlungskräftigeren Klubs wechselte.

In Freiburg sehen sie trotzdem keinen Grund, von ihrem Kurs abzuweichen. Der Klub wirtschaftet solide, er achtet akribisch darauf, in der Region verwurzelt zu bleiben, zu seinem Selbstverständnis gehört das schöne Spiel mindestens genauso wie das erfolgreiche. Und erstaunlicherweise kann eine Mehrzahl der SC-Freiburg-Fans offenbar gut damit leben, dass ihr Verein nicht alles dem Erfolg unterordnet. Für den Klub und seine Anhänger ist die Welt nicht in Sieg oder Niederlage unterteilt, was zählt, ist offenkundig Fußball als Erlebnis. »Wir haben den Schwarzwald und den Schluchsee, das Markgräflerland und den Titisee, die Leute wollen einen angenehmen Nachmittag verleben«, sagt Streich. »Wenn wir also wollen, dass sie bei uns ein Ticket lösen, dann müssen wir ihnen schönen Fußball bieten«.[17]

Menschliche Werte, Bescheidenheit, schönes Spiel, es scheint fast, als seien im Breisgau tatsächlich die Kuckucks-Uhren stehengeblieben, als spiele der SC in einer eigenen Liga. Streich aber ist überzeugt davon, dass auch anderen Vereinen und Funktionären nichts übrig bleiben wird, als sich zu besinnen. Die fortschreitende Kommerzialisierung des Fußballs bedrohe ansonsten das Spiel als solches. »Vielleicht«, sagt Streich, »kommen irgendwann Spielunterbrechungen wegen Werbeminuten oder es müssen Kameras in die hintersten Kabinenwinkel«.[18] Denkbar sei vieles – auch, dass sich die Masse früher oder später vom Massenereignis Fußball abwenden wird. »Dass das Spiel bisher überlebt hat und so viele Millionen Menschen begeistert, ist fast ein Wunder.«

IMMER SCHWERER:
AUTOS

Warum uns unsere Stehzeuge heilig sind

»Man kann ein Auto nicht wie ein menschliches Wesen behandeln – ein Auto braucht Liebe.«

Walter Röhrl, dt. Autorennfahrer

Axel Friedrich ist mit dem Rad da. Er ist immer mit dem Rad da. Gerade war er in China, in Shenzhen, einer Stadt, die vor 30 Jahren noch 30000 Einwohner hatte, jetzt rund elf Millionen. Da hat er sich ein bisschen gewundert. Weit und breit war er der einzige Radler. Alle anderen fuhren Auto. Das heißt, sie wären gerne gefahren, wenn es denn vorangegangen wäre. Also schlängelte sich Axel Friedrich mit seinem Drahtesel etwas missmutig durch den Stau, betrachtete die noch größeren Autos, die noch breiteren Straßen und fragte sich, wozu das alles. »Die machen exakt dieselben Fehler wie wir – nur in zehnfacher Geschwindigkeit.«

Axel Friedrich ist jetzt auch schon 66 Jahre alt. Aber er kann sich noch immer herrlich aufregen, wenn es um Verkehrsthemen geht. Über die Autobauer, die stur an einer einzigen Idee festhalten: Wachstum. Über die Kunden, die sich immer häufiger in Wagen setzen, welche womöglich in der irakischen Wüste oder den afghanischen Bergen von Nutzen sind, aber nicht unbedingt in der Innenstadt von Wanne-Eickel. Über die Politik, die ihre Augen verschließt vor dem Naheliegenden. »Die Stadt ist für den Austausch von Menschen gemacht worden – ab einer bestimmten Menge an Autos pro Hektar bricht das System Stadt zusammen«, sagt Friedrich.

Es ist sein Lebensthema. Seit vielen Jahrzehnten schon. Auf seiner Visitenkarte steht jetzt nur noch »Consultant«, er berät Umweltverbände und die Weltbank, wird von Regierungen gerufen und oft auch von der Autoindustrie, obwohl die Hersteller über die Jahre von kaum jemandem mehr getriezt wurden als von dem stets gutgelaunten Chemiker mit dem missionarischen Eifer. Als er auf der IAA einmal öffentlich mit Martin Winterkorn plauderte und der VW-Chef stolz seinen Tuareg pries, antwortete Friedrich: »Ja, der Wagen ist gut motorisiert – für einen LKW.« Sie laden ihn trotzdem immer wieder ein. Denn Axel Friedrich weiß, wovon er spricht.

Fast 28 Jahre lang hat er für das Umweltbundesamt gearbeitet, zwölf Jahre davon leitete er die Abteilung »Umwelt, Verkehr, Lärm«. Er hat bei der Einführung des Katalysators mitgefingert und geholfen, die zahllosen Tricks und Mogeleien der Industrie zu entlarven. Er hat, vergeblich, für ein generelles Tempolimit gestritten – »bis heute meine größte offene Wunde«. Er war beteiligt, als die Europäische Union endlich verbindliche Abgasnormen einführte. Immer gegen den erbitterten Widerstand der Autolobby. Und einmal hat er den Herstellern ganz praktisch demonstriert, wie leicht man ein umweltfreundliches und trotzdem leistungsstarkes Auto bauen könnte.

Es war im Jahr 2006, als sich Friedrich ein paar Studenten der Technischen Hochschule Aachen schnappte, um mit ihnen mal eben einen Golf TSI umzumodeln. Ein Geschoss von einem Auto, 160 PS stark, 1370 Kilogramm schwer, der offiziell behauptete Kraftstoffverbrauch: 7,4 Liter. Das Ziel: zu beweisen, dass die strikten Abgasnormen, die damals in der EU diskutiert wurden, auch für deutsche Autobauer zu erreichen sind. Unmöglich, ächzte damals die Industrie. Mal sehen, sagte sich Friedrich.

Sie haben dann erst mal die Außenspiegel abmontiert und durch handelsübliche Kameras und Monitore ersetzt. Sie bauten eine andere Batterie, leichtere Sitze, eine leichtere Motorhaube ein und versorgten den Wagen mit einer Start-Stopp-Technik, so dass sich der Motor an roten Ampeln automatisch abstellt. Sie veränderten die Achsübersetzung und verringerten den Luftwiderstand. Am Ende landeten sie bei einem realen Verbrauch von 5,5 Litern und einem CO_2-Ausstoß von 130 Gramm pro Kilometer – exakt der Wert, der in Europa ab 2015 verbindlich sein soll. Der Golf aber hatte noch immer 160 PS und fuhr genauso schnell wie vorher. Friedrich parkte ihn im EU-Foyer in Brüssel. Die Autoindustrie tobte.

Es war ein Etappensieg. Aber mehr auch nicht. Denn seither musste Friedrich miterleben, wie vor allem die deutschen Hersteller immer stärkere, immer schnellere, immer schwerere Autos auf den Markt warfen. 1963 zum Beispiel habe ein Porsche 65 PS gehabt, sagt Friedrich, heute seien es bis zu 700. Das freilich ist noch nichts gegen den Bugatti Veyron 16.4, der es, vom Volkswagenkonzern entwickelt, auf 1001 PS bringt. Oder gegen den »Devel Sixteen«, den durchgeknallte Scheichs im Herbst 2013 auf der Motorshow in Dubai präsentierten. Ein 5000 PS starkes Ungetüm zum Schnäppchenpreis von 1,1 Milliarden Euro, das allein deshalb noch nicht serienreif ist, weil bislang kein Reifen dieser Welt eine Beschleunigung von null auf 100 km/h in 1,8 Sekunden übersteht. Man arbeitet daran. »Ein Irrsinn«, sagt Friedrich. »Das scheint ein generelles Problem zu sein: Die Menschen versuchen, immer schneller zu werden, noch mehr Leistung zu bringen – die Frage, ob man eine solche Leistung braucht, stellt sich gar nicht mehr.«

Binnen dreißig Jahren habe sich das durchschnittliche Gewicht deutscher Autos verdoppelt. Seit einigen Jahren stagniert die Entwicklung zwar, weil die Hersteller gezwungen sind, die EU-Normen irgendwie einzuhalten. Aber das erreichte Niveau übersteigt dennoch jedes vernünftige Maß. Als Argument dient den Herstellern stets das Zauberwort Sicherheit. Friedrich hält das für Humbug. Airbags, Dämpfer oder abknickende Lenksäulen im Kollisionsfall machten allenfalls 30, 40 Kilogramm Gewicht aus. Der große Rest werde in immer mehr Leistung und immer größeren Komfort gesteckt und vor allem deshalb gemacht, weil man es machen kann.

So verfügen etwa der Phaeton von VW oder die S-Klasse von Daimler über rund 100 Elektromotoren, darunter solche, die für das Kippen der Kopfstützen verantwortlich sind oder für die automatische Erkennung der Sitzposition. Es gibt Spurhaltesysteme und Abstandsregeltempomaten, Müdigkeitssensoren, Verkehrszeichenerkennungssysteme und Fernlichtautomatiken, City-Notbremsfunktionen, dynamische Frontlichter und natürlich Kameras in alle Himmelsrichtungen. Friedrich macht sich gelegentlich einen Spaß daraus, Ingenieure zu bitten, ihm alle Funktionen des Autoradios oder das Bord-Navigationssystem zu erklären. »Das können die nie.«

All diese Einbauten erhöhen das Gewicht. Sie führen zu größeren Lichtmaschinen, größeren Bremsen, größeren Motoren, schwereren Reifen, auch wenn das beispielsweise die Aqua-planing-Gefahr signifikant erhöht. Und natürlich vermehren sich dadurch der Schadstoffausstoß und der Verbrauch – ganz so, als sei Erdöl ein nachwachsender Rohstoff und als gäbe es Kleinigkeiten wie den Klimawandel nicht. Für Axel Friedrich ist das schwer erträglich. »Ich frage mich wirklich, ob die Leute das alles so wollen.«

Wie aus dem »Mini« ein »Maxi« wurde

Eigentlich nicht. Gerade deutsche Autofahrer fordern in Um-fragen immer wieder umweltfreundliche Pkw. Das ist die gute Nachricht. Die schlechte: Spätestens im Autohaus scheinen das die allermeisten wieder vergessen zu haben. Die in Deutschland verkauften Autos werden seit 20 Jahren mit schöner Regelmä-ßigkeit immer leistungsstärker. Verfügten sie 1995 im Schnitt noch über 95 PS, waren es 2013 bereits 138 PS. Dass das, so-wohl in der Anschaffung als auch im Unterhalt, seinen Preis hat, stört die wenigsten. Im Laufe seines Lebens, so steht es im Jahrbuch *Autofahren in Deutschland*, gibt der Durchschnitts-deutsche 332 000 Euro für sein Lieblingshobby aus.[1] Dafür muss ein alter Radfahrer lange strampeln.

Auf deutschen Straßen wird es denn auch von Jahr zu Jahr enger. Anfang 2014 waren hier 61,5 Millionen Fahrzeuge zuge-lassen, rund 700 000 mehr als zwölf Monate zuvor und so viele wie noch nie. Wobei die Zahl der Kleinwagen nahezu stagnierte, während Geländewagen ein sattes Plus von 12,6 Prozent ver-zeichneten. Das wiederum ist nichts im Vergleich zu den Sports Utility Vehicles (SUV), die mit einem Zuwachs um 22,5 Prozent einen einsamen Rekord aufstellten.[2] Wieder einmal. Keine andere Fahrzeuggattung hat in den vergangenen Jahren eine ähnliche Erfolgsgeschichte hingelegt wie die panzerartigen Kästen, deren Vorläufer – der Humvee – tatsächlich einmal als Allzweckfahrzeug für militärische Zwecke entwickelt wurde. Besser lässt sich nicht demonstrieren, dass auf deutschen Straßen längst ein Bürgerkrieg tobt, in dem sich jeder die Freiheit zu nehmen gedenkt, die nach Adam Riese immer enger bemessen ist.

Und wenn es so bleibt, dann wird das Gedränge noch zunehmen. So versprach etwa Audi-Vorstandschef Rupert Stadler, spätestens 2020 werde jeder dritte verkaufte Audi ein SUV sein – zurzeit ist es »nur« jeder vierte.[3] Andere Hersteller verfolgen ähnliche Pläne. Der Trend geht zudem zum »Mini-SUV«: zu Einsteigerpanzern aufgemotzte Ex-Kleinwagen, die die evolutionäre Lücke zum Großstraßenkreuzer schließen. Auf der Internationalen Automobil-Ausstellung 2013 präsentierte Volkswagen den Taigun, Fiat den 550X, Mercedes und Audi wollen in nächster Zeit nachziehen.

Der Trend zum immer größeren Automobil macht inzwischen immer häufiger Stadt- und Verkehrsplanern zu schaffen. Auf Autobahnbaustellen etwa reicht die genormte Breite der linken Spur kaum noch für die pummeligen PS-Geschosse aus. In Wohnvierteln ragen abgestellte Autos bisweilen so weit in den Straßenraum, dass man denken könnte, der Fahrer habe schlecht geparkt. Hat er aber nicht, die Dinger sind halt so lang. Und in seinem Parkhaustest moserte der ADAC, die 2,30 Meter breiten Parkplätze in den innerstädtischen Autoaufbewahranstalten reichten beim besten Willen nicht mehr aus. Schon wird in Berlin, Brüssel und anderswo fleißig lobbyiert, um freien Fahrern wieder mehr Platz zu verschaffen.

Dass vor allem die deutschen Autobauer von chronischem Größenwahn beseelt sind, zeigt beispielhaft die Entwicklung des Mini, der längst ein Maxi ist. Der ursprünglich von der Austin Motor Company hergestellte Blechzwerg war in seiner Frühzeit eine Antwort auf die Suezkrise von 1956. Als die Ägypter seinerzeit die Kontrolle über den Suez-Kanal und damit eine der wichtigsten Lebensadern des westlichen Wohlstands übernahmen, musste die Welt erstmals einsehen, dass ihr früher oder später das Öl ausgehen könnte. Drei Jahre später, am 18. August 1959, rollte in Birmingham der erste Mini vom Band. Der Knirps war bescheidene drei Meter lang, wog 620 Kilo und verbrauchte nicht mehr als vier Liter. In der Spitze – und leicht bergab – brachte er es auf 115 Stundenkilometer. Über mehrere Jahrzehnte blieb der Mini Kultobjekt für zahllose Autofahrer, sofern sie nicht größer als 1,80 Meter waren.

Von 2001 an entstand dann unter der Federführung der Bayerischen Motoren Werke ein Mini-Nachfolger, der mit seinem Urahn zwar noch den Namen und die vage Form, sonst aber nichts mehr gemeinsam hatte. BMW machte aus dem britischen Bonsai-Schlitten kurzerhand ein »sportliches Lifestyle-Fahrzeug mit Gokart-ähnlichem Fahrverhalten«[4] oder anders gesagt: einen BMW im Mini-Pelz. In der Variante Cooper S Clubman brachte es der Kugelblitz auf 184 PS und eine Spitzengeschwindigkeit von 227 Stundenkilometern. Dafür hatte sich sein Gewicht gegenüber dem Vorfahren aus der Steinzeit mit 1280 Kilogramm auch exakt verdoppelt.

Ganz ähnlich erging es einem der Lieblingsautos der Deutschen, dem VW Golf. Der Erste seiner Art, der im Frühjahr 1974 vom Band rollte, wog 750 Kilo und fuhr mit 50 PS. Knapp 40 Jahre später kam dann die siebte Inkarnation auf die Welt, der Golf VII: einen halben Meter länger, 20 Zentimeter breiter und sechs Zentimeter höher als sein Urahn, in der läppischsten Version 85 PS schwach, aber hochrüstbar bis 230 PS. Erstaunlicherweise war das Trumm sogar leichter als der Golf VI, zwar nicht 100 Kilo, wie von VW behauptet, sondern allenfalls 25, aber immerhin. Nur: Er wog halt trotzdem immer noch 1449 Kilo. Dafür war er in seiner GTI-Version auch mit einem Pre-Crash-System ausgestattet, das bei einer Notbremsung vorsorglich die Sicherheitsgurte strafft sowie Fenster und Schiebedach schließt. Ob das freilich bei einer Kollision mit knapp 250 km/h die Rettung ist, sei dahingestellt.

So geht das, bei fast allen Herstellern, seit Jahrzehnten. Und es würde vermutlich noch bis zum Sankt-Nimmerleins-Tag so weitergehen – gäbe es da nicht diese lästigen Bürokraten in Brüssel. Die versauen der Autoindustrie seit einigen Jahren immer mal wieder die Party, indem sie strikte Umweltnormen durchsetzen wollen. So tobte etwa im Jahr 2013 eine selbst für EU-Verhältnisse außerordentlich erbitterte Lobbyschlacht, aus der die Industrie wieder mal nahezu unbeschadet hervorging. Das auch deshalb, weil die deutsche Bundeskanzlerin, sonst oft der Untätigkeit geziehen, sich heldenhaft für BMW, Daimler und Co. ins Getümmel gestürzt hatte.

Nach dem Willen der EU-Kommission sollen Europas Autos vom Jahr 2020 an statt 130 nur 95 Gramm CO_2 pro Kilometer ausstoßen dürfen. Das entspricht in etwa einem Kraftstoffverbrauch von vier Litern. Für die Schwergewichte unter den Autobauern – allen voran BMW und Daimler – ist das nach den Hochrüstorgien der vergangenen Jahrzehnte fatal. Beide Hersteller haben schon Mühe, den ab 2015 geltenden Grenzwert von 130 Gramm CO_2 zu erreichen. Weil aber auch EU-

Bürokraten ein Herz für Autos haben, kamen sie den Deutschen von vornherein entgegen – mit einem Taschenspielertrick. Wenn ein Hersteller auch Elektroautos im Sortiment führt, so die Idee, dann sollten diese CO_2-neutralen Wagen bei der Berechnung des gesamten Flottenverbrauchs mehrfach angerechnet werden. Ein bestechendes Verfahren: Man stelle sich vor, ein Autofahrer hat 15 Punkte in Flensburg, ein anderer null. Um eine Bestrafung des einen zu vermeiden, zählt man den mit null Punkten nun doppelt, teilt die Gesamtpunktezahl durch drei – schon hat jeder fünf Punkte und ist fein raus.

Im Fall der Abgasnormen heißt der Anrechnungstrick »super credits«. Unter ökologischen Gesichtspunkten gleich ein mehrfaches Ärgernis. Denn nur weil Elektroautos kein CO_2 ausstoßen, sind sie nicht von vornherein umweltfreundlicher als herkömmliche Wagen. Für ihre Herstellung benötigt man deutlich mehr metallische Rohstoffe wie Kupfer, außerdem Materialien wie Lithium für Akkus und seltene Erden. Zur Herstellung von ultraleichtem Carbon, das etwa BMW für seinen mit Pomp lancierten i3 nutzt, benötigt man zudem ungeheure Mengen an Energie. Der frühere Vize-Chef des Wuppertal Instituts für Klima, Umwelt, Energie, Friedrich Schmidt-Bleek, urteilt denn auch: »Das viel gepriesene Elektroauto hat einen noch viel höheren ökologischen Preis als das mit Benzin oder Diesel angetriebene«.[5]

Egal. Den Herstellern musste ja irgendwie geholfen werden. Also wurde der mathematische Budenzauber erdacht. Nur: Die Deutschen wollten die »super credits« gerne häufiger und einige Jahre länger auf ihren Flottenverbrauch anrechnen, als selbst die gnädigen Brüsseler ihnen einräumen mochten. Es folgten harte Verhandlungen. Und letztlich, so schien es, fand man einen für die EU-Kommission, das EU-Parlament und die Mitgliedsstaaten tragbaren Kompromiss.

Dann jedoch veranstaltete die deutsche Regierung ein Manöver, das es so noch nicht gegeben hatte. Im Sommer 2013 setzte sie völlig überraschend eine Verschiebung der entscheidenden Abstimmung durch und begann stattdessen hinter den Kulissen, einige Partnerländer massiv zu beeinflussen. Das offensichtliche Kalkül: In der zweiten Jahreshälfte 2013 übernahm Litauen die EU-Ratspräsidentschaft, außerdem stieß das Neumitglied Kroatien dazu – dadurch erhoffte man sich in Deutschland, einen noch autofreundlicheren Kurs durchsetzen zu können.

Bundeskanzlerin Angela Merkel persönlich, so erzählten es EU-Diplomaten, habe zum Telefon gegriffen, um mindestens vier weitere Mitgliedsstaaten – oder 35 Prozent der EU-Bevölkerung – auf ihre Seite zu ziehen. So viel brauchte sie, um den mühsam ausgehandelten Abgas-Kompromiss zu kippen. Deutsche Regierungsvertreter erinnerten etwa das krisengeschüttelte Portugal daran, dass dort VW produziert, das Land revidierte seine Haltung daraufhin vollständig. Selbst die sonst so klimabewussten Niederländer ließen sich einfangen: Dort hatte BMW zuvor ein beinahe insolventes Werk gekauft.

Die Litauer wiederum konnten sich ganz persönlich von den Segnungen deutscher Ingenieurskunst überzeugen. An erster Stelle der »Sponsoren« für ihre halbjährige Präsidentschaft fand sich »Krasta Autos«, das ist, wohl nicht ganz zufällig, der bevollmächtigte Vertreter von BMW in Litauen. Für die Zeit des Vorsitzes stellte das Unternehmen 180 neue Limousinen zur Verfügung.

Und so kam es, wie es kommen musste: Am Ende stand eine

Einigung, die den Autoherstellern mehr Zeit einräumt, die 95 Gramm CO_2 zu erreichen. Außerdem können die »super credits« nun fast wie gewünscht angerechnet werden. In Deutschlands Autobranche wurde das als »Sieg der Vernunft« gefeiert.

Kleine Randnotiz: Nach der Bundestagswahl 2013 ereilte Angela Merkels CDU ein – nicht unerwarteter – Geldsegen. Drei Mitglieder der steinreichen Familie Quandt spendeten der Partei jeweils 230 000 Euro. Die Spende, so hieß es, sei bereits im Frühjahr angekündigt, aber erst nach der Wahl verbucht worden. Mit den Brüsseler Ereignissen habe sie nichts zu tun. Die Quandts, das der Vollständigkeit halber, halten nahezu die Hälfte aller BMW-Anteile.

Der ewige Frühling der Autobauer

So also haben Deutschlands Limousinenbauer wieder etwas mehr Zeit gewonnen, um den exorbitanten Spritverbrauch ihrer Erfolgsmodelle zu drosseln. Wobei der tatsächliche Verbrauch der nationalen Flaggschiffe weitaus höher ist, als die Hersteller ihre Kunden glauben machen. Das dürfte jedem klar sein, der einen werkfrischen Wagen einmal durchs natürliche Geläuf gesteuert hat – und sei es noch so spritsparend. Wie sehr man sich auch müht: Die Herstellerangaben sind beim besten Willen nicht zu erreichen. Als beispielsweise Audi seinen neuen Q5 2.0 vorstellte, versahen die Ingolstädter den Wagen mit einem Nennverbrauch von 7,9 Litern. Testfahrende Journalisten kamen dagegen auf 11,5 Liter. Der VW Golf Blue Motion wiederum gilt seinem Hersteller als »sparsamster Golf aller Zeiten«, angeblich schlägt er mit gerade mal 3,2 Liter Diesel auf

100 Kilometer zu Buche. Seltsam nur: Als wohlwollende Presseleute das Auto ausführten, kamen sie auf 5,7 Liter.

Wie kann das sein? Auch in diesem Fall, wie nicht anders zu erwarten, haben sich die Hersteller bauernschlau aus der Affäre gezogen, ohne dass die Politik dagegen irgendwelche Einwände erheben würde. Der offizielle Kraftstoffverbrauch eines Autos wird EU-weit über den so genannten Neuen Europäischen Fahrzyklus (NEFZ) ermittelt. Der Hersteller stellt dafür einen Pkw zur Verfügung, der – so heißt es – unter möglichst realitätsnahen Bedingungen getestet wird. Der Wagen wird jedoch nicht von amtlichen Prüfern auf der Straße gefahren, er kommt stattdessen auf einen Rollenprüfstand, wo er exakt 1180 Sekunden, rund 20 Minuten, auf der Stelle fährt. Für 780 Sekunden wird dabei eine Stadtfahrt, für die restlichen 400 Sekunden eine Überlandfahrt simuliert. Währenddessen werden die CO_2-Emissionen gemessen und aus diesem Wert anschließend der Spritverbrauch errechnet.

Ein merkwürdiger Zufall will es, dass die Politik den Herstellern allerhand Möglichkeiten gestattet, das Auto für die Testfahrt auf der Rolle besonders sparsam zu tunen. So spricht etwa nichts dagegen, spezielle Leichtlauföle zu benutzen oder den Wagen mit Reifen zu versehen, die zwar auf keinem Straßenbelag haften würden, dafür aber auf der Rolle kaum Reibung verursachen.

Im Jahr 2013 präsentierte die Initiative Transport & Environment die Studie »Mind the Gap«, in der sie noch eine ganze Reihe weiterer Tricks der Konzerne auflistet.[6] So werde etwa während des 20-minütigen Zyklus auf der Rolle die Batterie der Testautos nicht aufgeladen, was einen zusätzlichen Verbrauch bedeuten würde. Die Kanten der Außenhüllen würden abgeklebt, das Fahrzeug von allen redundanten Gewichten befreit. Die Klimaanlage bleibt selbstverständlich ausgeschaltet. Lustig auch: Egal, wie viel PS ein Modell auf die Straße bringt – im Test lassen sich die Wagen von null auf 50 Stundenkilometer so viel Zeit, wie sie vermutlich nicht einmal der erste Mini aus Birmingham brauchte, nämlich rund 25 Sekunden. In der Spitze ist dann bei 120 km/h Schluss, als gäbe es ein allgemeines Tempolimit, das die Konzerne ansonsten mit heiligem Zorn bekämpfen. Und: Die Umgebungstemperatur während der Testfahrt beträgt angenehme 20 Grad Celsius. Ein ewiger Frühling zum Wohle der Industrie. Wie durch ein Wunder werden da sogar aus hochgezüchteten Mehrtonnern genügsame Spritsparmodelle. Das glaubt eigentlich niemand – außer der EU und ihrem größten Beitragszahler Deutschland. Während etwa amerikanische Behörden die theoretischen Ergebnisse durch Praxistests überprüfen, ist man in Europa interessanterweise geneigt, die Angaben der Hersteller für bare Münze zu nehmen.

Geht es nach dem Willen der Vereinten Nationen, soll mit dem Schmu auf der Rolle dann doch irgendwann mal Schluss sein. Eine Arbeitsgruppe der UN mit hochrangigen Experten jedenfalls hat in jahrelanger Arbeit ein neues Testverfahren entwickelt, es trägt den leicht zu merkenden Titel »Worldwide Harmonized Light Vehicle Test Procedure«, kurz: WLTP. Die Fachleute haben dafür die Daten echter Autofahrer genutzt, von größerer Realitätsnähe ist also auszugehen. Von 2017 an sollte das Verfahren eigentlich europäischer Standard werden. Kann aber auch sein, dass sich das noch verzögert: 2013 legte die Bundesregierung einstweilen ihr Veto dagegen ein. Alles zum Wohle des Volkes, versteht sich. Zwar hängt in Deutschland nicht jeder siebte Arbeitsplatz vom Auto ab, wie von der

PS-Lobby mantrahaft beteuert, sondern nur jeder zwanzigste (so eine Berechnung des Rheinisch-Westfälischen Instituts für Wirtschaftsforschung). Aber immerhin. Deswegen ist auch der »Klimakanzlerin« Merkel im Zweifelsfall der Tuareg auf der A5 näher als der Eisbär in der Arktis.

Und deswegen haben sich bislang auch noch alle Bundesregierungen selbstlos für die großen Hersteller verwandt. Was man allein daran sieht, dass die Politik regelmäßig ihre besten Leute in Spitzenposten der Autoindustrie abwandern lässt. So ist etwa der ehemalige Verkehrsminister Matthias Wissmann seit 2007 Präsident des Verbandes der Automobilindustrie. Merkels Staatsminister im Kanzleramt, Eckart von Klaeden, wechselte derweil nach der Bundestagswahl 2013 flugs die Seiten und ist jetzt Leiter der Abteilung Politik und Außenbeziehungen der Daimler AG. Da werden ihm seine nationalen und internationalen Kontakte sicher nutzen.

Zwar hat die Europäische Union gerade erst wieder ihre ehrgeizigen Klimaziele für 2020 untermauert. Aber das ist ja noch lange hin. In der Zwischenzeit kann man der Autoindustrie sicher noch den einen oder anderen Weg ebnen. Genauso wie man es in der Vergangenheit immer wieder gemacht hat. So ist es sicher kein Zufall, dass das Schienennetz auf dem Kontinent seit Jahrzehnten kontinuierlich schrumpft, während das Straßennetz immer weiter ausgebaut wird. In Deutschland beispielsweise rollten Züge im Jahr 1950 noch über rund 50 000 Kilometer Schiene, heute sind es noch etwa 36 000 Kilometer. In der restlichen EU sieht es ganz ähnlich aus. Dagegen bauten die Mitgliedsstaaten zwischen der Jahrtausendwende und 2011 ihre Autobahnen um 27 Prozent aus.[7]

Und von Ketzern wie Axel Friedrich einmal abgesehen, hat

dagegen eigentlich niemand etwas. Das Auto ist sakrosankt. Es ist, einem Milliarden-Werbeaufwand sei Dank, zum Synonym für Individualität und Freiheit geworden – und wenn es nur die Freiheit ist, sich trotz 437 PS im Stau zwischen Kirchheim (Teck) und Kirchheimbolanden hinten einzureihen. Auch die Presse versagt sich seit Jahrzehnten nahezu kollektiv jedes allzu kritische Wort gegen den immer unsinnigeren PS-Wahn. Was kein wirkliches Wunder ist, wenn man bedenkt, dass diejenigen, die darüber schreiben könnten, von der Industrie jedes beliebige neue Modell vor die Tür gestellt bekommen, um tage- oder gar wochenlang damit cruisen zu können. Da kann sich der Blick fürs Wesentliche schon mal trüben.

Die anschließenden »Testberichte« lesen sich dann gerne mal so wie dieser über den neuen Range Rover: »Freude bereitet das Triebwerk. Der aufgeladene Fünfliter-V-8 erwacht auf Knopfdruck mit einem kehligen Fauchen, hält sich aber sonst bei gemächlicher Fahrt angenehm zurück und meldet sich erst wieder mit einem satten Knurren, wenn man den Wagen per Gaspedal nach vorne tritt. Erstaunlich ist dabei vor allem der Verbrauch, der trotz nicht unbedingt behutsamer Fahrweise in der Stadt bei knapp 15 Litern liegt. Das ist nicht viel, wenn man bedenkt, was für ein Gewicht hier beschleunigt wird … Gleichzeitig ist es natürlich ein vollkommen unzeitgemäßer Verbrauch. Überhaupt ist das Auto in seiner schieren Größe unsinnig, zumal in seinem angestammten Revier, nämlich den besseren Vororten wohlhabender Metropolen. Aber von derlei unangenehmen Wahrheiten und nüchternen Betrachtungsweisen entferne ich mich mit jedem Meter, den ich im Range Rover zurücklege, immer weiter. SUVs braucht kein Mensch – habe ich das wirklich mal gesagt?«.[8] Es muss Spaß machen, in Ingolstadt und Wolfsburg, in Stuttgart und München in den Vorstandsetagen zu sitzen.

Dennoch wird es für Europas Autobauer auf dem alten Kontinent langsam eng. Trotz ökologisch verheerender Abwrackprämien, trotz zunehmender Produktvielfalt und abnehmender Preise, trotz Werbetrommelfeuer und ausbleibender Kritik: So richtig satte Zuwachsraten können die Produzenten seit Jahren nicht mehr verbuchen. Irgendwann ist einfach auch der größte Markt gesättigt. Unangenehmer noch für Daimler, BMW & Co. ist, dass ihnen allmählich die Nachwuchs-Käufer abhanden kommen. Hat es sich früher allein schon deshalb gelohnt, 18 zu werden, weil man von da an fahrtüchtig war, scheint das heute immer mehr jungen Leute schnuppe zu sein. In den vergangenen zehn Jahren hat sich in der Altersgruppe der 18- bis 30-Jährigen in Deutschland der Autobesitz um bemerkenswerte 40 Prozent verringert. Smartphone und Tablet, so scheint es, überholen das Auto gerade als Statussymbol.

In ihrer Not arbeiten die Hersteller daher seit geraumer Zeit hektisch daran, das Auto selbst zum rollenden Smartphone zu machen, um es für junge Leute irgendwie wieder über die Attraktivitätsschwelle zu hieven. 2013 vermeldeten gleich mehrere große Konzerne eine enge Zusammenarbeit mit Google, dessen Smartphone-Software Android aus dem Auto einen Technikspielplatz machen soll. Auf der IAA wurde das vollständig vernetzte Fahrzeug, das jederzeit mit anderen Wagen »kommunizieren« kann, bereits als das nächste große Ding auf dem Mobilitätsmarkt gepriesen. Künftig soll der Computer am Steuer sitzen.

Bereits 2020, so heißt es in der deutschen Autobranche, werde das erste autarke Fahrzeug über die Straßen rollen. Sein

Besitzer soll beispielsweise während der Fahrt Zeitung, oder besser: E-Mails lesen oder ein Nickerchen machen können. Eine phantastische Idee. Blöd nur, dass es so was schon gibt: Man nennt es Bus oder Bahn.

Die massenhafte Abwendung junger Leute von einem alten Prinzip könnte für Europas Autobauer ein Menetekel sein – gäbe es auf der Welt nicht noch so viele unterentwickelte Absatzmärkte. Allen voran: China. Die Umwälzungen im Reich der geschäftstüchtigen Kommunisten sind weltweit ohne Beispiel. Kauften die Chinesen im Jahr 2000 noch 614 000 Autos, waren es 2012 bereits 13,2 Millionen. Und das ist erst der Anfang, wie die *Autobild* im vergangenen Jahr von der Auto Shanghai zu berichten wusste: »Der Goldrausch im Reich der Mitte scheint gerade erst begonnen zu haben. Die Chinesen wollen Platz, Prestige und Power. Vor allem von den deutschen Herstellern. Längst zeigen sie hier, was Maos Erben morgen kaufen sollen. VW, Mercedes und BMW setzen auf die SUV-Karte«.[9]

Bis 2015, so versprach VW-Chef Martin Winterkorn, werde sein Konzern in China knapp zehn Milliarden Euro investieren. Zusammen mit den Staatskonzernen FAW und SAIC haben die Wolfsburger bereits die beiden Marken »Kaili« und »Tantus« gegründet. Schon jetzt verkauft VW in China ein Viertel seiner gesamten Produktion. Daimler und BMW halten es ähnlich: Die Stuttgarter haben mit ihrem chinesischen Partner BYD die Marke »Denza« ersonnen, die Münchner gemeinsam mit dem Unternehmen Brilliance den »Zinoro«. Es sind traumhafte Aussichten, welche die deutschen Hersteller Richtung Ostasien treiben: Während in Deutschland auf 1000 Einwohner 525 Autos kommen, sind es in China erst 37. Das sichert, auf Jahre hinaus, goldene Geschäfte.

Wie überhaupt die Branche weltweit boomt. 2013 rollten eine Milliarde Autos und Lastwagen über den Planeten, rund sechzig Jahre zuvor waren es gerade mal 70 Millionen. Und das Wachstum wird weitergehen, orakelt die Internationale Energie-Agentur: Bis zur Mitte des Jahrhunderts sei mit zwei, vielleicht auch drei Milliarden Autos zu rechnen. Ein Wahnsinn, findet der Kasseler Verkehrsforscher Helmut Holzapfel: »Eine Globalisierung unserer Autokultur wäre desaströs«.[10]

»Weil es Spaß macht«

Aber wer will sie aufhalten? Axel Friedrich mit seinem Fahrrad? Er wird es zumindest versuchen. Er kann nicht anders. »Ich bin ein unverbesserlicher Optimist«, sagt Friedrich. Man müsse den Leuten eben zeigen, dass es Alternativen gäbe, die trotzdem Spaß machten.

Vor kurzem zum Beispiel war er mal wieder in Kopenhagen, wo es sich die Verwaltung in den Kopf gesetzt hat, bis 2015 zur »weltbesten Fahrradstadt« zu werden. Um das Ziel zu erreichen, betreiben die Dänen einen ungeheuren Aufwand. Schon jetzt sind mehr als 40 Prozent der Wege in der Stadt für Fahrradfahrer reserviert, darunter etliche Fahrradschnellwege. Grüne Welle hat man in Kopenhagen mit 22 Stundenkilometern. Am Rathaus prangt eine Zählanlage: Strampelt man daran vorbei, blinkt ein »Danke, dass Sie Rad fahren« auf. Im Winter räumen städtische Fahrzeuge zuerst die Fahrradwege frei, Abfalleimer wurden derart schräg in die Stadtlandschaft montiert, dass man sie nutzen kann, ohne vom Sattel zu steigen.

Und der Aufwand scheint sich zu lohnen: In der Region

Kopenhagen pendeln mehr Menschen mit dem Rad zur Arbeit als in den gesamten Vereinigten Staaten; rund 60 Prozent der Bewohner bewältigen alle Strecken in der Stadt mit dem Fahrrad. Als die Verwaltung von ihren Untertanen einmal wissen wollte, warum das so ist, antworteten 80 Prozent: »Weil es Spaß macht.«

Man müsse es doch einmal so sehen, sagt Axel Friedrich: Freiheit, wie von den großen Autoherstellern gebetsmühlenhaft beschworen, könne man im Auto heute doch allenfalls noch in der Wüste Nevadas oder der sibirischen Steppe erleben – aber ganz gewiss nicht in den Megacitys dieser Welt. Dort sei Autofahren durch Autostehen ersetzt worden.

Eine verantwortliche Politik sollte das zur Kenntnis nehmen und ihre Verkehrsplanung danach ausrichten. Wenn sie das tue, »kann sie das Bewusstsein der Menschen ändern«.

IMMER ALLES: SHOPPEN

Wieso wir nicht nur George Clooney jeden Mist abkaufen würden

> »Ich hab schon alles, ich will noch mehr.«
> Herbert Grönemeyer: »Kaufen«

An einem frostigen Montagabend sitzt ein Vietnamese in Nikolai Wolferts Laden und spielt auf der Gitarre ein Lied aus seiner Heimat. Seine Frau und seine Tochter stöbern derweil im Spieleregal und entscheiden sich für »Therapy«. Im Nachbarraum beäugen zwei 18-Jährige einen Etikettenstanzer, als sei es ein Relikt aus der Eiszeit. Beide lachen. Da kommt eine Frau herein und fragt Wolfert, ob er auch Röcke oder Leggins führt. »Guck mal da hinten«, sagt der Chef. Minuten später kehrt die Frau mit einer Hose zurück: »Was soll's denn kosten?« – »Nee, lass mal, schon okay«, sagt Wolfert. Die Frau schaut ungläubig, Wolfert grinst. Wieder jemand, der sein Konzept noch nicht ganz verstanden hat.

Nikolai Wolfert öffnet seinen Laden in Berlins Prenzlauer Berg jeden Montag-, Dienstag- und Freitagnachmittag »und wenn jemand Lust hat«. Er ist Herr über drei Räume im Souterrain der Fehrbelliner Straße 92, die vollgestopft sind mit Gebrauchsgegenständen. Hier gibt es Saftpressen, Staubsauger, Schnellkochtöpfe, Motorradhelme, Bandschleifer, Universal-Ladegeräte für Batterien. Mit dem aufgestapelten Geschirr ließe sich mühelos eine mittelgroße Festgesellschaft abspeisen. Die vielen Spiele, das Trampolin, das rote Hüpfpferd in der Ecke reichten locker für einen Kindergeburtstag. Jeder Heimwerker könnte mit dem Bandschleifer, der 330-Watt-Stichsäge, dem Schlagbohrer, den zahllosen Werkzeugen sein Ding machen. Wer sucht, der stößt hier auf Abfahrts- oder Langlaufski, Schlittschuhe, Rucksäcke, Klappstühle, eine Heugabel oder auch einen Audio-Schnellkurs Schwedisch. Alles grob geordnet und gut sortiert. Nur eines lässt sich nirgends finden: Preisschilder. Die Sachen im »Leila«-Shop sind nicht zu kaufen. Man kann sie ausborgen. Und manches, wie zum Beispiel Kleidung, gibt's nur geschenkt.

»Leila« steht für »Leihladen«[1] und ist Nikolai Wolferts Antwort auf den Überfluss. »Wir haben einfach zu viel«, sagt der 32-jährige Soziologe, der sich selbst als »Konsummuffel« beschreibt. Unser Alltag sei umzingelt von Dingen, die wir vielleicht ein-, zwei- oder dreimal im Jahr, wenn überhaupt, brauchten. Klassisches Beispiel ist die Bohrmaschine, die im Laufe ihres Daseins im Schnitt 13 Minuten lang genutzt wird. Den großen Rest der Zeit liegt sie nutzlos in der Gegend herum. Das aber in fast jedem Haushalt. Dasselbe gilt für Wasserwaagen, Rucksäcke, Umzugskartons, Skischuhe, Schnorchelmasken, Einhandwinkelschleifer, Fliesenschneider, Vertikutierer, Cocktailmixer und zahllose weitere Nutzgegenstände. Trotzdem werde all dieses Zeug – das ja nicht auf Bäumen wachse, sondern mit hohem Energie- und Ressourcenaufwand hergestellt werde – von den allermeisten Leuten ohne nachzudenken angeschafft. »Konsum ist ein Wahnsinn, der uns gar nicht mehr als Wahnsinn bewusst ist«, sagt Wolfert. Vor fünf Jahren machte er sich auf die Suche nach einer Alternative.

Sie führte den jungen Ostberliner mit dem verschmitzten Lächeln zunächst zu »Ula«. So heißt der älteste Umsonstladen Berlins, der in der Technischen Universität seine Räumlichkeiten hat. Das Prinzip ist simpel: Menschen geben ihre überflüssigen Sachen dort ab, damit sie von anderen abgeholt werden können. Umsonst – nicht vergebens. Wolfert aber ging das noch nicht weit genug. Die Konsumlogik, die ja im besinnungslosen Anhäufen von Besitz bestehe, werde damit noch nicht durchbrochen. In der Regel gäben die Leute ihre Sachen nur dann in Umsonstläden ab, wenn sie sie durch neuere, bessere, größere ersetzt hätten. Und diejenigen, welche die ausrangierten Dinge mitnähmen, horteten ja auch nur wieder Gegenstände – ob sie sie nun häufig benutzen oder nicht. Außerdem seien in Umsonstläden »die besten Sachen immer gleich weg«, sagt der 32-Jährige.

Wolferts Ziel ist ein anderes. Er will Menschen zum Nachdenken bringen, ob sie die Sachen, die es zu kaufen gibt, wirklich brauchen. Es geht darum, nutzlosen Besitz durch besitzloses Nutzen zu ersetzen. Es geht um eine Art Entschlackungskur im Konsumdickicht. Kurzum: »Es geht darum, Wohlstand anders zu denken.« In seiner Vorstellung muss nicht mehr jeder alles haben – in vielen Fällen reiche es, wenn sich die Menschen bestimmte Dinge teilten. Ganz so wie es in Deutschland etwa in Leih-Büchereien seit mehr als 150 Jahren gang und gäbe ist.

Die Idee der Leih-Bücherei machte sich Wolfert denn auch zu eigen. Zunächst begann er in seiner Wohnung, den Wohlstandsmüll von dankbaren Freunden und Bekannten zu bunkern, um ihn früher oder später verleihen zu können. Anfang 2012 stieß er dann in Pankow auf Aktivisten der Transition-Town-Bewegung – die eine menschen- und umweltfreundliche Lebensweise im Trial-and-Error-Verfahren erprobt. Mit ihnen eröffnete Wolfert schließlich vor zwei Jahren »Leila«. Mitten im Prenzlauer Berg, dem Spaßlabor zartgrün angehauchter Konsum-Hedonisten, war das für sich genommen schon eine kleine Provokation.

Wolferts praktischer Protest gegen eine »Kultur des Immermehr« hat sich dort nun auf etwa 60 Quadratmetern breitgemacht und findet von Monat zu Monat größeren Zulauf. Rund 500 Mitglieder haben sich inzwischen bei »Leila« registriert. Das Verfahren ist denkbar einfach: Wer dem Laden eine Sache zur Verfügung stellt, sei es als Dauerleihgabe oder Geschenk, der darf auch eine leihen. Wer mehr einbringt, kann entsprechend mehr borgen. So bleiben die Dinge in einem stetigen Kreislauf, werden ausgeliehen, benutzt und wieder zurückgebracht. Gelegentlich werden Gegenstände auch gezielt gesucht, der Chef hängt dann einfach einen Zettel in seinen Laden, oft findet sich einer, der weiterhelfen kann. So entsteht nach und nach ein neues Nachbarschaftsnetzwerk, mit »Leila« als ideellem Zentrum. Finanziert wird das Ganze über – freiwillige – Mitgliedsbeiträge und Spenden. Wolfert schmeißt seinen Laden derweil ehrenamtlich, ansonsten hält er sich mit zwei kleinen Jobs über Wasser. Als Konsummuffel braucht er ja nicht viel. »Ich will nicht reich werden, ich will die Welt retten vor Überkonsum.«

Dafür, sagt Wolfert, brauche es nichts weiter als Leute mit Gemeinsinn. Seine Idee vom Teilen geht daher auch weit über das gemeinsame Nutzen von Gegenständen hinaus. »Leila«-

Leute sind eingeladen mitzumachen, auch einfach mal so vorbeizuschauen im Laden, einen Tee mit anderen zu trinken, zu klönen. »Das hier ist der Gegenentwurf zur Zweckrationalität eines Supermarktes«, sagt der Soziologe. Deshalb hängt am Eingang auch ein Schild: »The most important things in life aren't things« (Die wichtigsten Dinge im Leben sind keine Dinge).

Vor allem aber, sagt Wolfert, sei auch die Idee seines Leih-Ladens teilbar. »Ich würde mich freuen, wenn das Konzept viele Nachahmer fände.« Noch ist es nicht so weit. Das ist für jeden erkennbar, der von Leila aus ein paar Straßenzüge weiter nach Norden oder Westen geht, durch die hippen Viertel Berlins, wo beinahe monatlich ein neuer Spielzeug-, Babyklamotten- oder Accessoire-Laden seine Pforten öffnet, während man etwa Schuhmacher, Änderungsschneider oder Werkzeugmacher lange suchen muss.

»Leila«, sagt deshalb auch Wolfert, »ist noch nicht das Ende des Konsumismus.« Aber immerhin: ein guter Anfang. »Das hier ist ein Halbmarathon, und wir sind erst bei Kilometer drei.« Und wenn man genau hinschaue, dann könne man überall Zeichen für eine langsame Veränderung entdecken. Nikolai Wolfert jedenfalls ist sich sicher: »Besitzen entspricht gar nicht mehr so sehr dem modernen Lifestyle.«

Die wundersame Welt der Kloschüsseln

Die Zahlen freilich sprechen zunächst einmal eine andere Sprache. Ende 2013 meldete die Gesellschaft für Konsumforschung, die »Anschaffungsneigung« der Deutschen sei so hoch wie seit sieben Jahren nicht mehr. Die Kauflust von Otto Normalverbraucher und Anna Durchschnittsshopper befinde sich »auf einem außerordentlich hohen Niveau«.[2] Für das Gesamtjahr rechnete das Institut mit einem Anstieg des privaten Konsums um rund ein Prozent – das Doppelte des gesamten Wirtschaftswachstums im Land.

Nichts und niemand, so scheint es, kann den Kaufrausch des Durchschnittsdeutschen bremsen, nicht einmal die Tatsache, dass er bereits so gut wie alles, oft in mehrfacher Ausfertigung, besitzt. 1991, im ersten Jahr der Wiedervereinigung, brachten es Ost- und Westdeutsche gemeinsam auf (umgerechnet) rund 883 Milliarden Euro Konsumausgaben; drei Jahre später wurde erstmals die Eine-Billion-Euro-Marke überschritten. 2012 schließlich gaben die Deutschen rund 1524 Milliarden Euro für Konsumartikel aus. In jenem Jahr verkauften Hersteller und Händler den hiesigen Konsumenten allein mehr als zehn Millionen Fernsehgeräte, 13 Millionen Personalcomputer und 22 Millionen Mobiltelefone. Nicht, dass die alten alle kaputt gewesen wären. Als Hamburger Wissenschaftler die ausrangierten Handys von 4000 Hansestädtern untersuchten, kamen sie zu dem Ergebnis, dass nur zehn Prozent der Geräte sichtbare Schäden aufwiesen; weitere 20 Prozent hatten andere Defekte – der große Rest aber funktionierte einwandfrei.[3]

Ums Funktionieren aber geht es natürlich gar nicht. Es geht ums Haben. Noch konkreter: ums Habenwollen. Drei große Motivationsstränge unterscheiden Forscher beim Thema Konsum. Da ist zum einen der »Bandwaggon«-Effekt: Menschen wollen Dinge, die die anderen auch haben. Wer noch auf dem iPhone 4 herumwischt, während andere längst mit der fünften Generation telefonieren, hat irgendwie den Anschluss verpasst. Wer die – bis vor kurzem gar nicht existente – Lücke zwischen

Notebook und Smartphone nicht mit einem iPad und am besten noch einem Mini-iPad füllt, dem fehlt etwas. Und wer bei der Champions-League-Übertragung allen Ernstes noch in einen Röhrenbildschirm starrt, macht sich vollends lächerlich. Der britische Wirtschaftswissenschaftler Mark Boyle, der ein Jahr lang freiwillig auf jeglichen Konsum verzichtete und darüber ein Buch schrieb (*Der Mann ohne Geld*), bringt die Sache auf den Punkt: »Wenn du keinen Plasma-Fernseher besitzt, halten dich die Leute für einen Extremisten.«

Da ist zum zweiten der »Snob«-Effekt. Er treibt diejenigen in den Kaufrausch, die Dinge haben wollen, weil andere sie *nicht* haben. So kommt es, dass auch Gebrauchsgegenstände, deren technische Optimierbarkeit bereits vor Jahrzehnten eine natürliche Grenze erreicht hat, bis heute einen Käufermarkt finden. Kloschüsseln zum Beispiel.

Gleich mehrere große Hersteller versprachen ihren Kunden im Jahr 2013 nie dagewesene Ausscheidungs-Zeremonien im heimischen Badezimmer. Villeroy & Boch etwa warf eine »neue WC-Generation« namens DirectFlush auf den Markt, die »funktionale Vorteile mit einem zeitlosen Design« vermähle. Der »vollständig glasierte Spülrand«, frohlockte der Konzern, führe das Wasser so ins Becken, dass kein Spritzerchen nach außen dringe. Sogar ein friesisches Hygieneinstitut habe beurkundet, dass DirectFlush durch das revolutionäre Design »nahezu keimfrei« gereinigt werden könne.

Der Hersteller Toto konterte mit einem selbstreinigenden Actilight-System, das derart ausgeklügelt ist, dass wir an dieser Stelle das japanische Unternehmen im Wortlaut zitieren wollen: »Die Toilettenschüssel verfügt nicht über die bei TOTO übliche CeFiOnTect Glasur, sondern über eine Zirkon-Beschichtung. Optisch changiert diese Oberfläche perlmuttartig, funktional zeichnet sie sich durch ihre superhydrophile Eigenschaft aus. Ferner enthält die Beschichtung Titandioxid. Die Oberflächenbeschichtung in Verbindung mit Sonneneinstrahlung löst einen photokatalytischen Prozess aus. Daher hat TOTO eine UV-Lampe in den Toilettendeckel integriert, die sich für eine bestimmte Zeit einschaltet, sobald der Deckel sich wieder schließt. Trifft das UV-Licht auf die Zirkon-Beschichtung, wird ein Zersetzungsprozess mittels Photokatalyse von allen darauf befindlichen organischen Substanzen eingeleitet. Die superhydrophile Oberfläche unterstützt dabei den Abtransport«.[4] Es bleibt die Frage, ob man so etwas Kostbares wirklich mit seinen Exkrementen beschmutzen sollte? Andererseits ergaben nach Toto-Angaben Tests, dass eine derart ausgestattete Männer(!)toilette auch nach 5200 Nutzungen, ohne die Verwendung einer Toilettenbürste, »immer noch absolut sauber« aussah.

Die Weiterentwicklung der Kloschüssel aber ist auch damit offenbar noch längst nicht am Ende. Schon überschwemmen Hersteller den europäischen Markt mit einer alten Idee im neuen Gewand: so genannten Dusch-WCs, bei denen Papier durch einen Wasserstrahl ersetzt wird. Auch hier sind die Möglichkeiten Legion, es gibt »pendelnde Komfortduschen« oder auch »pulsierende Massageduschen«, und manchmal sind dem Duschstrahl Luftbläschen beigemischt, die machen die Sache noch sanfter. Künftig muss man nicht mal mehr auf seiner Toilette sitzen, um sie benutzen zu können: Das Unternehmen Laxil vertreibt neuerdings ein WC, das mit dem Smartphone über Bluetooth ferngesteuert werden kann. Das wird die Geheimdienste dieser Welt freuen, die sich fortan sogar in den Abort des Normalbürgers hacken können.

Das Problem bei dieser Art des »Snob«-Konsums freilich ist: Putze ich mir den Hintern erst mit Luftbläschen, will das mein Nachbar früher oder später auch tun wollen. Womit wir wieder beim »Bandwaggon«-Effekt wären. Aus diesem Grund gibt es, drittens, noch den Geltungskonsum, den der Soziologe Thorstein Veblen bereits 1899 unter Amerikas Reichen beobachtete. Er besagt schlicht, dass es einen Markt gibt für Dinge, die so grotesk teuer sind, dass die Zahl der Nachahmer sich garantiert in überschaubaren Grenzen halten wird. Die Yacht-Hersteller dieser Welt etwa machen dank des Veblen-Effekts seit Jahren ausgezeichnete Geschäfte.

Von der Ausweitung der Kaufzone

Und so gehen wir alle, aus unterschiedlichen Gründen, jeden Tag aufs Neue anschaffen. Nicht-Konsumieren ist für die meisten von uns keine Option. »Der Konsum ist zum großen Placebo der modernen Gesellschaft geworden, zu unserer scheinbaren Belohnung für exzessive Arbeit«, schreiben Robert und Edward Skidelsky in ihrem Buch *Wie viel ist genug?*.[5] Der dauernde Kaufrausch tut uns ja auch gut. Forscher haben nachgewiesen, dass der Erwerb von Dingen in unserem Hirn Dopamin und andere Neurotransmitter freisetzt, die wiederum für emotionale Hochgefühle sorgen. Insofern ist der Name eines Berliner Ladens – »Kauf dich glücklich« – durchaus Programm.

Die Sache freilich hat einen Haken, sagt der Suchtmediziner Kurosh Yazdi: »Die Kicks halten nur Minuten an, höchstens Stunden«.[6] Nach diesen kurzen euphorischen Momenten würden viele von uns süchtig, »und zwar dann, wenn wir sie mit

Glück und Zufriedenheit verwechseln«. Die Lösung, die sich anbietet, lautet: noch mehr shoppen. Hier nun freilich gilt, was für alle Süchte gilt – wer täglich dieselbe Wirkung erzielen will, muss stetig die Dosis erhöhen.

Die Folge ist, dass wir uns alle mit immer mehr Dingen umgeben, die wir nicht brauchen, sondern einfach nur kaufen, um sie zu haben. Und die uns zunehmend überfordern. »Irgendwann ist der Punkt erreicht, an dem gerade noch die Zeit aufgebracht wird, Konsumgüter zu suchen, zu identifizieren, zu vergleichen, zu prüfen, zu kaufen, entgegenzunehmen, unterzubringen – und dann womöglich nicht zu nutzen, einfach weil die dafür notwendige Zeit bereits durch die Summe unzähliger Auswahl- und Kaufhandlungen aufgezehrt wurde«, sagt der Volkswirt und Konsumkritiker Niko Paech.[7]

Nach einer Studie des Bundesumweltministeriums besitzt der Durchschnittsdeutsche inzwischen 10 000 Dinge. Aber nur einen Bruchteil davon nimmt er nach der Anschaffung noch einmal zur Hand. Und weil all diese Dinge auch untergebracht werden müssen, wächst auch die Wohnfläche, die jeder von uns beansprucht, stetig weiter. Sie liegt derzeit bei durchschnittlich 43 Quadratmeter pro Person, Anfang der 1990er Jahre waren es noch 35 Quadratmeter. In die stopfen wir, zwanghaft wie Messies, Produkte auch dann, wenn sie nicht hineinpassen. »Sie sind wie der Mieter eines 20-Quadratmeter-Apartments, der auf den Balkon gehen muss, um den ›Tatort‹ auf seinem Fernseher mit einer 60-Zoll-Bildschirmdiagonale verzerrungsfrei sehen zu können«, ächzt der Soziologe Harald Welzer in seiner fulminanten Streitschrift *Selber denken*.[8] »Sie schränken Ihre Freiheit ein, um Platz für Produkte zu machen … hat Ihnen das jemand befohlen? Wer?«

Und weil auch beim besten Willen irgendwann mal keine Wohnecke mehr frei ist für noch mehr Dinge, lagern zahllose Menschen ihren nutzlosen Besitz immer häufiger aus. In angemietete Keller oder Container am Stadtrand. »Der Bedarf an Lagerräumen nimmt stark zu«, sagt etwa ein Sprecher des Lagerhallen-Vermieters MyPlace. Der verfügte Anfang des Jahrtausends noch über einen einzigen Standort in Deutschland, 2013 waren es bereits 23 Hallen, gefüllt bis zum Rand mit Gegenständen, die offensichtlich niemand braucht.[9]

Von »Affluenza« – einem Hybridwort aus Influenza (Grippe) und Affluence (Überfluss) – spricht die Wissenschaft, der Überflusskrankheit. Die gesellschaftlichen Symptome seien eine stetige Überproduktion von Waren und die Anhäufung von Wohlstandsmüll in grotesken Mengen. Der einzelne Konsument wiederum zeige eine zunehmende Neigung, sich zu überschulden, gefolgt von Angstzuständen, Überforderung, Verzweiflung. »Wir erleben eine tiefe Krise, besonders im Westen«, sagt der buddhistische Mönch und Schriftsteller Thich Nhat Hanh. »Die Menschen rennen weg vor ihrer Trauer, sie haben Angst. Deswegen konsumieren sie immer mehr: Musik, Alkohol, Lebensmittel, das Internet. Sie konsumieren nicht, weil es nötig ist. Sondern weil sie ihre Einsamkeit nicht aushalten, die Leere in ihrem Inneren«.[10]

Und weil die Heilsversprechungen der Industrie uns an jeder Ecke neongrell entgegenleuchten. In keinem anderen Land der Welt gibt es pro Einwohner so viel Verkaufsfläche wie in Deutschland. Und der Markt, so scheint es, ist keineswegs gesättigt. Die Ausweitung der Kaufzone schreitet unaufhaltsam voran. Das System will es so, es ist auf Gedeih und Verderb auf Immer-mehr angewiesen. »Würden wir nur dann in Geschäfte gehen, wenn wir etwas kaufen müssen, und würden wir nur das kaufen, was wir brauchen, dann würde die Wirtschaft zusammenbrechen«, schrieb der US-Konsumforscher Paco Underhill schon 1999 in seinem Buch *Why We Buy*.

Dieser Notwendigkeit wird alles andere untergeordnet. Aber wir haben uns so sehr daran gewöhnt, dass es uns schon gar nicht mehr auffällt. Oder hat sich schon mal jemand gefragt, wieso alle modernen Flughäfen gigantischen Shopping Malls mit angeschlossener Landebahn gleichen? In denen man auf dem Weg zum Gate endlose Kilometer an den immer selben GucciDouglasBoss-Filialen vorbei mäandern muss? Geht es beim Fliegen nicht ums schnelle Fort- und Ankommen? Wäre es so, müssten dann nicht alle Flughäfen ähnlich konzipiert sein wie Berlin-Tegel, wo zwischen Taxistand und Flugzeug keine 30 Meter liegen? Da passen dann halt nicht so viele Shops dazwischen. Tegel wird denn auch bald geschlossen.

Kaufen – ein Kinderspiel

Immer neue Verlockungen lassen sich die unheimlichen Verführer einfallen, um Menschen zum Kaufen zu bewegen. Und immer ungenierter nehmen sie dabei vor allem jene ins Visier, die am leichtesten zu beeinflussen sind: Kinder. Denen wird die Markentreue, wenn schon nicht mit der Muttermilch, so doch spätestens mit dem Babybrei eingebläut. Schon Zweijährige können inzwischen McDonald's und Burger King problemlos auseinanderhalten. Im Alter von zehn Jahren kennt ein Kind heute 300 bis 400 Marken.[11] Kein Wunder: Werden die Kleinen doch nicht nur auf allen verfügbaren Kanälen dauerbeworben, sondern wo sie auch gehen und stehen fürsorglich von der Industrie belagert. Wurstfirmen veranstalten Fußballturniere, Chips-Hersteller fördern den Schulsport, Schokoriegelproduzenten laden, völlig selbstlos, zu Kindertagen.

Der Alltag eines Grundschulkindes, schreibt das Wochenblatt Die Zeit, sehe heute in etwa so aus: »Zum Frühstück isst es Cini-Mini-Frühstücksflocken von Nestlé und einen Micky-Maus-Joghurt von Danone. In der ersten Schulstunde verteilt die Lehrerin ein Arbeitsblatt zum Thema Zoo, entwickelt von Dr. Oetker. In der zweiten Stunde sieht das Kind ein Video zum Thema Verkehrssicherheit, zur Verfügung gestellt von Capri-Sonne. Vielleicht ist an der Schule aber auch Projekttag, und das Kind darf in der ›Mobilen Schokowerkstatt‹ von Ritter Sport sein eigenes Schokoquadrat herstellen. Nachmittags im Fußballverein trainiert das Kind für das DFB-Abzeichen, gesponsert von McDonald's. Danach trägt es sich für die Verlosung eines Platzes in der Fußball-Eskorte ein, ebenfalls ein Einfall von McDonald's: Falls es gewinnt, darf es Hand in Hand mit einem Spieler der Nationalelf aufs Feld laufen. Wieder daheim guckt das Kind fern. Es hat Super RTL eingeschaltet und bleibt, wenn es ein Durchschnittskind ist, 91 Minuten lang vor dem Fernseher sitzen. 18 Minuten davon sind Werbung. Auf Super RTL sieht es auch einen Hinweis auf toggo.de, die größte deutsche Spieleseite, die zu Super RTL gehört. Dort gibt es Cini-Mini-Frühstücksflocken zu gewinnen – der nächste Tag kann beginnen.«[12]

Das alles ist, natürlich, absolut legal. Denn der Staat, der ansonsten sogar den Luftdruck von Kinderwagenrädern reglementiert, beschränkt sich darauf, Unternehmen direkte Kaufappelle an Kinder zu untersagen, »die deren Unerfahrenheit und Leichtgläubigkeit ausnutzen«. Das ist so hübsch schwammig formuliert, dass es an Werbung alles erlaubt, was nicht explizit verboten ist.

Im März 2013 ermannte sich die damalige Bundesverbraucherschutzministerin Ilse Aigner (CSU), ein »Bündnis für Verbraucherbildung« ins Leben zu rufen. Es sollte, so das hehre Ziel, Konzepte für den Schulunterricht entwickeln, um Kindern im Alltag eine größere »Konsumkompetenz« an die Hand zu geben. Das klang endlich mal nach staatlichem Handeln. Ein Blick auf die Unterstützerliste der Aktion relativierte die Sache jedoch ein wenig – dort standen unter anderem McDonald's, Tchibo, Edeka, Rewe, die Commerzbank, die ING Diba …

Wie gesagt: Es geht nicht anders, da müssen wir durch. Zum Wohl der Wirtschaft müssen wir kaufen, immer mehr kaufen. Wie schön, dass es immer mehr Gelegenheiten dazu gibt. Im Sommer 2013 eröffnete etwa in Frankfurt am Main die Skyline Plaza, ein Shoppingtempel mit 170 Geschäften, die sich 38 000 Quadratmeter Verkaufsfläche teilen, Himalayabirken auf dem Dach und einer angeschlossenen Wellnessoase. Weitere werden folgen. Allein der europäische Marktführer ECE, im Besitz der Versandhausfamilie Otto, plante im Jahr 2013 vierzehn weitere Einkaufszentren, darunter das Aquis Plaza in Aachen, das K in Kaiserslautern und das Milaneo in Stuttgart. Mit ihnen, da kann man sicher sein, wird auch die Zahl der deutschen »Nespresso-Boutiquen« weiter in die Höhe schnellen – edelhölzerne Tempel des Koffeinkonsums und Paradebeispiele für die Befriedigung eines Bedürfnisses, das erst durch Millionenaufwand beim Durchschnittsverbraucher geweckt werden musste.

Der Kapsel-Coup

Bis Ende der 1980er Jahre kam in Deutschland keiner auf die Idee, seinen Kaffee zu brühen, indem er eine mit braunem Pulver gefüllte Alukapsel in ein Gerät klemmt, durch das mit hohem Druck Wasserdampf gepresst wird. Dann kam Nestlé. Der weltgrößte Nahrungsmittelkonzern hatte seine Ingenieure bereits in den 1970er Jahren an einer Kaffeekapselmaschine tüfteln lassen, die Pläne dann aber zunächst verworfen. Auf der Suche nach neuen Absatzmärkten wurde die Idee recycelt. Mit dem charmanten Hollywoodstar George Clooney fand man ein prominentes Zugpferd, das sich für einen nicht unerheblichen Obolus vor den Karren spannen ließ – und siehe da: Binnen kürzester Zeit revolutionierte Nestlé mit seinen vollständig überflüssigen Nespresso-Maschinen mal eben den Weltkaffeemarkt.

Wie widersinnig das aus Verbrauchersicht ist, lässt sich allein am Preis der kunterbunten Kapseln festmachen: In der billigsten Variante kosten die Koffeindosen 35 Cent pro Stück, edlere Sorten sind entsprechend teurer. Innen drin freilich befinden sich nur sieben bis 16 Gramm Kaffee – das ergibt hochgerechnet einen Kilopreis von 60 bis 80 Euro. Zum Vergleich: Die Kaffeemarke der westdeutschen Boomjahre, Jacobs Krönung, ist heute schon für zehn Euro zu haben.

Egal. Was Clooney und John Malkovich preisen, muss sein Geld wert sein. Also reißen die Verbraucher dem Hersteller seit Jahren die Nespresso-Maschinen plus Kapseln aus den Händen. Der Verkaufstrick ist dabei ein ähnlicher wie der von Druckerherstellern: Während die Geräte selbst lächerlich günstig sind, wird das Geld mit den Patronen bzw. Kapseln gemacht. 2010 brachte Nespresso seinen Erfindern Einnahmen in Höhe von drei Milliarden Schweizer Franken ein. Allein die Marke »Dolce Gusto« erzielte zeitweilig jährliche Zuwachsraten von 50 Prozent. Für den wählerischen Genießer gibt es dagegen »Grand Crus« und, wer weiß, irgendwann vielleicht sogar Jahrgangskapseln oder Limited Editions. 2013 ließ Nestlé in Schwerin eine der weltgrößten Kaffeekapselfabriken errichten, die Kapazität: zwei Milliarden Aludöschen im Jahr.

Entsprechend hartnäckig war der Schweizer Konzern auch jahrelang darauf bedacht, sich auf dem Markt eine Art Monopolstellung zu sichern. Wer immer sich erdreistete, mit Nespresso-Maschinen kompatible Kaffeekapseln anzubieten, den verfolgten Nestlés Anwälte mit heiligem Zorn. Bis 2009 ging das gut, von da an musste man zähneknirschend Konkurrenz auf dem selbsterschaffenen Markt dulden. Und es kam noch dicker für die Schweizer: Im Oktober 2013 stieg der Discountriese Aldi Süd mit eigenen Maschinen und Kapseln zum Stückpreis von 19 Cent ins Geschäft ein. Auch Tchibo hat längst ein eigenes System entwickelt. Aber Nestlé muss trotzdem nicht barmen, denn wie es scheint, ist auf dem Markt noch viel Luft nach oben: Die Verkaufszahlen für Geräte und Dosen legten in den vergangenen Jahren monatlich im zweistelligen Bereich zu. Nach Schätzungen des Marktforschungsunternehmens Nielsen hatten Kaffeekapselsysteme Ende 2013 bereits einen siebenprozentigen Anteil am vier Milliarden Euro umfassenden deutschen Kaffeemarkt.

Blöderweise kam irgendwann mal jemand auf die Idee, nachzufragen, wie der Nestlé-Konzern, der unter Umweltschützern und Entwicklungshelfern einen zweifelhaften Ruf genießt, mit seinen Kaffeelieferanten umzuspringen pflegt und was eigent-

lich mit all dem Aluabfall geschieht, der bei der Wasserdampf-
methode so anfällt. Inzwischen hat Nestlé aufwendig Recy-
clingsysteme entwickeln lassen, über deren Erfolg allerdings
gestritten wird. Außerdem begann man damit, den Verbrauchern, als zusätzliche Produktlinie, biologisch angebauten und
fair gehandelten Kaffee anzudienen. »Schwupps konnte ein
Produkt als ›umweltfreundlich‹ gelten, das es vor kurzem noch
gar nicht gab und das ausschließlich aufgrund seiner Inexistenz
umweltfreundlich war«.[13]

Es hilft aber nichts: Inzwischen landen weltweit dank der
grandiosen Nespresso-Idee Jahr für Jahr mehr als 10 000 Tonnen Kapseln auf dem Müll, teils aus Plastik, teils aus Alumi-
nium, dessen Herstellungsprozess überdurchschnittlich ener-
gieintensiv ist. Das empört den aufgeklärten Konsumenten. Es
hindert ihn aber nicht daran, trotzdem immer mehr Kaffee
portionsweise durch die lustigen Maschinen zu pressen. Und
vielleicht gibt es ja bald schon weitere flüssige Leckereien aus
Kapseln. Coca-Cola jedenfalls denkt darüber nach, seinen
Kunden künftig auch Softdrinks aus der Presse zu kredenzen.
Auf das bisschen Abfall kommt es dann auch nicht mehr an.

Ein Widerspruch? Schon. Aber einer, mit dem offenbar eine
Mehrheit der Menschen zu leben gelernt hat, schreibt Harald
Welzer: »Der Konsumbürger westlichen Typs (…) kann zum
Beispiel in der ›Süddeutschen Zeitung‹ über die Unterdrückung
der bahrainischen Schiiten oder die Räumung des Occupy-
Camps in New York City lesen und sich über die dahinter-
stehenden Sachverhalte und Interessen aufklären lassen, dann
interessiert durch das ›Red Bulletin‹ blättern, das sich als Beilage
in derselben Zeitung findet, sich von den Leistungen Sebastian
Vettels beeindruckt zeigen und die Sache mit seiner Oma rüh-

rend finden, zugleich ›Red Bull‹ als Getränk scheußlich. Er kann ein SUV fahren, die Grünen wählen, ›links‹ sein, seine Kinder bio ernähren und beglänzt davon sein, welchen Lebensstandard zu beanspruchen er das Privileg hat. Kurz: Er kann alles zugleich haben und sein. Er ist die durch das Wundermittel des allumfassenden Konsums Wirklichkeit gewordene Ausgabe der Marx'schen Utopie, ›morgens zu jagen, nachmittags zu fischen, abends Viehzucht zu treiben, nach dem Essen zu kritisieren‹«.[14]

Ein Pfund gutes Gewissen, bitte

Es ist eine erstaunliche Selbstbetrugsleistung, zu der sich der durchschnittliche Verbraucher regelmäßig durchringt. Zahllose Studien aus den vergangenen Jahren belegen eindeutig, dass die allermeisten Menschen in den reichen Nationen sich sehr wohl darüber im Klaren sind, welche weltweiten Folgen ihr ausufernder Konsumstil zeitigt. Zumal in Zeiten des Internet kennt jeder die Berichte aus den Coltan-Minen in Kongo, Äthiopien oder Ruanda, wo »local diggers«, oft noch Kinder, unter lebensbedrohlichen Bedingungen den Rohstoff für Smartphones und andere Insignien der Spaßgesellschaft fördern. Die Bilder von ölgetränkten Äckern und Fischteichen in Nigeria haben längst ikonographischen Charakter.

Jeder hat zumindest davon gehört, dass in Laos, Indonesien, Brasilien seit vielen Jahren quasi über Nacht ganze Regenwälder verschwinden, um Platz zu schaffen für Ölpalmen oder Kautschukbäume, die das Rohmaterial liefern für den weltweit wachsenden Autoreifenbedarf. Und als in Bangladesch im

Oktober 2013 eine Textilfabrik einstürzte und mehr als 1000 Menschen unter sich begrub, waren westliche Medien voll mit Berichten, die Zusammenhänge aufzeigten zwischen den Billigklamotten in unseren Fußgängerzonen und den verheerenden Lebens- und Arbeitsbedingungen der Näherinnen in Südostasien. Mit Gruseln betrachteten viele die Bilder in der *Tagesschau*«. Am nächsten Wochenende gingen sie dann wieder shoppen, zu H&M, Primark und KiK, wo man sich auch mal für 25 Euro komplett neu einkleiden kann. Nach Angaben des Statistischen Bundesamtes geben die Deutschen heute weniger Geld für Kleidung aus als noch 1998. Das aber nicht, weil sie weniger Klamotten kaufen – sondern weil diese immer billiger werden.

Dennoch fürchten die großen Konzerne die Macht der Verbraucher. Man hat in den Vorstandsetagen sehr wohl registriert, dass sich bei den verunsicherten Kunden zunehmend das schlechte Gewissen rührt. Längst hat man auch darauf eine scheinbar überzeugende Antwort gefunden.

»Wenn man heute seinen Einkaufswagen durch die Gänge eines gewöhnlichen Supermarkts schiebt, könnte man auf die Idee kommen, die Weltrettung stünde unmittelbar bevor«, schreibt Kathrin Hartmann in ihrem Buch *Ende der Märchenstunde*.[15] »Wer einen Kasten Krombacher-Bier kauft, rettet einen Quadratmeter Regenwald. Der Mineralwasserhersteller Volvic spendiert Brunnenwasser für die Sahelzone, Ritter Sport zahlt pro Tafel 1,4 Cent für Schulmaterial in Afrika, Blend-a-med einen Cent für ein Gesundheitszentrum in einem SOS-Kinderdorf. Mit Dosenmilch kann man Bären retten, mit Klobrillen Delphine, mit Putzschwämmen die Artenvielfalt, und mit dem richtigen Waschmittel kann man Energie sparen. Selbst Lidl, Plus und Aldi haben Bio im Regel stehen, und wer einige der jährlich von Iglo hergestellten 500 Millionen Fischstäbchen isst, trägt zum Schutz der Meere bei.«

Corporate Social Responsibility (CSR) heißt das Zauberwort, das hinter all den hehren Bemühungen der Konzerne steht. Soziale Unternehmensverantwortung. Das klingt edel, hilfreich und gut. Und so betrachten es auch die meisten Verbraucher. Studien jedenfalls zeigen, dass Kunden sich bei ihrer Kaufentscheidung zunehmend von der Frage leiten lassen, ob die Marke ihres Vertrauens auch in die Weltverbesserung investiert. An der Kasse gibt es dann zum Tiefpreis das gute Gewissen gratis. Nur: Man darf bezweifeln, ob die Samariter aus den Vorstandsetagen wirklich welche sind oder ob die behauptete soziale Verantwortung nicht in vielen Fällen Augenwischerei ist. Nehmen wir als Beispiel die Bosch und Siemens Hausgeräte GmbH (BSH), einen der weltweit größten Hersteller von Küchengeräten.

Im Sommer 2011 karrte die BSH eine Gruppe von Journalisten um die halbe Welt, um mit ihnen im Westen der Insel Java einen kleinen Erfolg im großen Kampf gegen Armut und Klimawandel zu feiern. Im Dörfchen Tiram betrat die Weltpresse eine Holzhütte, um einer Bäuerin beim Kochen über die Schulter zu schauen. Ein bisschen verschüchtert präsentierte die Frau ein – im Vergleich zu ihrem herkömmlichen Kerosinkocher – ziemlich kompliziertes Gerät, das die BSH-Leute »Protos« getauft hatten. Der metallische Zylinder, so versprachen die Münchner vollmundig, könne den Regenwald und Menschenleben retten.

Die Weltgesundheitsorganisation schätzt, dass jährlich etwa 1,6 Millionen Arme, vor allem Kinder und Frauen, durch Kochunfälle und Abgase in Innenräumen getötet werden. Einem Unternehmen, dem es gelänge, einen einfachen und sicheren Kocher zu entwickeln, brächte das einen hübschen Imagegewinn. Die BSH steckte daher viel Geld in den »Protos«, aber der Konzern wollte noch mehr: Der Kocher sollte ausschließlich mit nachhaltig erzeugtem Pflanzenöl betrieben werden. So könnte er im Erfolgsfall die Energiebilanz des stromhungrigen Haushaltsgeräteherstellers etwas aufhübschen.

Nach vierjähriger Entwicklungsarbeit hielt die BSH die Zeit für gekommen, den großen Wurf der Öffentlichkeit zu präsentieren. Nur: In Indonesien stellte sich heraus, dass »Protos« so seine Tücken hat. Das Gerät stank und rußte nun zwar nicht mehr wie seine Vorgänger. Dafür bestand es aus vier Teilen und erhitzte sich im Betrieb auf bis zu 900 Grad Celsius. Nicht jedem Indonesier – bislang daran gewöhnt, Feuerholz aus dem Wald zu holen oder ein paar Dochte an einem Kerosinkocher zu entzünden – leuchtete spontan ein, was an »Protos« einfach und sicher sein soll. Oder gar billig. Für rund 30 Dollar wollte die BSH das Wunderding anbieten. In einem Land, in dem zahllose Menschen von gerade mal einem Dollar am Tag leben, nicht eben ein Schnäppchen.

Auch die Sache mit dem nachhaltigen Pflanzenöl entpuppte sich bei näherer Betrachtung als problematisch. Die Münchner setzten für ihren »Protos« ganz auf Jatropha, ein Wolfsmilchgewächs, das lange als verheißungsvolle Wunderwaffe im Kampf gegen den Klimawandel galt. Die Pflanze, so hieß es, wachse auf kärgsten Böden und sei ungenießbar, baue man sie an, nehme man den Menschen also weder fruchtbaren Boden noch Nahrung weg.

Inzwischen weiß man: Das stimmt so nicht. Gute Erträge

bringt Jatropha nur auf guten Böden. Zudem hat die Pflanze ungeheuren Durst. Gleichwohl drängen die Regierungen vieler Entwicklungs- und Schwellenländer ihre Bauern massiv zum Anbau von Jatropha. Unter anderem deshalb, weil weltweit zahlreiche Fluglinien das Öl der Pflanze als Bio-Kerosin einsetzen wollen, um sich so einen grüneren Anstrich zu geben.

Peinlich für BSH: Auch die Bauern in Indonesien erzählten der angereisten Weltpresse, sie seien gedrängt worden, Jatropha auf Böden zu züchten, auf denen sie bis dahin vor allem Bananen, Cassava und Mais angebaut hätten. Alles nachhaltig also?

Die Waldexpertin von Greenpeace, Gesche Jürgens, hat so ihre Zweifel: »Es geht offenbar nur darum, einen Imagegewinn zu erzielen, mit einem Projekt, das hinten und vorne nicht funktioniert.« Wollte BSH wirklich dem Wald und der Welt etwas Gutes tun, gäbe es, so Jürgens, einen leichteren Weg: den Energieverbrauch der Haushaltsgeräte drastisch zu drosseln. Das freilich scheint unzumutbar.

Nachdem die Journalisten ausführlich über das »Protos«-Debakel berichtet hatten, entschied sich BSH, das gesamte Projekt wegen »schwieriger Rahmenbedingungen« einzustellen. Das immerhin unterscheidet den Konzern von zahllosen Mitbewerbern, die CSR-Projekte auch dann weiterführen, wenn nachgewiesen ist, dass sie nichts taugen oder gar kontraproduktiv sind – im Vertrauen darauf, dass der gemeine Verbraucher so genau schon nicht hingucken wird.

Denn »dass die Unternehmen Verantwortung übernehmen und moralische Versprechen abgeben, finden die Konsumenten toll«, schreibt Kathrin Hartmann.[16] »Je nach Umfrage schätzen mittlerweile 75 bis 90 Prozent der Konsumenten Unternehmen als sympathisch ein, die sich für Soziales, die Umwelt und Menschenrechte engagieren.« Dass sich die allermeisten Firmen mit ihren CSR-Projekten nur dürftig grün und menschenfreundlich ummänteln, während sie ihr Kerngeschäft weiter skrupellos betreiben, störe den Verbraucher in den seltensten Fällen. »Es ist ein Geschäft auf Gegenseitigkeit: Die Unternehmen verkaufen ihm bequemen Genuss ohne Reue, er lässt sie dafür in Ruhe.«

Alles andere, ein grundlegender Wandel von Lebens- und Konsumgewohnheiten, wäre ja auch wirklich mühsam. In Umfragen zeigen sich dazu zwar immer satte Mehrheiten der Bürger bereit. In der Praxis aber ändern die meisten: nichts. Man nennt das »Attitude-Behavior-Gap«. Oder in den Worten des Schriftstellers Ödön von Horváth: »Ich bin nämlich eigentlich ganz anders, aber ich komme nur so selten dazu.«

Also schaffen wir eben weiter an, verführt von unendlich scheinenden Auswahlmöglichkeiten. Wer sich sonst schon eingeengt und entfremdet fühlt, im Job, zu Hause, in der Beziehung, der kann seine Freiheit wenigstens an der Wurst- oder Eistheke ausleben und mit drei Bällchen Ananas-Minze, Chocolate-Chip-Cookies und Schwarzer Vanille, im Becher oder der Waffel, mit Sahne oder ohne, seinem unbegrenzten Individualismus frönen.

Wobei: So richtig zufrieden macht das dann halt doch nicht. Das konnten die beiden US-amerikanischen Psychologen Sheene Iyengar und Mark Lepper nachweisen, als sie in einem Delikatessengeschäft in Kalifornien Probiertische aufbauten. In einer Versuchsanordnung drapierten die Forscher sechs verschiedene Marmeladensorten auf dem Tisch, in einer anderen 24. Das Ergebnis war verblüffend: Während die größere Vielfalt mehr Menschen anlockte, kauften letztlich an dem Sechser-

Tisch deutlich mehr Kunden, nämlich jeder Dritte, auch wirklich die Marmelade. Die Wissenschaftler schlossen aus diesen und anderen Versuchen, dass eine größere Vielfalt zwar mehr Menschen zum Stehenbleiben verführt, diese aber auch gleichzeitig verunsichert, überfordert und letztlich sogar unzufrieden macht. Eine Reduzierung des Angebots – Gott behüte! – will eine Mehrheit aber dennoch nicht. Wie gesagt: Konsum ist eine ziemlich paradoxe Angelegenheit.

»Wir besitzen mehr Bücher, CDs, DVDs, Teleskope und Klaviere als je zuvor, aber wir können sie nicht absorbieren«, schreibt der Soziologe Hartmut Rosa. »Da die Absorption zu zeitaufwendig ist und wir den wachsenden Druck verspüren, nicht den zeitlichen Anschluss zu verlieren, kompensieren wir den nicht realisierten Konsum durch mehr Shopping. Das ist gut für die Wirtschaft, aber schlecht für das gute Leben«.[17]

Einfach leben

Seit geraumer Zeit jedoch gibt es eine wachsende Anzahl von Menschen, die sich dem verführerisch simplen Konsummodell nicht mehr willenlos ergeben. Die offensiv eine Logik anzweifeln, in der das Gute immer durch ein vermeintlich Besseres ersetzt werden muss. Die von individuellem Besitzen wenig, von gemeinsamem Nutzen viel halten. Und die ihren Alltag entsprechend organisieren.

Beispielhaft dafür stehen die »Repair-Cafés«. Die Idee stammt aus den Niederlanden, in Amsterdam eröffnete Martina Postma 2009 das erste Reparatur-Café seiner Art, von da aus schwappte das Konzept 2012 nach Köln, inzwischen gibt es in fast jeder größeren deutschen Stadt ähnliche Projekte. Es ist im Prinzip ein uraltes Modell, das die Initiatoren wiederbeleben. Noch für die heutige Großelterngeneration war es selbstverständlich, Socken zu stopfen, Kleider zu flicken und abgebrochene Holzgriffe wieder anzuleimen. Nichts anderes tun die Menschen in den heutigen Repair-Cafés: »Viele Menschen sehen es nicht mehr ein, alles gleich wegzuwerfen, und reparieren ihre Sachen selbst«, sagt etwa der ehemalige Unternehmensberater Sven Helpensteller, der jetzt im Frankfurter Nordend eine »Wohnzimmer-Werkstatt« betreibt.

In »Repair-Cafés« setzen sich Menschen mit unterschiedlichem handwerklichen Geschick zusammen und schrauben gemeinsam an Computern und Waschmaschinen herum, nähen neue Kleider aus alten Stoffen oder häkeln. Sie entziehen sich damit bewusst dem hohlen Kreislauf aus Kaufen und noch mehr Kaufen. Und praktizieren damit, was Nikolai Wolfert, der Initiator von Leila, Gemeinsinn nennt.

Es ist erstaunlich, welche Renaissance das Thema Selbermachen in den vergangenen Jahren erlebt hat. Beinahe im Monatstakt erschienen Bücher, welche die Do-it-yourself-Bewegung als eine Art Kreativ-Widerstand gegen bestehende Verhältnisse feierten. Etwa Wolfgang M. Heckls *Die Kultur der Reparatur*, Richard Sennetts *Handwerk* oder Matthew B. Crawfords *Ich schraube, also bin ich*. Webseiten wie etsy.com oder doityu.de konnten sich vor Zugriffen kaum retten, das aus den USA stammende »Maker-Movement« fand seinen Weg nach Deutschland, wo im August 2013 die erste Maker-Messe in Hannover stattfand. Die DIY Academy wählte derweil Martina Lammel aus Ettlingen zur »Miss Do-it-yourself«.

Von einer »Revolution« schrieb die Zeitschrift New Yorker in einem euphorischen Artikel mit dem Titel »Making It«. Eher ein »Revolutiönchen«, findet SZ-Autor Gerhard Matzig, »gegen die Bevormundung von Wasser-Sensor-Spendern, gegen Entfremdung, Konsumismus – und eine Hinwendung zu mehr Ökologie, Selbstbestimmtheit, zu mehr Teilen und weniger Haben«.[18]

Demselben Geist entspringt auch die Share-Economy-Bewegung, die unter dem Motto »What's Mine Is Yours« (Was mir gehört, gehört auch dir) die Idee des akkumulierten nutzlosen Besitzes durch besitzloses Nutzen ersetzt. Ihre Anhänger sehen schlicht nicht ein, wieso man alles haben sollte, nur weil man es haben kann, und setzen stattdessen aufs Teilen: von Gegenständen, von Erfahrungen, von Erlebnissen. Sichtbarster Ausdruck dieser konsumkritischen Lebensweise ist die stetig sinkende Bereitschaft vor allem junger Menschen, sich einen eigenen Wagen anzuschaffen, was in der Autoindustrie seit Jahren panische Reaktionen auslöst. Was für ihre Elterngeneration noch ein – ach was: das Statussymbol war, ist für sie nur ein weiteres Ding, das sie nicht brauchen. Und wenn, dann leihen sie es sich oder teilen sich eines mit anderen.

Das alles ist reichlich naiv und auch nicht wirklich neu. Neu freilich ist, dass eine wachsende Zahl von Menschen anders als in früheren Fällen nicht in einer Zeit materiellen Notstands die Sachen selbst in die Hand nehmen – sondern mitten im Überfluss zu Nadel, Faden, Hammer und Schrauber greifen. Offenbar angetrieben von einer Sehnsucht nach dem Einfachen, aus der sich auch der bemerkenswert stabile Trend zum Gärtnern oder Imkern in der Stadt oder die neue Lust aufs Land erklären lassen.

»Wir sind so fixiert auf Problemlösungen, die darin bestehen, zusätzliche Dinge in die Welt zu bringen, dass wir ein simples Faktum übersehen: Reduktionen und selbstbegrenzende Handlungsmuster haben den Charme, weder Kapital noch Neuerfindungen, noch politische Weichenstellungen zu benötigen«, sagt der Wachstumskritiker Niko Paech. »Sie sind in aller Regel voraussetzungslos und kosten nichts – mehr noch: sie sparen sogar Geld ... Pures Weglassen ist überall, unilateral und kurzfristig umsetzbar«.[19]

Noch ist nicht ausgemacht, ob die Reparierer und die Teiler, die Tauscher, Maker und Minimalisten einfach nur Auswüchse einer gelangweilten Generation sind, die schon alles hat und deswegen nun zur Abwechslung Kargheit konsumiert. Oder ob sie tatsächlich Vorboten einer Trendwende sind mit dem doppeldeutigen Ziel, einfach zu leben.

IMMER ATEMLOSER: KOMMUNIKATION

Warum uns eine Stunde ohne Handy beinahe um den Verstand bringt

»I make sixteen solid half hour friendships every evening.«
Sixto Rodriguez: »Cause«

Nach ihrem Selbstmord fühlte sich Eva Gold prächtig. Auf einmal hatte sie es hinter sich, der ganze Schwachsinn, die Banalitäten, der obszöne Kram, mit dem sie tagein, tagaus konfrontiert worden war – vorbei. Kein dummes Geplapper mehr über Nichtigkeiten, kein Smalltalk mit Wildfremden, keine Bilder oder Vor- oder Ratschläge mehr, um die sie nicht gebeten hatte. Stattdessen: Freiheit. »Ich vermisse nichts«, sagt Eva Gold.

Sie weiß noch, wie sie das Ende ihres digitalen Ichs inszenierte. Es war im Herbst 2010. Es war gar nicht so einfach gewesen, den versteckten Menüpunkt bei Facebook zu finden. Dann klickte sie sich Schritt für Schritt raus aus dieser Welt, antwortete auf Fragen, die mit »Bist du sicher, dass …« beginnen, fröhlich mit Ja, ließ sich nicht beirren von den Profilfotos ihrer drei wichtigsten »Freunde« und gelangte schließlich zum finalen Akt der Selbstauslöschung.

In der Zeitung hatte sie vorher ein passendes Bild gefunden.

Es zeigte eine Straße, die sich durch eine Hochgebirgslandschaft windet, dazu den Slogan: »Wann bist du das letzte Mal deinen eigenen Weg gegangen?« Das lud sie als Abschiedsgruß hoch. Dann schrieb sie noch ein paar Zeilen. Dass sie genug habe von dem Blödsinn. Dass sie Besseres zu tun habe, als sich mit Menschen auszutauschen, die sie auf der Straße nicht einmal erkennen würde. Dass sie es für den »zwischenmenschlichen Untergang« halte, allein vor einem Rechner zu sitzen, um mit der ganzen Welt zusammen zu sein. Dann drückte sie den Knopf. Etwas mehr als zwei Jahre lang hatte sie es bei Facebook ausgehalten.

Am Anfang leuchtete ihr die Sache noch halbwegs ein. »Eva, du bist eine öffentliche Person, also musst du auch rein in die Öffentlichkeit«, hatte ihr ein Freund gesagt. Das war kurz nachdem sie sich als Sängerin in Augsburg selbständig gemacht hatte. Also meldete sie sich an. Einen Tag später erhielt sie bereits die erste Anfrage: Ob sie sich vorstellen könne, bei einer elektronischen Musiknacht in Augsburg aufzutreten? Kein schlechter Start, fand Eva Gold. Es war jedoch das einzige Mal, dass sich ihr Facebook-Profil beruflich auszahlte.

Immerhin: Nach kurzer Zeit bereits hatte sie mehr als 500 »Freunde«, darunter Leute, die sie nicht einmal grüßen würden, wenn sie im Café Dichtl, einem ihrer Lieblingsorte in Augsburgs Innenstadt, am Nachbartisch säßen. Im sozialen Netzwerk aber schickten ihr alle freundliche Grüße, Bilder, Videos, Anfragen – hallo, wie geht's? was machst du so? Und weil sie ein gut erzogener Mensch ist und auch ein bisschen neugierig, akzeptierte sie Freundschaftsangebote von Fremden und antwortete brav, wenn sie gefragt wurde. »So ging das los«, sagt sie, »im Endeffekt ist man immer wieder drin gewesen.«

Die ersten Zweifel kamen ihr auf der Musikschule. Dort gibt Eva Gold jungen Leuten Gesangsunterricht. Manchmal traf sie ihre Schüler im Internet wieder – und manchmal fragte sie sich, ob das wirklich ihre Schüler sind. Dieselben Teenager, die bei ihr ernsthaft, tastend, schüchtern im Unterricht saßen, inszenierten sich auf Facebook als dauerfröhliche, ultracoole Jung-Erwachsene. Immer gut gelaunt, sexy die Mädchen, lässig die Jungs. »Die haben sich da um jeden Preis vermarktet«, sagt Eva Gold. »Ich fand das traurig zu sehen, in welche Abhängigkeit sie sich begeben und wie sie ihr Ego auf Likes aufbauen.«

Kurz darauf schickte ihr der 15-jährige Sohn eines Freundes unaufgefordert ein Foto. Es zeigte ein junges Mädchen, das sich offenbar selbst fotografiert hatte, vollständig nackt, bis auf ihre intimsten Stellen – die waren bedeckt mit Stoffschleifen, als wolle sie sich auf diese Weise herschenken. Darunter drängten sich bereits Kommentare von Freunden und Klassenkameraden, »Schweinkram, Machogelaber«. »Ich dachte, ich spinne«, sagt Eva Gold. Dann erinnerte sie sich, dass sie auf Arte einen Bericht über junge Mädchen gesehen hatte, die Nacktbilder von sich im Internet posten und das nicht weiter problematisch finden, »weil das ja nicht die Realität ist«.

Ein paar Monate lang schaute sie sich das alles danach noch an. Die Berichte darüber, wer mit wem auf welcher Party war, wer wohin in den Urlaub fuhr, wer wann was gegessen hatte, wer wen mochte und wer wen nicht. Immer wieder entdeckte sie in all dem Datenmüll auch mal einen interessanten Hinweis auf einen Artikel oder eine Veranstaltung. Aber sehr viel häufiger folgte sie Links zu vermeintlich witzigen Videos, in denen einer kotzt oder in denen ein reales Schwein geschlachtet wird.

Dann fällte Eva Gold ihr Urteil: »Das ist alles eine Scheiß-Gehirnwäsche.« Also plante sie ihren digitalen Suizid.

In den Tagen danach passierte etwas Seltsames. Freunde und Bekannte bombardierten sie förmlich mit E-Mails, betroffen die einen, voller Bewunderung die anderen. »Als hätte ich etwas wahnsinnig Kompliziertes gemeistert.« Mehrere Leute schrieben ihr, dass sie auch schon seit Monaten überlegten, auszusteigen, aber es irgendwie nicht schafften. Man brauche Facebook doch für die Arbeit, die Freunde, die Freizeit. Nicht auszudenken, wenn man etwas Wichtiges verpassen würde. Aber nicht mehr lange, dann habe man auch genug. »Das klang, als würden sich Alkoholiker dafür rechtfertigen, dass sie ein klitzekleines Gläschen trinken.« Knapp vier Jahre ist das nun her. »Und in meinem Bekanntenkreis kenne ich niemanden«, sagt Eva Gold, »der sonst noch ausgestiegen wäre.«

Im Netz verheddert

Der Einstieg fällt dagegen immer mehr Menschen immer leichter. Mehr als 25 Millionen deutsche Nutzer zählte Facebook im Jahr 2013, das waren rund fünf Millionen mehr als im Jahr zuvor und rund dreimal so viele wie 2009, als das soziale Netzwerk in Deutschland die Marktführerschaft übernahm. Ein Großteil vor allem der jungen Menschen bis 30 Jahre kann sich schlechterdings kein Leben mehr vorstellen, ohne jederzeit darüber im Bilde zu sein, in welcher Shopping Mall die Freundin gerade einkauft oder über welche Buckelpiste der Freund gerade brettert.

Dabei ist Facebook nur eine – und nicht einmal mehr die

beliebteste – Möglichkeit, jederzeit mit anderen online verbunden zu sein. Seit Mark Zuckerbergs Unternehmen vor gerade mal zehn Jahren an den Start ging, hat kein Wirtschaftszweig ähnlich exponentielle Wachstumsraten verzeichnet. Im Februar 2005, genau ein Jahr nach Facebook, entstand die Videoplattform Youtube, deren Datenbestand in jeder Minute um mehr als 60 Stunden Bildmaterial anwächst. 2006 wurde der Kurznachrichtendienst Twitter erfunden, 2007 die Blogging-Plattform Tumblr, 2009 WhatsApp, die kostenlose Alternative zur guten alten SMS.

Die 646 Millionen Twitternutzer, die es Anfang 2014 gab, produzierten im Schnitt 1,7 Milliarden Tweets pro Monat.[1] Bei Facebook werden täglich mehr als drei Milliarden Likes und Kommentare gepostet. Allein die deutschen Internetnutzer rufen monatlich rund 150 Milliarden Websites auf – macht rechnerisch 2600 pro Surfer. Daneben finden die Deutschen noch die Zeit, knapp zehn Milliarden Videos anzuschauen.[2] Und was steht so drin in all den Lang- und Kurznachrichten? Egal. Ich poste, also bin ich. Die Kommunikationswissenschaftlerin Ingrid Paus-Hasebrink, die eine Studie zum »Heranwachsen mit dem Social Web« verfasst hat, bringt es auf den Punkt: »Wer nicht vernetzt ist, im beruflichen oder im privaten Alltag, den scheint es fast gar nicht zu geben«.[3]

2011 bilanzierten Forscher der University of Southern California (Los Angeles) und der Universidad Oberta (Santiago de Chile) erstmals die globale Datenmenge. Allein die Kommunikationsdaten summierten sich zu diesem – längst schon wieder überholten – Zeitpunkt auf 1960 Exabytes, das ist eine Zahl mit 18 Nullen. Sie entspricht in etwa der 1500-fachen Menge der weltweit existierenden Sandkörner. Das alles erfassen zu wollen, würde bedeuten, dass man täglich 174 Zeitungen Wort für Wort lesen müsste.[4]

Blödcrwcisc licst abcr nicmand mchr Zcitungen. Das war gestern. Heute informiert sich ein Großteil der 14- bis 29-Jährigen vorzugsweise, um nicht zu sagen: ausschließlich in sogenannten sozialen Medien darüber, was in der Welt so los ist. In der eigenen Welt, wohlgemerkt.

Niemand, der sein Nachrichtenbedürfnis über Facebook befriedigt, wird zufällig etwas über den Klimawandel in Kiribati, Frauenrechte in Indien oder Tauschbörsen in Castrop-Rauxel erfahren. Stattdessen wird er über seine Community und – viel subtiler – über die Algorithmen der »sozialen« Medien weiter in eine Richtung gelenkt, die er durch frühere Suchanfragen selbst vorgegeben hat. Wer sich fürs Hochseefischen interessiert, wird mehr über das Hochseefischen erfahren. Wer gerne kocht, wird noch mehr Rezepte von Jamie Oliver oder Yotam Ottolenghi entdecken. Wer sich als Eurokritiker sieht, wird viel über die Alternative für Deutschland zu lesen bekommen. Ohne es zu merken, sagt der Leipziger Philosoph Christoph Türcke, würden wir so zu einer »fragmentierten Gesellschaft«. Ein Austausch von Argumenten, eine Verständigung gar auf gemeinsame Ziele wird somit immer schwieriger.

Erstmals ausführlich beschrieben hat dieses Phänomen der Netzaktivist Eli Pariser. Er spricht von einer »Filter Bubble«, die Konzerne wie Google, Facebook, Amazon, weitgehend unbemerkt, für ihre Kunden anlegen. »Wir bewegen uns in eine Welt, in der das Internet uns nur Dinge zeigt, von denen es denkt, dass wir sie sehen müssen«, sagt Pariser.[5] Der denkbare Effekt ist nicht zu unterschätzen. Wer etwa – wie der norwegische Massenmörder Anders Breivik – glaubt, alles Böse der Welt

gehe vom Islam aus, der wird in modernen Kommunikationsmedien unzählige Belege dafür finden, denen weitere Belege
folgen – ungetrübt von Einwänden oder Gegenargumenten.
Wer US-Präsident Barack Obama für einen muslimischen Sozi-
alisten hält, der das Weiße Haus unter Vorspiegelung falscher
Tatsachen erobert hat, wird zu zahllosen Einträgen auf Facebook,
Twitter oder Tumblr gelangen, die exakt diese Vermutung immer
wieder aufs Neue bestätigen. So kann sich jeder ein hermetisches
Weltbild basteln, das nicht mehr auf umfassender Information
und dem Abwägen von Argumenten und Gegenargumenten be-
ruht – sondern allein durch die schiere Menge an gleichlauten-
den Indizien schlicht wahr sein muss. Das World Wide Web,
das theoretisch Informationen über alles und jeden bereithält,
verkommt somit in der Praxis zu einem Ort, wo jeder eine
hochindividualisierte Nische findet. Statt schlauer zu werden,
werden wir immer einseitiger gebildet – um nicht zu sagen:
dümmer.

Pariser sieht dadurch ernsthafte Probleme auf unsere Idee
von Demokratie zukommen. Deren ursprünglicher Zweck ist ja
gerade der Wettbewerb von Ideen und die Verständigung darauf, was wichtig ist und was nicht. Was aber, wenn jeder seine
Nische für das Zentrum der Welt hält? Dazu kommt: Die allermeisten belasten sich eher ungern freiwillig mit Themen wie
Menschenhandel, Steuerflucht, Armut. Es sind die schicken,
die spaßigen, die coolen Seiten des Lebens, die in »sozialen«
Medien in Echtzeit die Runde machen. Von einem »Nette-
Welt-Syndrom« spricht Pariser. »Nur wenige Menschen suchen
nach Informationen zur Obdachlosigkeit und leiten diese weiter. Trockene, schwierige, zähe Probleme – viele wirklich wichtige Themen – schaffen es nicht in den Vordergrund. Während

wir uns früher auf menschliche Redakteure verließen, die uns auf diese wesentlichen Probleme aufmerksam machten, sinkt deren Einfluss immer mehr«.[6]

Vielleicht behelligen wir uns auch deshalb inzwischen von morgens bis abends mit banalem Nonsens, der die 140-Zeichen-Marke oft nicht überschreitet: Alles andere ist viel zu umständlich und viel zu kompliziert. Information ist nichts (mehr), Kommunikation ist alles. Schweigen ist Silber, Simsen ist Gold. Über WhatsApp werden mittlerweile rund 18 Milliarden Kurznachrichten täglich verschickt – macht rechnerisch zweieinhalb pro Erdbewohner. Wobei diese Rechnung allein schon deshalb krumm ist, weil fünf Milliarden von uns leider noch ohne Internet in Burkina Faso oder Laos rumsitzen und deshalb draußen bleiben müssen. Mark Zuckerberg arbeitet aber schon dran, mit seinem Programm Internet.org hat er angekündigt, »die Welt zu verbinden«. Wie nett von ihm.

Einstweilen nutzen wir Fortgeschrittenen WhatsApp schon mal, wo wir gehen, stehen und fahren. Dank der Erfindung des Smartphones erreichen wir Tante Erna jederzeit vom Auto, dem Rad, dem Konferenztisch und sogar dem stillsten aller Örtchen aus: 39 Prozent der Deutschen nehmen ihr Handy regelmäßig mit aufs Klo.[7] Das ist noch nichts gegen die Amerikaner, bei denen drei von vier Mobilfunk als Verdauungshilfe nutzen. Aber wir sind alles in allem auf einem guten Weg. Ein Drittel der Deutschen ist im Schnitt bereits 21 bis 24 Stunden am Tag mobil erreichbar – mehr geht leider nicht. Die ständige mobile Verfügbarkeit wird von den Betroffenen im Übrigen als »Ausdruck von Freiheit« gewertet.[8]

Dass die analoge Welt da bisweilen aus dem Blick zu geraten droht, ist bedauerlich, aber wohl nicht zu ändern. Im September 2013 zückte ein Mann in einem Pendlerzug in San Francisco eine Pistole und fuchtelte damit im Waggon herum. Er zielte mal auf diesen, mal auf jenen, steckte die Waffe wieder weg, holte sie wieder raus und putzte sich die Nase. Das störte allerdings keinen der Mitreisenden, was vor allem daran lag, dass es, außer der Videokamera an Bord, keiner mitbekam. Alle waren zu sehr in ihre Mobiltelefone vertieft. Erst als der Mann einem 20-jährigen Studenten von hinten in den Rücken schoss, merkten die Pendler auf. Womöglich wird der eine oder andere schnell noch ein Selfie von sich und dem Tatort gemacht haben.[9]

Es geht aber auch umgekehrt: Auf den Straßen entwickelter Staaten jedenfalls ist ein Delikt auf dem Vormarsch, das es bis vor wenigen Jahren noch nicht gab – fahrlässige Tötung durch SMS-Schreiben. 26 Prozent der jungen Autofahrer in Deutschland geben an, am Lenkrad auch gerne mal eine Kurznachricht zu verfassen. In den Straßen von Großstädten sieht man auch immer häufiger Fahrradfahrer Schlangenlinien fahren, denen Einkaufstipps für die Lieben daheim offenbar wichtiger sind, als heil nach Hause zu kommen.

Vorreiter auch bei diesem zivilisatorischen Trend sind wieder einmal die Vereinigten Staaten. Dort habe es im Jahr 2011 rund 100 000 Unfälle durch abgelenkte SMS-Schreiber gegeben, sagt der Regisseur Werner Herzog, gut ein Jahr später »weit über eine Million«. Herzog weiß, wovon er redet: Im Jahr 2013 wurde der bayrische Filmemacher von US-amerikanischen Telekommunikationsunternehmen beauftragt, einen Film für die Kampagne »It can wait«[10] zu drehen. Umfragen hatten zuvor gezeigt, dass rund die Hälfte der Berufspendler im Land am Steuer SMS liest und schreibt – mit zum Teil verheerenden Folgen. So war etwa ein Truckfahrer ungebremst in ein Auto gerast und hatte zwei Männer getötet. Unter Tränen räumte er vor Gericht ein, er könne sich nicht einmal mehr daran erinnern, was er eigentlich in sein Mobilgerät getippt habe, »so wichtig war es«.[11]

Regelrecht verstört, sagt Herzog, habe ihn die Geschichte eines jungen Mannes, der ein Kind auf einem Fahrrad überfuhr, während er eine Kurznachricht schrieb. Das Kind starb. Der Fahrer hatte die SMS für seine Freundin verfasst – die während der Fahrt neben ihm auf dem Beifahrersitz saß.

Zwei Menschen, die stumm im Auto sitzen und sich auf elektronischem Weg Kurznachrichten zurufen: ein Extrem-, aber längst kein Einzelfall mehr. Von einem »Paradigmenwechsel in unserer Zivilisation« spricht Herzog. »Da ist etwas dabei, sich zu verschieben, und es kommt mit ungeheurer Vehemenz auf uns zu.«

Ich poste, also bin ich

Übertrieben? Wie man's nimmt. Tatsächlich mehren sich die Hinweise darauf, dass die exzessive Nutzung moderner »sozialer« Medien direkte Auswirkungen auf unser herkömmliches Sozialverhalten hat. Im Jahr 2010 legten beispielsweise US-Forscher die Ergebnisse einer Langzeitstudie vor, die sie mit 14 000 Studenten durchgeführt hatten. Seit dem Jahr 2000, so die Wissenschaftler, habe das Interesse der Probanden an anderen Menschen dramatisch nachgelassen. Heutige Studenten hielten es etwa für deutlich weniger wichtig, sich in andere Menschen hineinzuversetzen und deren Gefühle zu verstehen. Die Autoren der Studie stellten eine direkte Verbindung zwischen mangelnder Empathiefähigkeit und der zunehmenden Nutzung von »sozialen« Medien oder auch Online-Spielen fest.[12]

Zu ähnlichen Ergebnissen kamen deutsche Wissenschaftler. »Den Jugendlichen fällt es im Rahmen von neurologischen Tests schwer, andere Menschen zu verstehen oder sich in sie hineinzuversetzen«, sagt Martin Korte, Professor für zelluläre Neurobiologie an der Technischen Universität Braunschweig. Ein zentraler Grund sei vermutlich, »dass ein Großteil des Kontakts bei jungen PC-Nutzern heute digital und nicht face-to-face abläuft«, sagt Korte, »ihnen fehlt das Training des direkten Kontakts, weshalb bestimmte Hirnareale nicht aktiviert werden«.[13] Aber vielleicht brauchen wir die ja auch bald schon nicht mehr und machen es stattdessen wie Joaquin Phoenix, der sich im Hollywood-Streifen *Her* in ein Betriebssystem mit dem hübschen Namen »Samantha« verliebt. Die bzw. das muss er zwar mit 8316 anderen Menschen teilen, aber wir Digitaljunkies teilen ja auch sonst gerne alles. Ein Science-Fiction-Film? Wer weiß.

Als »Millenials« bezeichnen Medien inzwischen junge Menschen, die eine Welt ohne Smartphone, Facebook und Twitter nur noch aus den Erzählungen der Älteren kennen. Es handelt sich um die Generation der zwischen 1980 und 2000 Geborenen, mehr als 80 Millionen »Millenials« gibt es bereits – ungefähr genauso viele wie Deutsche. Sie erhalten und verschicken durchschnittlich 88 SMS am Tag, in der Spitze gerne auch mal mehrere hundert, finden Themen wie Politik oder Religion eher langweilig, wollen nicht unbedingt Jobs mit viel Verantwortung, sind dafür aber sehr interessiert an sich selbst und an digitaler Selbstverwirklichung. Das US-Magazin Time beschrieb sie in einer Titelgeschichte schlicht als »Generation Ich Ich Ich« und ließ die Frage offen, ob die rasant wachsende Gruppe »uns alle retten« wird oder womöglich »das Ende der Zivilisation, wie wir sie kennen« verkörpert.[14]

Kurioserweise gibt es in dieser Generation aber nicht wenige, die die permanente Erreich- und Verfügbarkeit durch »soziale« Medien als chronische emotionale Belastung empfinden. Das jedenfalls beschreibt die US-amerikanische Soziologin Sherry Turkle in ihrem vieldiskutierten Buch *Alone Together*. Die Professorin vom renommierten Massachusetts Institute of Technology befragte über Jahre hinweg hunderte Menschen, um herauszufinden, wie moderne Medien deren Alltag verändern. Dabei stieß sie, insbesondere unter jungen Leuten, auf eine erstaunlich große Zahl genervter, gestresster und verängstigter Nutzer.

Etliche Studenten berichteten Turkle davon, wie sehr ihr Denken nahezu ausschließlich um die Frage kreist, welches Bild von sich selbst sie auf Netzwerken wie Facebook hinterlassen. Ein Junge beichtete der Forscherin: »Manchmal schaue ich und denke, mein letzter Eintrag ist eine Woche alt. Ich denke, das ist nicht gut, jeder wird das sehen und sagen, er hat keine Freunde. Also werde ich wirklich unruhig und denke, ich muss irgendjemandem etwas an die Pinnwand schreiben, damit der zurückschreibt und es so aussieht, dass ich wieder Freunde habe«.[15]

Andere Jugendliche verbringen offenbar Stunden, wenn nicht Tage mit der Frage, welche »Freundschaft« sie auf Facebook zulassen, welche sie ablehnen dürfen. Ist es klug, die pummelige Sitznachbarin aufzunehmen, mit der ich mich eigentlich gut verstehe, die aber im Klassenkreis eher als Außenseiterin gilt? Aber was sagen dann die anderen? Bin ich dann auch draußen? Und wenn ich sie ablehne? Welches Bild entwerfe ich damit von mir selbst? Will ich so sein?

Es sind Fragen, die Turkles Gesprächspartner, so grotesk es klingen mag, in wachsende Panik treiben. Beispielhaft steht für den Druck, den Jugendliche empfinden, auch die Geschichte des Highschool-Schülers Brad. Er vertraute der Soziologin an, dass er auf einer Europareise mit seinen Eltern die politische Mauerkunst im nordirischen Belfast für sich entdeckt hatte. Auf seiner Facebook-Seite aber könne er das niemals so vermelden. Brad wörtlich: »Es wäre der Todeskuss. Zu viel, zu früh, zu schräg. Andererseits ist das ein Teil von mir, oder? Man fordert dich auf, eine Menge Listen zu veröffentlichen. Du musst immer darauf achten, auch die ›richtige‹ Band anzugeben und bloß nicht irgendeinen polnischen Roman, den keiner kennt … Was für eine Rolle spielt es, dass ich die Band Spoon lieber mag als State Radio? Oder State Radio lieber als Cake? Aber Facebook lässt dich glauben, dass das wirklich wichtig ist … Ich schaue auf das Profil von anderen und sage, ›Oh, die mögen diese Bands‹. Oder ›Oh, ein Poser‹. Oder ›der ist wirklich tiefgründig und mag gute Musik‹. Das machen wir alle so, glaube ich. Dann denke ich wieder, es ist egal, aber in der Welt von Facebook ist es eben nicht egal. Diese flüchtigen Details sind es, die dort zählen«.[16]

Dazu komme, dass sich die allermeisten Facebook-Nutzer sehr wohl im Klaren darüber seien, welche potentiell unauslöschbaren Spuren sie mit jedem Like, jedem Posting, jedem Foto hinterlassen, sagt Turkle. Auch das beeinflusse das Verhalten vieler junger Menschen mehr, als man vielleicht annehmen würde. So berichtet etwa eine 18-Jährige, dass sie sich jederzeit genau ihren Auftritt überlege, wenn sie auf eine Party oder in ein Café gehe. Schließlich seien immer Freunde um sie herum, die Bilder von ihr machten und diese anschließend womöglich auf ihre Facebook-Seiten stellten. »Wir erleben die erste Generation, die durch die Pubertät geht und dabei weiß, dass jeder Fehltritt, jede hässliche Geste in ihrer Jugend in einem digitalen Gedächtnis gespeichert werden«, schreibt Turkle.[17]

Wie man laufend neue Probleme erfindet

Und dass dieses digitale Gedächtnis keine Erfindung barmherziger Samariter ist, dürfte sich inzwischen herumgetwittert haben. Man muss es vielleicht noch einmal betonen: Facebook, Twitter, WhatsApp sind keine karitativen Veranstaltungen, sondern die cleversten Geschäftsideen seit Erfindung der Dampfmaschine. Eine Freundschaftsanfrage von Nike oder Adidas erfolgt mit großer Wahrscheinlichkeit nicht aus Einsamkeit. Bosch und Siemens tauchen nicht aus lauter Fürsorge auf meiner Facebook-Seite auf. Und meine Beziehung zu Coca-Cola ist eben in aller Regel eines nicht – eine Beziehung.

Die unvorstellbaren Datenmengen, die wir alle täglich über »soziale« Medien in die Welt blasen, sind das Öl des 21. Jahrhunderts. Sie werden gesammelt, verkauft und versteigert. Sie sind die Währung, mit der die großen Konzerne ihre Geschäfte machen. Je mehr wir über uns verraten, desto leichter sind wir berechen-, manipulier- und verführbar.

Einer Untersuchung der OECD zufolge ist allein die Adresse eines amerikanischen Bürgers auf dem offenen Markt 50 Cent wert. Für sein Geburtsdatum zahlen Interessenten zwei Dollar, für seine Sozialversicherungsnummer acht Dollar, für Angaben über seine Bonität neun Dollar. Informationen über die Ausbildung kosten zwölf Dollar, Angaben über Vorstrafen 15 Dollar, Insolvenzauskünfte 26,50 Dollar.[18] Und Interessenten gibt es mehr als genug: Versicherungen, Banken, Lebensmittelkonzerne, Arbeitgeber – sie alle profitieren davon, dass wir uns bereitwillig selbst durchleuchten und jedes noch so intime Detail mit der Welt da draußen teilen.

Dieselben Menschen, die auf Facebook Petitionen gegen die elektronische Fußfessel »liken«, legen sich bereitwillig elektronische Handfesseln an, so genannte Smartbands, mit denen sie sich selbst pausenlos überwachen. Dass die so generierten Daten nicht nur dazu dienen, den Puls des Trägers zu fühlen, sondern für jede Form des Missbrauchs genutzt werden können, scheint niemanden zu stören. Am allerwenigsten natürlich die Erfinder der lustigen Gadgets. Die Technologiekonzerne, sagt die Ökonomin Shoshana Zuboff, drückten sich »regelmäßig um die hässliche Frage, ob das, was da erfunden werden soll, dem Menschen letztlich wirklich dient«.[19]

Diese Frage aber stellt verblüffenderweise kaum noch jemand. Und wenn, dann steht er oder sie im guten Fall als analoge Spaßbremse, im schlechten als Ketzer aus dem vordigitalen Pleistozän da. »Das« Internet, sagt der Netzskeptiker Evgeny Morozov, werde längst von einer überwältigenden Mehrheit in der (westlichen) Welt quasi-religiös verehrt. Seine Jünger sähen in ihm die Lösung für jegliche Probleme – selbst für solche, die gar nicht existierten. »Solutionism« nennt das Morozov. Dabei sei das Netz doch, bitteschön, erst einmal nichts anderes als ein technisches Instrument, das wie alle technischen Instrumente im Guten wie im Schlechten bedient werden könne. Die potentiell gefährlichen Seiten des Internets jedoch würden von Solutionisten einfach mal so ausgeblendet.

Das gilt zumal für die »sozialen« Kommunikationsmedien. Als etwa im Iran die grüne Revolution ausbrach, als in Nordafrika die »Arabellion« folgte, als im Gezi-Park in Istanbul die türkische Jugend gegen das Regime aufbegehrte, da waren Politiker und Medien schnell mit Etiketten wie »Twitter«- oder »Facebook-Revolution« zur Stelle. Hatten sich die Demonstranten doch über Wochen mit ihren Smartphones zum Aufstand verabredet und die starre Staatsmacht dabei ein ums andere Mal genarrt. Es waren schöne Geschichten, die hundertfach erzählt wurden. Nur: Sie waren an dieser Stelle noch nicht zu Ende. Im letzten Kapitel war es die Staatsmacht, die ihrerseits sämtliche Informationen nutzte, die sie über Twitter, Facebook & Co. kriegen konnte, um die Rädelsführer der Aufstände ausfindig zu machen, aufzuspüren und wegzusperren. Dieser Teil der Geschichte, sagt Morozov, werde weniger gerne gehört. Er sei aber ein Teil, und nicht der unwichtigste, der schönen neuen Big-Data-Erzählung.

In *Selbst denken* entwirft Harald Welzer angesichts der Datensammelwut von Konzernen und Staaten ein düsteres Zukunftsszenario: »Es bedurfte nämlich keiner Big-Brother-Instanz, also eines Systems der Überwachung von außen. Unternehmen wie Google und Facebook, die Informationen jeder Art bereitstellen konnten, hatten das genialste und gigantischste Überwachungssystem der bisherigen Menschheitsgeschichte etabliert, denn die notwendigen Daten lieferten die Beherrschten mit ihren unablässigen Klicks selbst. Faschismus mit Facebook: Das war die totale Transparenz, die einfach dadurch entstand, dass jeder so viele Informationen über sich preisgab, wie es überhaupt geben konnte«.[20]

Das Erschreckende an dieser Beschreibung ist: Sie ist längst keine Dystopie mehr. Drei Monate, nachdem Welzers Buch erschienen war, betrat im Juni 2013 der ehemalige US-Geheimdienstmitarbeiter Edward Snowden die Weltbühne und lieferte zahllose Beweise dafür, dass die National Security Agency (NSA) dank Big Data an einem weltumspannenden Überwachungsnetz arbeitet – und dabei auf die Datenberge von Facebook, Google, Apple & Co. zurückgreifen kann. Dabei zeigte sich: Die Geschäftsmodelle der Spione und der freundlichen Hipster aus dem Silicon Valley sind nahezu identisch – es geht darum, von so vielen Menschen wie möglich an so vielen Orten wie möglich so viele Daten wie möglich zu sammeln, zu verknüpfen und auszuwerten.

Noch erschreckender war daran nur eines: die nahezu vollkommene Gleichgültigkeit eines Großteils der Bürger weltweit. Lediglich ein Teil der Netzbewegung und zahlreiche Medien echauffierten sich über die illegalen und demokratie-zersetzenden Praktiken der Datenschnüffler. Der Rest tat so, als sei es das Normalste der Welt, wenn Geheimdienste und Konzerne sogar die Textur der Unterwäsche von Bürgern oder Kunden jederzeit analysieren können. Als kurz nach Auftauchen des Whistleblowers Snowden Datenschützer darauf hinwiesen, dass etwa das jüngste Zuckerberg-Spielzeug WhatsApp die spionageanfälligste Software weit und breit sei, weil es ein Kinderspiel sei, sämtliche Kontakte im Adressbuch auszulesen, war die Folge: keine. Nicht mal im vergleichsweise datenschutz-sensiblen Deutschland tat das dem unheimlichen Siegeszug des Programms einen Abbruch: Noch während die NSA-Affäre köchelte, überholte die App bei der Häufigkeit der Downloads den bisherigen Spitzenreiter Facebook.[21]

Süchtig nach »Likes«

Es scheint fast, als könne nichts und niemand unsere Beziehung zu den »sozialen« Medien stören. Als hätten nicht mehr wir unser Smartphone im Griff – sondern unser Smartphone uns. Als sei nichts normaler als die Tatsache, dass wir heute an einem Nachmittag so viele Menschen kennenlernen können wie unsere Großeltern in einer Lebensspanne. 2012 lag die durchschnittliche Zahl der »Freunde« in »sozialen« Netzwerken bei 272 – Tendenz: rasant steigend. Bleibt alles, wie es ist, dann werden wir als 70-Jährige rechnerisch 14 Tage unseres Lebens mit Küssen verbracht und zwölf Stunden lang Orgasmen erlebt haben, aber sechs volle Jahre online gewesen sein. Davon wiederum werden acht Monate für das Löschen sinnloser E-Mails draufgegangen sein.[22]

Und wofür das alles? Facebook, glaubt die selbsternannte »Digital-Therapeutin« und Autorin Anitra Eggler, löse auf verführerische Weise das Problem, »das wir Menschen mit unserer Vergänglichkeit haben«. So gesehen, sei etwa die Facebook-Chronik – eine individuelle Zeitleiste im digitalen Raum – »soziologisch genial. Sie suggeriert uns, wir könnten einen Pfahl in die dahinschießende Zeit rammen« und »etwas Wichtiges hinterlassen«.[23]

Dass dieses »Wichtige« in aller Regel ein Bild unseres letzten Saufgelages in der Shisha-Bar ist, Großmutters Rezept für Apfelstreuselkuchen oder eine Kurzkritik des jüngsten Hollywood-Blockbusters – »voll krass!« –: geschenkt. In einer Zeit, in der Individualismus zur Ersatzreligion geworden ist, aber so gut wie jede individuelle Großtat bereits erbracht wurde, ist der »Like«-

Button die letztmögliche Bestätigung der Einzigartigkeit. Deshalb, glaubt Eggler, »posten wir alle Drolligkeiten, je banaler, desto besser, weil wir hoffen, so mehr Likes einzusammeln. Wir werden geil auf Likes, süchtig nach dieser kleinen warmen Egodusche«.[24]

Tatsächlich scheint der Begriff Sucht an dieser Stelle nicht falsch gewählt zu sein. Im Internationalen Medienzentrum der Universität Maryland stellten US-Forscher Studenten für einen Tag auf die Probe. Lediglich 24 Stunden lang sollten die Teilnehmer der Studie auf Fernsehen, Telefon und Internet verzichten. Das Ergebnis war frappierend: Es zeigte sich, dass die meisten Studenten nicht nur nicht mehr ohne »soziale« Netzwerke leben wollten – sie konnten es schlicht nicht mehr. »Ich bin ganz klar abhängig und diese Abhängigkeit macht mich krank«, sagte ein Proband. Ein anderer berichtete Folgendes: »Ich kam von der Schule gegen 5 Uhr nach Hause und suchte verzweifelt nach irgendeinem Stück Technologie. Ich betrog ein wenig und schaute in mein Telefon. Ich las SMS, sah, dass ich knapp ein Dutzend Anrufe verpasst hatte, überflog einige E-Mails und bemerkte mehrere Twitter-Anfragen, ob es mir gut gehe und wo ich sei. In diesem Moment hielt ich es nicht mehr aus, alleine in meinem Zimmer zu sein mit nichts, das mich beschäftigt, also gab ich das Experiment auf. Ich hatte 19 Stunden geschafft, aber schon diese waren Folter für mich«.[25]

Internetabhängigkeit, das ist ein vergleichsweise neues Phänomen, aber eines, mit dem sich immer mehr Wissenschaftler beschäftigen. Im Jahr 2008 wurde an der Mainzer Universitätsklinik die bundesweit erste Ambulanz für Spiel- und Internetsucht gegründet. Das Jahr ist kein Zufall: Von Onlinesucht hatten Forscher bereits in den 1990er Jahren gesprochen, aber seit

2007 das erste Smartphone auf den Markt kam, verbreitet sich das Phänomen deutlich rasanter.

2011 veröffentlichte ein Team um den Lübecker Psychiater Hans-Jürgen Rumpf die so genannte Pinta-Studie (Prävalenz der Internetabhängigkeit). Sie basierte auf der Befragung von 15 000 Menschen zwischen 14 und 64 Jahren und kam zu dem Ergebnis, dass etwa ein Prozent der Altersgruppe Suchtverhalten zeige – das wären etwa 560 000 Menschen in Deutschland. Bei den 14- bis 24-Jährigen, so Rumpf, seien sogar schon 2,4 Prozent internetabhängig, 13,6 Prozent von ihnen seien »problematische Internetnutzer«. Andere Studien, die seither veröffentlicht wurden, zeigten, dass es bei Onlinesucht offenbar geschlechtsspezifische Unterschiede gibt: Während Männer vor allem anfällig für Onlinespiele sind, entfalten bei Frauen vorzugsweise »soziale« Netzwerke eine unheilvolle Sogwirkung. Und auch das gibt es mittlerweile: Nomophobie, abgeleitet von »no mobile phone« – die Angst, ohne Handy zu sein. Die Folgen: Kontrollverlust, Nervosität, Panikattacken. Es zeichnet sich sogar schon ein neues, handy-bedingtes Krankheitssymptom ab: das Phantomklingeln – ein eingebildetes Fiepen des Smartphones, wahlweise auch die grundlose Annahme, das schicke Kleine würde am Oberschenkel vibrieren. Fast die Hälfte der jungen Deutschen soll bereits darunter leiden.

Bin ich schon draußen?

Es gibt allerdings auch Leute, die keine Lust (mehr) auf den ganzen Quatsch haben. So wie die Mittzwanzigerin Alexandra Gille, die in Breidenbach bei Marburg im Gasthof ihrer Eltern arbeitet und sagt: »Ich habe das Gefühl, ich würde da das Leben verpassen, vor allem bei so etwas wie Facebook«.[26] Oder wie der Bochumer Kulturdezernent Michael Townsend, der am 18. Februar 2013 unter der Überschrift »Bye, bye, Bore-Book« meldete: »Wegen fortgesetzter Banalität der Beiträge und Zunahme von Werbung lege ich meinen Facebook-Account still«. Oder wie der erst 15-jährige Jannik S., der im Mai 2013 auf der Internetseite ausgestiegen.com seine Trennung vom »sozialen« Netzwerk publik machte: »Habe mit 12 Jahren, also vor 3 Jahren angefangen, Facebook zu nutzen … Es folgten endlose Nächte mit Chatten und Co. Ich fühlte mich wie ein Insider, der viele Freunde hat … Nun habe ich erkannt, dass es rein gar nichts wert ist … Ich habe Dezember 2012 meinen Account gelöscht … Das war nicht einfach: Lehrerin aus Deutsch akzeptierte es nicht, schickte mir die Hausaufgaben von Facebook nicht per E-Mail. Ich musste mich an die Schulleitung wenden, damit das ein Ende hatte. Freunde finden war schwer, doch nun habe ich auch eine RICHTIGE Freundin, ohne diese bedeutungslose Chat*****e auf FB … Freundschaften sind seriöser, wertvoller und wichtiger geworden. Eine richtige Verabredung ist immer noch das Beste!«

Jannicks ist nur eine von vielen Stimmen, die auf der vom Österreicher Dieter Willinger lancierten Website zitiert werden – aber eine, die durchaus repräsentativ ist. Hunderte andere Aussteiger erklären dort ihren Schritt damit, dass sie kein »Seelen-Exhibitionist« sein wollen, der Welt nicht alles mitzuteilen haben, »Freunden hingegen schon«; dass sie es satt haben, gemobbt zu werden, dass sie über Jahre »zu viel Aufwand für zu wenig Ertrag« betrieben hätten oder schlicht keine Lust mehr haben, »vor künstlichen, unsichtbaren Freunden mein Privatleben auszubreiten«. Und je länger man auf ausgestiegen.com stöbert, desto deutlicher wird, dass hier, teilweise unter Schmerzen, offenbar wirklich so etwas wie eine Beziehung zerbrochen ist. Und dass es nicht übertrieben ist, das digitale Ende auf Facebook als virtuellen Selbstmord zu bezeichnen.

Von einer kleinen, aber offenbar wachsenden »Gegenbewegung« zu den »sozialen« Netzwerken spricht der Psychologe Stefan Stieger, der 2013 eine Studie über »Virtual Identity Suicide« verfasst hat. Ein Kernsatz daraus lautet: »Es hat sich gezeigt, dass soziale Netzwerke Eifersucht und Misstrauen in Liebesbeziehungen befördern, weil es so einfach ist, potentielle andere Partner zu erreichen, dass sie (potentiell negative) Auswirkungen auf die Auswahl von Arbeitnehmern haben und dass sie neue Methoden des Stalkens und der Belästigung ermöglichen.«

Vier wesentliche Gründe für den Ausstieg aus Online-Netzwerken hat Stieger ausfindig gemacht: 1. die Angst vor dem laxen Umgang der Konzerne mit privaten Daten, 2. das Gefühl, abhängig von Facebook & Co. zu sein, 3. die Einsicht, dass »Freunde« nicht unbedingt Freunde sind, 4. eine generelle Unzufriedenheit mit Facebook, die in der Ansicht gipfelt, seine Zeit zu verschwenden. Allein von Januar bis März 2013 verlor Facebook rund 100 000 regelmäßige Nutzer zwischen 13 und 24 Jahren.[27]

Nur: Es ist gar nicht so einfach, von Facebook loszukommen. Denn wen die »sozialen« Netzwerke einmal haben, den geben sie so schnell nicht wieder her. Das mussten auch die digitalen Suizid-Seiten im Netz erfahren, die ihren Kunden anboten, beim Ausstieg behilflich zu sein. Eine von ihnen war seppukoo. com, benannt nach dem rituellen Selbstmord japanischer Samurai. »Unsere Privatsphäre, unsere Profile, unsere Identitäten, unsere Beziehungen werden allesamt … vollständig zu einem einzigen Zweck ausgebeutet: um als Produkt verkauft zu werden. Aber ist ein solches Leben wirklich wert, gelebt zu werden?«, hieß es etwas pathetisch auf der Homepage. Aber durchaus erfolgreich: Eine fünfstellige Zahl von Menschen soll vom Angebot Gebrauch gemacht haben, ihr Facebook-Konto vollständig und spurlos löschen zu lassen. Und es wären noch mehr geworden, hätte die Firma nicht ihre Anwälte auf die Seppukoo-Betreiber gehetzt und die Seite rasch zu Fall gebracht.

Nicht viel besser erging es den Erfindern der Web 2.0 Suicide Machine, die mit dem Slogan »Triff deine echten Nachbarn wieder« ebenfalls versprach, die Bindung ihrer Kunden zu »sozialen« Medien wie Facebook, LinkedIn, MySpace oder Twitter zu kappen. Auch als diese Seite Fahrt aufnahm, waren Facebooks Anwälte zur Stelle. Die Suicide Machine existiert heute zwar noch, bezeichnet ihre Tätigkeit aber nur noch als »soziopolitische Netz-Kunst«.

Immerhin: Seit den Attacken bietet Facebook seinen Kunden seinerseits die Möglichkeit, endgültig Schluss zu machen. Es ist allerdings kein kurzer und wohl auch kein schmerzloser Tod, den die Firma ihren Abtrünnigen bietet. Es sind endlose Klicks und Bestätigungen nötig, bis man zur Pforte »Mein Konto löschen« gelangt. Und wer nach dem finalen Klick den Fehler begeht, sich binnen 14 Tagen noch einmal anzumelden, der ersteht – ob er will oder nicht – wieder auf und muss lange warten, bis er sich das nächste Mal umbringen darf.

Dass es trotzdem immer mehr tun, muss allerdings noch nichts heißen: Sinkende Nutzerzahlen bei Facebook bedeuteten in den letzten Jahren jedenfalls regelmäßig steigende Nutzerzahlen bei Twitter, WhatsApp, Tumblr … Wer einmal versuchen möchte, wie es sich anfühlt, nicht ohne Unterlass online kommunizieren zu müssen, der kann sich bei macfreedom.com für einige Stunden freikaufen. Für zehn Dollar bieten die Betreiber an, Menschen einen halben Tag lang den Internetzugang zu sperren – unter dem Stichwort »anti-social« kann man sich auch nur für den temporären Ausschluss von seinen Netz-Freunden entscheiden. Die Menschen, die es getan haben, berichten von nie gekannten Erweckungserlebnissen. »Ich bin immer noch überrascht über die Erleichterung, die ich jedes Mal empfinde«, sagt etwa die New-York-Times-Kolumnistin Peggy Orenstein. Und Bestseller-Autorin Naomi Klein frohlockt: »Wenn ich je mein Buch zu Ende schreibe, ist das hier der Grund.« Es sind Bekenntnisse von Ertrinkenden, denen im Datenmeer ein Rettungsring zugeworfen wurde – und die danach frohgemut wieder hineinhüpfen.

Eva Gold hat es geschafft. Sie ist seit vier Jahren draußen. Sie sagt, es habe gar nicht weh getan. Sie telefoniert jetzt wieder häufiger oder trifft ihre Freunde am liebsten im Café. Es sind diejenigen, die sie auch schon vor der Geburt ihres digitalen Ichs immer getroffen hatte. Sie muss jetzt manchmal schmunzeln, wenn sie, wie neulich, mit ihrer Band nach Dänemark fliegt und die Jungs auf jeder Etappe der Reise einen Tweet absetzen: Jetzt sind wir im Taxi, jetzt am Flughafen, jetzt sind wir gelandet, gleich sind wir im Konzertsaal. Was soll's, denkt sich Eva Gold, wenn am Ende nur zehn Gäste vor der Bühne stehen? Aber sie diskutiert nicht drüber. Sie will nicht altklug oder altbacken daherkommen. Es reicht ihr zu wissen: »Ja, es gibt ein Leben nach Facebook.«

IMMER SCHNELLER: ALLTAG

Warum wir immer mehr Zeit sparen – und immer weniger haben

> »Man sollte nie so viel zu tun haben, dass man zum Nachdenken keine Zeit mehr hat.«
>
> Georg Christoph Lichtenberg

An einem Samstag im Frühjahr 2014 vergeudet Martin Liebmann in Berlin seine Zeit. Das aber zu wirklichen Schnäppchenpreisen. Ein gutes Gespräch würde der hochgewachsene Mann schon für 50 Cent führen, ein Buch für 3,99 Euro lesen. Wer ihm 8,75 Euro gibt, für den würde er ein Spiel spielen, Tagträumen bietet er schon für konkurrenzlose 5 Euro an. Nur Nichtstun ist etwas teurer – Liebmann verlangt dafür 17,50 Euro. Pro Stunde. Dafür tut er es wirklich gerne.

»Kommen Sie näher«, ruft Liebmann den Kreuzbergern zu, die an ihm vorbei Richtung Marheinekehalle laufen, »heute ist der Internationale Tag des Zeitgewinns.« Vor seinem weißgedeckten Biertisch hat er ein Klappschild aufgestellt: »Lassen Sie unnütze Dinge von anderen erledigen«, steht darauf. »In der gesamten Zeit können Sie dringende E-Mails lesen, durch Staus verursachten Zeitverlust kompensieren, Ihren Facebook-

Account checken, telefonieren, konsumieren oder einfach in Ihrem Hamsterrad weiterlaufen.«

Ein vielleicht 40-jähriger Mann hetzt, mit Baguette und Zeitung unterm Arm, an dem Stand vorbei und lehnt jedes Gesprächsangebot ab. Kurz vor der Markthalle dreht er sich noch mal um und ruft entschuldigend: »Sorry, ich hab' nie Zeit.« Eine ältere Frau lässt sich von Liebmann seine Zeit-Preis-Liste geben, die sie aufmerksam studiert. »Ganz ehrlich«, sagt sie im Weggehen, »ich habe schon lange nicht mehr so geschmunzelt.« Dann kommt ein junger Mann mit zwei Kindern, bleibt kurz stehen, stutzt: »Das ist ironisch gemeint, oder?« Martin Liebmann grinst. Er liebt es, die Leute aus dem Takt zu bringen. Und sei es nur für wenige Sekunden.

Er macht so etwas öfter. Setzt sich an Wochenenden einfach mal ins Auto und fährt von Reinfeld aus, hoch oben in Holstein gelegen, nach Hamburg oder München oder Berlin, um gehetzte Menschen zum Nachdenken zu bringen. Er foppt, überrumpelt und neckt sie, verwickelt sie in Gespräche und hofft, dass sie nachklingen. Und wenn nicht? Ist es halb so schlimm. Martin Liebmann tut nichts lieber als gelegentlich seine Wochenenden zu verplempern. Man erwartet das von ihm. Als Vorsitzender des »Vereins zur Verzögerung der Zeit« hat man so seine Pflichten.

Verein zur was? »Ja, ja, ich weiß«, sagt Liebmann. Er blickt häufiger in ratlose Gesichter, muss sich immer mal wieder fragen lassen, ob er zu scherzen beliebt. Die Antwort: ja und nein. Nichts läge Liebmann, 46 Jahre alt, Kinnbart, schütteres Haar und Schalk in den Augen, ferner, als sich und seine Mission zu wichtig zu nehmen. Aber andererseits ist die Sache mit dem Verein auch kein Witz. Dafür ist sie den rund 700 Mitgliedern zu ernst. Es geht ihnen tatsächlich darum, in einer sich immer weiter beschleunigenden Welt zwischendurch mal innezuhalten und zu fragen: Warum so hastig?

Er selbst, sagt Liebmann, sei noch vor zwölf Jahren »unheimlich schnell unterwegs« gewesen. Seine eigene Firma für Markenberatung und die Familie mit drei Kindern füllte ihn nicht mal annähernd aus. Also gründete er zusätzlich ein Internet-Start-up, organisierte nebenbei das »Lübecker Werteforum«, moderierte Veranstaltungen und engagierte sich, wenn ein bisschen Zeit blieb, auch noch politisch. Wo immer er war, war er in Gedanken schon woanders. Mit drei Handys gleichzeitig zu telefonieren war ein Klacks, und wenn er in den Urlaub fuhr, dann mit einem Stapel Arbeit im Kofferraum. »Das war ein irres Tempo, ich habe immer 1000 Feuer angefacht.« Das fühlte sich gut an – so lange, bis es sich nicht mehr gut anfühlte.

Auf einer Managertagung in Düsseldorf lernte Liebmann dann 2003 einen Arzt kennen, der ihm erzählte, dass er in Kürze zu einem philosophischen Symposium nach Italien reisen werde. Dort träfen interessante Leute aufeinander, um über drängende Fragen der Zeit zu diskutieren. Liebmann, gerade häufiger krank, in einer Beziehungskrise und im Zweifel darüber, wohin ihn sein Tempo führen würde, beschloss mitzufahren. Zwei Wochen später fand er sich im Kloster Rosazzo bei Udine wieder. »Diese Veranstaltung«, sagt er heute, »hat mein Leben unterbrochen.«

In Rosazzo hörte Liebmann erstmals vom »Verein zur Verzögerung der Zeit«. Eine Reihe von Mitgliedern sei dort anwesend gewesen, und sie alle seien ihm durch zwei Dinge aufgefallen: »ein ganz besonderes, unabhängiges Denken und eine Prise Humor«. Der Norddeutsche begann sich zu erkundigen und erfuhr, dass der Verein bereits 1990 in Klagenfurt von dem österreichischen Philosophie-Professor Peter Heintel gegründet worden war. Mehr als Netzwerk denn als klassischer Verein. Getragen von Menschen, die in der Beschleunigung aller Lebensbereiche keinen Wert an sich sehen, sondern sich die Frage erlauben, wie man bei ständiger Drehzahlerhöhung eigentlich noch vernünftige Entscheidungen treffen soll. Und die blinden Aktionismus mit alpenländischer Subversivität zu konterkarieren pflegen.

So kommt es schon mal vor, dass der Verein einen Workshop zum Thema Chaos organisiert, bei dem der Dozent stundenlang stur vor sich hin schweigt – was umso interessantere Gespräche unter den Teilnehmern nach sich zieht. Schweizer Mitglieder mühten sich derweil über Jahre, das Städtchen Rorschach zu verlangsamen, indem sie beispielsweise den Hafenplatz mit Liegestühlen vollstellten oder massenhaft Haartrockner in die Innenstadt trugen, diese in die Steckdosen von Shops und Boutiquen stöpselten und sich dann draußen auf dem Gehweg postierten.

Martin Liebmann wiederum, der jetzt seit genau zehn Jahren mit von der Partie und neuerdings Chef vom Ganzen ist, rief einmal vor dem Kloster Frauenchiemsee in Bayern den »Unesco-Tag des Fotofastens« aus. Weil täglich Tausende Touristen über die Insel hasten und vor lauter Knipserei keinen Blick mehr fürs Ganze haben, forderte Liebmann die Gäste auf, während des Rundgangs nur ein Bild pro Kamera zu schießen. Anschließend, sagt er, hätten sich etliche Menschen bei ihm bedankt – der Besuch habe ihnen völlig neue Perspektiven eröffnet.

Wir alle, sagt Liebmann, seien inzwischen wie gehetztes Wild. Ständig gelte es, noch mehr Aktivitäten in noch weniger

Zeit zu pressen. »Wir haben eine Diktatur der Ökonomie, die sich in alle Lebensbereiche gefressen hat.« In der Erziehung, in der Wissenschaft, in der Arbeitswelt, überall gehe es um optimierte Prozesse, größere Effizienz, mehr Ertrag. Nicht mal mehr unsere Freizeit sei eine freie Zeit, sondern eine, die wir durchtakten und -planen, in der wir alle Tätigkeiten nach ihrem Nutzwert unterteilen. Innehalten, Tagträumen, Trödeln seien fast schon obszöne Aktivitäten, für die es sich zu rechtfertigen gelte. »Warten ist immer ein Problem, denn Warten ist unbenutzte Zeit«, sagt Liebmann. Sie zahlt sich nicht aus.

Die Zeitverzögerer halten dem entgegen, dass es unmöglich ist, jeden Alltagsprozess beliebig weiter zu beschleunigen. Und dass die Folgen, wollte man es dennoch probieren, unabsehbar seien. »Man versucht inzwischen ja sogar, den Reifeprozess unserer Kinder zu beschleunigen«, sagt Liebmanns Lebensgefährtin Michaela Schmoczer. »Und vielleicht können wir wirklich eine Raupe schneller schlüpfen lassen. Aber ich habe meine Zweifel, dass dann ein fertiger Schmetterling dabei herauskommt.«

So gesehen, sagt Liebmann, sei der Verein natürlich hochpolitisch. Nur kommt er halt nicht so daher. Sondern eher als Klub schrulliger Zeitgenossen, die mit hintersinnigen Interventionen in den Alltag ihrer Mitbürger platzen, um sie aus ihrem Trott zu reißen. »Wir stellen im Prinzip nur Fragen«, sagt Liebmann. »Welche unserer Grundannahmen sind falsch? Sind die Dinge wirklich so, wie man uns sagt? Ist es notwendig, so viel zu besitzen? Was bringt es, 500 Freunde auf Facebook zu haben? Was ist mir wichtig? Und wie geht ein glückliches Leben?«

Es sind Fragen, über die sich nachzudenken lohnte. Nur haben wir halt meistens keine Zeit dafür.

Am Ende der Zeit

Zeitnot ist in westlichen Industriegesellschaften längst ein Virus, das alle Schichten, Männer wie Frauen, Kinder wie Greise, Arme wie Reiche befallen hat. Mehr Zeit zu haben, das ist inzwischen der dringlichste Wunsch des Durchschnittsbürgers, zumal in Deutschland, das auf Robert Levines »Landkarte der Zeit« neben der Schweiz, Irland und Japan als gehetzteste Nation auf der Erde verzeichnet ist.

Als das Meinungsforschungsinstitut Forsa am Ende des Jahres 2012 nach den Vorsätzen der Deutschen fragte, fiel 59 Prozent der Teilnehmer zuallererst »Stress vermeiden und abbauen« ein. Etwa die Hälfte der Befragten wünschte sich »mehr Zeit« – für Freunde, die Familie oder sich selbst.[1]

Tourismus-Studien ergaben, dass der Traum von Palmen am Meer seit 2009 nicht mehr der dringlichste Wunsch der Bundesbürger ist. Er wurde verdrängt vom Verlangen, »viel Zeit zu haben«, wahlweise auch »sich selbst zu finden«.[2] Zeit ist zum Luxusgut geworden, zu etwas, das man sich leisten können muss – fast so wie im Science-Fiction-Film *In Time – Deine Zeit läuft ab*, in dem Stunden, Tage und Jahre den Dollar, den Euro und den Renminbi als gängige Währung abgelöst haben und in dem Menschen für etwas mehr Zeit sogar töten.

Es ist schon seltsam: Wir »sparen« in unserem Alltag immer mehr Zeit, und doch haben wir anscheinend immer weniger davon. So hat unsere durchschnittliche Schlafdauer etwa seit dem 19. Jahrhundert um zwei Stunden und seit den 1970er Jahren um 30 Minuten abgenommen.[3] Unsere wache, also gestaltbare Zeit nimmt damit von Jahr zu Jahr zu. Und sogar die

24-Stunden-Tage selbst werden, ohne dass wir es merken, stetig ein winziges bisschen länger: Physiker haben ausgerechnet, dass unser Planet jedes Jahr etwa zwölf Mikrosekunden mehr für eine Erdumdrehung benötigt – ein Erdentag zieht sich entsprechend in die Länge. Das heißt, wir müssen nur noch schlappe 600 Millionen Jahre warten, bis ein Tag nicht mehr 24, sondern 26 Stunden dauert. Aber vermutlich werden wir es selbst dann noch ziemlich eilig haben.

Dabei verkürzen wir auch immer weiter die Zeit, die wir brauchen, um von A nach B zu gelangen. Unsere Gehgeschwindigkeit zum Beispiel nimmt kontinuierlich zu. Der britische Psychologe Richard Wiseman hat in 32 Städten der Erde untersucht, in welchem Tempo sich Passanten fortbewegen. Er kam zu dem Ergebnis, dass die Geschwindigkeit innerhalb eines Jahrzehnts um bis zu 30 Prozent zugelegt hat. Wobei Wiseman auf erhebliche Unterschiede stieß, je nachdem, ob die Menschen in einem Industrie- oder einem Entwicklungsland unterwegs waren. So brauchte ein Durchschnitts-Fußgänger im malawischen Blantyre für zwanzig Meter 31,6 Sekunden, im geschäftigen Stadtstaat Singapur dagegen nur 10,6 Sekunden.[4]

Eine unheimliche Beschleunigung unserer Fortbewegung bedeutete auch die Erfindung der Eisenbahn. Um das Jahr 1840 herum war sie fast sechsmal so schnell wie die herkömmliche Postkutsche, seinerzeit wurde es den Passagieren aufgrund der rasenden Geschwindigkeit von rund 30 Stundenkilometern reihenweise schlecht. Um die Jahrhundertwende brausten Züge bereits mit 100 Stundenkilometern durch die Landschaft. Heute schafft ein ICE 3 der Deutschen Bahn, sofern keine Betriebsstörung vorliegt, gelegentlich bis zu 300 km/h, was wiederum popelig ist im Vergleich zum Transrapid, der für eine 30 Kilometer lange Strecke im chinesischen Shanghai sieben Minuten und 18 Sekunden benötigt. Seine Spitzengeschwindigkeit von 430 Stundenkilometern fährt er dabei allerdings nur rund 50 Sekunden lang – den Rest der Zeit braucht er zum Beschleunigen beziehungsweise Bremsen.

Auch in allen anderen Alltagsbereichen haben wir unser Leben durchgetaktet und von unnötigem Ballast befreit. Wir sparen Zeit fürs Lernen, indem wir unseren Kindern den nötigen Stoff fürs Abitur nicht mehr in neun, sondern in acht Jahren eintrichtern. Wir sparen Zeit beim Essen, indem wir fast oder convenient – bequemes – food in uns hineinstopfen. Und die Produktion dieses Essens beschleunigen wir immer weiter, indem wir beispielsweise Turbo-Mais züchten und die Mastzyklen von Hühnern, Schweinen, Rindern stetig verkürzen. So ist der Weg des Hühnchens von der Schale bis zur Nugget-Fritteuse inzwischen wenig länger als 30 Tage, aber da geht noch was, wir optimieren weiter.

Wir sparen Zeit im Umgang mit anderen Menschen, indem wir uns mit ihnen nicht erst kompliziert verabreden, sie irgendwo treffen und dann womöglich noch stundenlang mit ihnen reden. Das geht viel einfacher über WhatsApp oder Twitter, die uns auch gelehrt haben, unsere Sprachprozesse zu verkürzen: Tippen wir »rofl« (rolling on floor laughing), »omfg« (oh my fucking god) oder »n1« (nice one) und schicken dann noch ein putziges »Emoticon« hinterher, weiß jeder, was gemeint ist und wie es uns geht.

Wir sparen Zeit auf der Arbeit, wo Controller und Unternehmensberater längst jeden unserer Prozesse dem höchsten Effizienzstandard unterworfen haben. Und viele von uns arbeiten ja auch, theoretisch, nur noch 35 Stunden die Woche – ein

Witz, wenn man bedenkt, dass unsere Vorfahren vor genau 100 Jahren noch 57 Stunden malochten. Was wiederum lächerlich wenig war im Vergleich zu 1825, als es die Menschen auf sage und schreibe 82 Wochenarbeitsstunden brachten.

Wir sparen Zeit an der Supermarktkasse, die wir inzwischen selbst bedienen. Wir sparen Zeit in der Liebe, der sich immer mehr von uns über »speed dating« oder Partnerbörsen im Internet nähern, wo potentielle Traumfrauen und -männer von geheimnisvollen Algorithmen für uns vorsortiert wurden. Wir sparen Zeit beim Entspannen, indem wir statt eineinhalb Stunden Yoga 20 Minuten »Power Yoga« machen. Wir sparen Zeit beim Beten, indem wir Kurzandachten besuchen oder rasch an der Autobahnkirche Rast machen. Und selbst nach dem Tod haben wir nichts zu vergeuden und ersparen unseren Hinterbliebenen durch drive-through-funerals jede Menge kostbare Zeit.

So horten wir Stunde um Stunde. Und trotzdem ist unser Zeitkonto permanent überzogen. Wie am Ende des Geldes immer noch so viel Monat übrig ist, ist am Ende der Zeit immer noch so viel zu erledigen. Fast allen von uns geht es wie dem Filmemacher und Autor Florian Opitz, der in seinem Buch *Speed* schreibt: »Ich würde gerne sagen können, wohin sich meine Zeit verflüchtigt. Aber ich kann es nicht. Ich merke nur, dass ich nie genügend davon habe. Ich fühle mich wie ein Getriebener. Aber wovon? Auch das kann ich leider nicht genau sagen. Meine Tage kommen mir vor wie ein einziger Wettlauf gegen die Uhr. Den Startschuss dieses Wettrennens gibt entweder der Wecker oder unser Sohn Anton. Und ab dann renne ich. Bis ich abends wieder müde ins Bett falle. Dazwischen hetze ich durch einen Tagesordnungspunkt nach dem anderen. Mails checken vor dem Frühstück, Frühstück machen, Anton wickeln und anziehen, noch mal Mails checken, Anton in die Kita bringen, ins Büro oder in den Schneideraum fahren. Auf dem Weg dahin beim Radfahren die wichtigsten Telefonate erledigen, im Büro sofort wieder ins Netz und Mails checken, telefonieren, ein ziemlich unrealistisches Arbeitspensum abarbeiten, Mails checken und beantworten, dazwischen immer wieder Spiegel Online, Mittagessen im Stehen, und dann ist es gerade mal 13.00 Uhr. Ständig auf dem Handy erreichbar und immer im Netz, frage ich mich manchmal, ob ich inzwischen verhaltensauffällig geworden bin«.[5]

Was Opitz da beschreibt, ist der Normalzustand des Durchschnittsmenschen, sofern er in einem »entwickelten« Land zu leben das Privileg hat. Auf den Straßen und Plätzen in Berlin, Hamburg, München und Dresden trifft man immer seltener auf Mitbürger, die einfach nur auf einer Parkbank sitzen und ihren Gedanken nachhängen, ziellos umherschlendern oder sich mit anderen angeregt unterhalten. In dieser Hinsicht verhaltensauffällig ist lediglich eine kleine Gruppe Zwangsentschleunigter – zumeist Arbeitslose oder anderweitig durchs Zeitraster Gefallene –, die nicht im Stechschritt über die Bürgersteige marschiert, nicht ohne Unterlass ins Headset brabbelt, nicht in Schlangenlinien Rad fährt und dabei Textnachrichten ins Handy tippt, die absolut keinen Aufschub dulden.

Die große Mehrheit folgt dem Motto, das der Vorstandschef von Microsoft, Steve Ballmer, im Jahr 2013 auf einer Entwicklungskonferenz seines Unternehmens ausgegeben hat: »Schneller! Schneller! Schneller! Schneller!« Aber so sehr wir auch rennen, wir kommen doch nie an. Ja, komischer noch: Irgendwie scheint unser Ziel, sofern wir denn eines haben, in immer weitere Ferne zu rücken. In empirischen Studien klagt inzwischen die Hälfte der Menschen in Deutschland darüber, unter chronischem Zeitmangel zu leiden, und von Umfrage zu Umfrage werden es mehr. »Das Gefühl der Zeitnot wird von vielen sogar als extreme psychische Belastung wahrgenommen, selbst vier von fünf Kindern in Deutschland geben schon an, unter Zeitdruck zu leiden«.[6]

Wie kann das sein?

Kurz vorm Zeitinfarkt

Das seltsame Paradox, immer mehr Zeit zu sparen und immer weniger zu haben, lässt sich im Prinzip einfach erklären. Je mehr wir unsere Alltagsprozesse optimieren, desto größer wird die Zahl unserer Handlungsoptionen. Nehmen wir als Beispiel das Reisen: Zu Zeiten der Postkutsche war etwa eine Fahrt nach Italien eine zeitlich wie finanziell kostspielige Angelegenheit, die sich nur wenige, und das auch nur selten, leisten konnten. Zu Zeiten von Easyjet dagegen liegt Rom gleich um die nächste Ecke, ist Abu Dhabi einen Katzensprung entfernt und selbst Vanuatu kein unerreichbares Traumziel mehr. Zugleich bringen auch mehrere Flugreisen im Jahr eine Vielzahl von Menschen nicht mehr an den Rand des finanziellen Ruins. Jedes Land, jede Region, jeder Berggipfel ist inzwischen relativ mühelos zu erreichen, die Zahl der möglichen Reiserouten daher ins Unermessliche gestiegen. Schon ist manchem die Welt nicht mehr genug – Weltraumtourismus daher allen Ernstes eine nicht mehr weit entfernte Option.

Mit der wachsenden Auswahl aber steigt in einer Zeit, in der »Alles! Immer!« die dominierende Maxime ist, die Notwendigkeit, sich ranzuhalten – wenn man vor dem Eintreffen von Arthrose und Gicht den Kilimandscharo erklommen, die Anden überquert und den Ärmelkanal durchschwommen haben will.

Ganz ähnlich ergeht es uns mit dem technischen Fortschritt, der uns den Alltag scheinbar von Jahr zu Jahr erleichtert. Aber tut er das wirklich? Der Soziologe Hartmut Rosa hat so seine Zweifel, er illustriert sie in seinem Buch *Beschleunigung und Entfremdung* am Beispiel der digitalen Kommunikation: »Nehmen wir an, dass das Schreiben einer E-Mail etwa doppelt so schnell geht wie das Schreiben eines konventionellen Briefs. Nehmen wir weiterhin an, dass Sie 1990 durchschnittlich zehn Briefe pro Arbeitstag geschrieben und erhalten haben, für die Sie insgesamt zwei Arbeitsstunden benötigten. Mit der Einführung der neuen Technologie würden Sie nur noch eine Stunde für Ihre tägliche Korrespondenz benötigen, wenn die Zahl der gesendeten und erhaltenen Nachrichten konstant bliebe. Dann hätten Sie eine Stunde an ›freier Zeit‹ gewonnen, die Sie für etwas anderes verwenden können. Ist das Ihre Situation? Ich würde darauf wetten, dass etwas anderes passiert ist. Wenn sich die Anzahl der von Ihnen versendeten und erhaltenen Nachrichten verdoppelt hätte, dann würden Sie dieselbe Zeit für das Abarbeiten ihrer täglichen Korrespondenz benötigen. Ich vermute jedoch, dass Sie inzwischen 40, 50 oder gar 70 E-Mails pro Tag lesen und schreiben. Daher benötigen Sie weitaus mehr Zeit für Kommunikation als vor der Erfindung des Internets. Und tatsächlich ist dasselbe schon einmal vor einem Jahrhundert bei der Einführung des Autos passiert und etwas später bei der Erfindung der Waschmaschine«.[7]

Die Beschleunigung technischer Prozesse führt also mitnichten dazu, dass wir mehr Zeit für uns gewinnen. Sich auszuruhen, nachzudenken, zur Besinnung zu kommen sind keine Kategorien, die sich in Geldwert beziffern lassen, sie tragen nichts zur Wertschöpfung eines Unternehmens bei – zumindest nicht dergestalt, dass man den Effekt in Excel-Tabellen darstellen könnte. »Time is money«: Der von Benjamin Franklin geprägte Begriff bestimmt unser Arbeitsleben, alle Beschleunigungsprozesse dienen einzig dem Zweck der Gewinnmaximierung. »Viele fühlen sich dem Druck ausgesetzt, in der gleichen Zeit immer mehr erledigen zu müssen«, sagt der Zeitforscher Karlheinz Geißler. Längst sei ein Tempo erreicht, »das über die Grenzen und Maße der Belastungs- und Leistungsfähigkeit hinausgeht«. Geißlers Rat: »Enthetzt Euch!«.[8]

Dem folgt aber keiner. Stattdessen hasten wir schnappatmend auch durch unsere Freizeit, die allen Segnungen der Moderne zum Trotz ebenfalls immer enger bemessen ist. Folgt man dem »Freizeitmonitor« der Stiftung für Zukunftsfragen, dann hatten die Deutschen im Jahr 2010 noch vier Stunden und drei Minuten freie Zeit täglich – drei Jahre später waren es noch drei Stunden und 49 Minuten. Tendenz fallend. Besonders drastisch zeigte sich der Verlust von Eigenzeit bei Jugendlichen, denen binnen dreier Jahre mehr als eine Dreiviertelstunde täglich abhandenkam.[9]

Es gibt eben einfach zu viel zu tun. Und weil das ja doch irgendwie stressig ist, müssen wir zwischendurch noch schnell ein paar Ratgeber lesen, wie das mit der Zeit besser zu managen ist. *Don't hurry, be happy*, *Mehr Zeit für das Wesentliche*, *Simplify your life* heißen die Bücher, die eine Markt- und Zeitlücke gefüllt haben. Und wem das nicht reicht, der kann in einem schicken Hotel irgendwo in den Bergen ein »Entschleunigungs-« oder »Do-nothing-Wochenende« buchen, Zeitlupenseminare oder

Business-Qigong-Kurse besuchen, sich ayurvedisch ertüchtigen oder von einem Coach Effizienztipps geben lassen. Was dagegen gar nicht geht, ist einfach mal nichts zu tun. Zeit zu »nutzen« ist ein Muss, sie einfach vergehen zu lassen, ein Vergehen.

Wieso wir auch dann, wenn uns keiner dazu zwingt, nicht lockerlassen können und stattdessen das jetzt schon irrsinnige Tempo immer weiter erhöhen, hat nach Ansicht des Soziologen Rosa einen weiteren Grund in der zunehmenden Säkularisierung westlicher Gesellschaften. Da heute kaum noch jemand an Jenseits oder Wiedergeburt glaube, sei auch die Vorstellung obsolet geworden, es im nächsten Leben anders oder besser machen zu können. Stattdessen ahne der moderne Mensch, dass er alles, was er erledigen will, in 70, 80, 90 Jahren geschafft haben muss. So werde Beschleunigung zum »Ewigkeitsersatz«. Blöd nur, dass dieses »Alles«, das es zu erledigen gilt, immer mehr wird. »Es muss kaum darauf hingewiesen werden, dass diese Vorstellung ihr Versprechen leider nicht einlösen kann«, schreibt deshalb Rosa. »Dieselben Techniken, die uns dabei helfen, Zeit zu sparen, führen zu einer Explosion der Weltoptionen. Ganz egal, wie schnell wir werden, unser Anteil an der Welt, also das Verhältnis der realisierten Optionen und der gemachten Erfahrungen zu denjenigen, die wir verpasst haben, wird nicht größer, sondern konstant kleiner. Man könnte hierin eine der Tragödien des modernen Menschen sehen: Während er den Eindruck hat, in einem unbarmherzigen Hamsterrad gefangen zu sein, wird sein Lebens- und Welthunger nicht befriedigt, sondern zunehmend frustriert«.[10]

Was aber trotzdem niemanden daran hindert, es wenigstens mal zu probieren. Deshalb drücken wir alle immer mehr auf die Tube, unterteilen unseren Alltag in immer kleinere Zeithäppchen, sind überall und nirgends zugleich, hinken ständig unseren eigenen realitätsfernen Ansprüchen hinterher und stressen uns mit »Deadlines«, die bisweilen sogar im Wortsinne welche sind. Der Herzinfarkt, sagt Zeitforscher Geißler, sei in vielen Fällen tatsächlich ein Zeitinfarkt.

Dass der nicht noch viel mehr Menschen ereilt, liegt daran, dass wir von Natur ganz gut darin sind, uns lebensfeindlichen Bedingungen anzupassen. Unerträglich langsam käme uns Heutigen etwa eine Bach-Sonate vor, würde sie im normalen Tempo des 18. Jahrhunderts gespielt werden. Das Schnitttempo in Filmen wie der *Bourne*-Trilogie hätte Menschen noch vor 30 Jahren in Scharen aus den Kinos und vor die Kloschüsseln getrieben. Fußballübertragungen wie jene der WM 1974, mit ihren endlos-monotonen Aufzählungen – Beckenbauer, Breitner, Netzer, Beckenbauer, Overath … – wirken auf Fernsehzuschauer des 21. Jahrhunderts wie radikalentschleunigte Realsatire. Wir verschieben die Grenzen unserer Beschleunigungsfähigkeit von Jahr zu Jahr. Die Frage allerdings ist: Geht das immer so weiter? Und sollten wir das wollen?

Was bei all dem Gehetze nämlich zusehends verlorengeht, ist unsere Fähigkeit, komplexe Zusammenhänge zu erkennen, nachzudenken, zu verstehen. Das mörderische Tempo hält sich selbst am Laufen, man müsste sich mal fragen, wofür das Ganze, aber das hieße zu verlieren – nämlich Zeit. Und so geraten wir in einen bedenklichen Strudel: Weil die Dinge für uns immer schneller und immer komplizierter werden, haben wir immer weniger Zeit, sie zu begreifen. Und weil wir immer weniger Zeit haben, die Dinge zu begreifen, werden sie immer komplizierter. Kein Mensch kann heute etwa noch ernsthaft behaupten, er verstünde, was bei internationalen Börsengeschäften im Einzelnen vor sich geht, deren Tempo sich in den vergangenen Jahren vertausendfacht hat. Transaktionen finden automatisiert und weltumspannend in Mikrosekunden statt, mit realen Auswirkungen, die verheerend sein können und in den vergangenen Jahren auch waren. Wer kontrolliert sie? Die Politik? Wohl kaum.

Als 2008 das globale Bankensystem kollabierte, mussten Regierende weltweit binnen Tagen entscheiden, ob und wie sie die zumeist privatwirtschaftlichen Institute retten wollten. Auch in Deutschland ging es um hunderte Milliarden Euro. Das Parlament winkte die Rettungsaktion schließlich durch. Gleichzeitig räumten etliche Abgeordnete ein, dass sie die notwendigen Unterlagen zum Teil gar nicht gelesen und wenn, dann nicht mal in Ansätzen verstanden hatten.

Vermutlich ist der Erfolg der Christdemokratin Angela Merkel, die im zehnten Jahr ihrer Kanzlerschaft so unangefochten ist wie im ersten, auf eine ihrer herausragenden Eigenschaften zurückzuführen: Niemand im politischen Betrieb Deutschlands versteht es besser, in hektischen Zeiten Ruhe auszustrahlen und das trügerische Gefühl zu vermitteln, die Lage im Griff zu haben. Ob sie das wirklich hat, ist nicht mehr ausschlaggebend. Hauptsache, das Volk denkt, dass es so ist. Sicheres Auftreten in Unkenntnis der Sachlage ist inzwischen ein Erfolgsmodell, das von etlichen smarten Jungpolitikern für einen raschen Aufstieg genutzt wird.

»Eigentlich bräuchte die Politik mehr Momente der Entschleunigung, Reflexionsschleifen, um über grundlegende Entscheidungen nachzudenken«, sagt der Präsident des Bundesverfassungsgerichts, Andreas Voßkuhle.[11] Aber weil sie die nicht hat, wird in Berlin und anderen Hauptstädten Politik inzwischen nur mehr simuliert, ist der Streit zwischen Politikern offenbar endlos wichtiger als der Widerstreit von Interessen, jazzen fast alle Medien das dröge Geschäft des Regierens regelmäßig zum Western-Showdown hoch: Wer gegen wen? Wer sind die Guten, wer die Bösen? Und wer steht am Ende noch? Das Ergebnis ist »eine lagerübergreifende Weigerung, in Alternativen zu denken und diese in den gesellschaftlichen Debatten sichtbar werden zu lassen«.[12]

Gedacht war das mal anders. Demokratie bedeutet eigentlich: sich Zeit zu nehmen für das Abwägen unterschiedlicher Interessen, den Austausch von Argumenten. Es ist ein mühsamer, aufwendiger und langwieriger Prozess, Wahlen abzuhalten, Menschen zu gewinnen, Entscheidungen zu treffen und zu erklären. Demokratie brauche eine »menschenmögliche Geschwindigkeit, und die gibt es nicht mehr«, sagt der ehemalige Vizekanzler Franz Müntefering. »Wenn ein Parlament keine Zeit mehr hat zu diskutieren, zu befragen, auch mal nachzudenken und dann zur Entscheidung zu kommen, wenn das alles nicht mehr geht, dann werden die autokratischen Systeme gewinnen, die auf niemanden Rücksicht nehmen«.[13] Auf einem G8-Gipfel, so der Sozialdemokrat, habe mal ein russischer Kollege zu ihm gesagt: »Wir gewinnen. Weil wir schneller sind.«

Aber der Westen hat längst dazugelernt und drückt in allen Lebensbereichen weiter aufs Tempo. Die Politik beschleunigt sich und lässt dabei immer mehr Menschen auf der Strecke. Die Medien fügen sich dem Echtzeitterror und generieren Nachrichten, noch bevor es welche gibt. Die Wirtschaft erfindet Dinge neu, noch bevor die alten ausgereift sind. Wer das neue iPhone 5 ergattert hat, kann sich im Applestore gleich wieder hinten anstellen – bis er dran kommt, gibt es schon das iPhone 6. Mode- und Trendzyklen werden immer kürzer. Das neue Jahrtausend sah bereits ein Revival der 70er, 80er und 90er Jahre und kann sich jetzt nur noch selbst einholen.

Der Mensch stößt an seine Grenzen und sucht sie ständig zu erweitern – mit Pillen, Neuro-Enhancern, Implantaten. Auf die Idee, das Hamsterrad zu stoppen, kommt anscheinend niemand mehr. Der gehetzte Mensch sorgt einzig und allein dafür, dass ihm nicht vorzeitig die Puste ausgeht. Mit allen erdenklichen Mitteln. So registriert etwa das Bundeskriminalamt seit Jahren mit Erstaunen, dass in Deutschland immer weniger Heroin sichergestellt wird, während der Konsum von Crystal Meth immer weiter durch die Decke geht. Als zerstörerischer Wachmacher und Leistungssteigerer ist der Chemiecocktail offenbar die Droge zur Zeit.

Beschleunigung, sagt Hartmut Rosa, sei eine neue, abstrakte Form des Totalitarismus: Sie durchdringe alle Lebensbereiche, übe Druck auf jeden Einzelnen aus, es sei nahezu unmöglich, sie zu bekämpfen. Dabei, so der Soziologe, dürfe doch nicht immer wieder die Frage sein, »wie viel Geschwindigkeit wir irgendwie erreichen können«. Die Frage müsse lauten: »Wie viel Geschwindigkeit ist gut für ein gutes Leben?«[14]

Langsam, aber sicher

Diese Frage ist, zugegebenermaßen, nicht neu. Aber sie wurde zu unterschiedlichen Zeiten erstaunlich unterschiedlich beantwortet. Zu Sokrates' Zeiten galt die Muße als »Schwester der Freiheit«. Im Gegensatz zum Arbeitssklaven war der Müßiggänger ein schöpferischer Mensch, frei im Denken und in der Lage, sich in aller Ruhe philosophisch und wissenschaftlich zu betätigen.

Muße, der Begriff stammt vom althochdeutschen »muoza« ab, er bedeutet Gelegenheit, Möglichkeit. Die Möglichkeit, sich frei von permanenten Zwängen zu entfalten. Müßig zu sein im ursprünglichen Sinne hieß nicht, nichts zu tun, sondern sich ohne Fremdbestimmung wichtigen Dingen widmen zu können. Lange Zeit war das eine gesellschaftlich anerkannte Tätigkeit. Dann kam Luther.

»Von Ledig- und Müßiggehen kommen die Leute um Leib und Leben«, befand der Reformator. Und: »Der Mensch ist zum Arbeiten geboren wie der Vogel zum Fliegen.« Die Muße widmete Luther kurzerhand zur Sünde um, »Acedia« (Trägheit) machte als eines der sieben Hauptlaster im europäischen Mönchtum Karriere. Dabei blieb es. Die protestantische Ethik, urteilte Max Weber, sei zu einer wesentlichen Grundlage des Frühkapitalismus geworden. In dessen späterer Ausprägung hieß es »Run, Forest! Run!«. Oder in den Worten des sozialdemokratischen Lutherianers Gerhard Schröder: »Es gibt kein Recht auf Faulheit.« Womit die Muße endgültig auf eine Stufe mit Dämmerschlaf, Prekariatsfernsehen und Sozialschmarotzertum degradiert worden war.

Wer heute etwas auf sich hält, rennt bis zur Besinnungslosigkeit.

Allmählich jedoch dämmert einer wachsenden Zahl von Menschen, was beim ziellosen Rumhetzen so alles auf der Strecke bleibt: Genuss, Erkenntnis, Freundschaften, die eigene Gesundheit, Spaß und die Möglichkeit, sich über das Woher und das Wohin beizeiten den einen oder anderen Gedanken machen zu können. Beschleunigung ist ein schaler Selbstzweck. Natürlich hat sie ihre Vorteile. Der Herzinfarktpatient wird es dem Notarzt danken, wenn dieser nicht per pedes zur Hilfe eilt;

rückte die Feuerwehr wieder per Kutsche aus, wäre das hübsch anzusehen, unsere Bude wäre hernach allerdings abgefackelt. Aber muss auch in unserm Alltag der Alarmzustand Normalzustand sein? »Problematisch ist, dass wir öfters zu schnell sind, zu schnell leben, fahren, sprechen, arbeiten, lieben«, sagt der Zeitforscher Geißler. »Dieses zu Schnelle gilt es abzubauen und zu vermeiden«.[15]

Das Tempo drosseln: Der österreichische Künstler Hannes Langeder nimmt das durchaus wörtlich. Im Jahr 2012 präsentierte der Mann aus Linz der Öffentlichkeit das mutmaßlich langsamste Auto der Welt. Langeder hatte gelesen, dass Ferrari an einem pfeilschnellen Supermodell arbeite – dem setzte er kurzerhand seinen »Fahrradi Farfalle FFX« entgegen: ein läppisches Zweirad mit Sportwagen-Karosserie und ultralangsamer Übersetzung. Den Zusatznamen »Farfalle« (Schmetterling) verdiente sich der Drahtesel im Bolidenpelz durch einen Umlenkmechanismus, mit dem sich während der Fahrt die Flügeltüren bewegen lassen, wodurch das ganze Gefährt wirkt, als wolle es quasi aus dem Stand abheben.

Nicht jeder, sagt Langeder, habe den Gedanken dahinter auf die Schnelle begriffen. Mitfahrer hätten sich bemüßigt gefühlt, besonders heftig in die Pedale zu treten. Spätestens beim Bergauffahren habe sich das aber von selbst wieder reguliert. Das sei ja der »Knackpunkt«, so der Künstler – »etwas der Zeit entgegenzusetzen. Man ist heutzutage ja ständig in einem totalen Wirbel drinnen, mein Auto ist ein Gegenpol dazu«.[16]

»Langsamkeit sollte eine Dimension unseres Lebens darstellen«, findet auch der italienische Journalist und Soziologe Carlo Petrini, der 1986 die bis heute erfolgreichste Anti-Hetz-Kampagne ins Leben rief. Seinerzeit demonstrierten Tausende Menschen in Rom gegen die Eröffnung einer McDonald's-Filiale an der Spanischen Treppe. Um der Fast-Food-Seuche etwas entgegenzusetzen, lud Petrini zu einem öffentlichen Spaghetti-Essen in die Mitte Roms. Zuvor hatte er in seiner piemontesischen Heimatstadt Bra bereits den Verein »Arcigola« gegründet, dessen vordringliche Agenda: genuss- und verantwortungsvolles Essen. Drei Jahre später, im Dezember 1989, entstand daraus die Slow-Food-Bewegung, die heute weltweit rund 80 000 Mitglieder zählt und weit mehr ist als ein Klub von Feinschmeckern, der kulinarische Erlebnisse ohne Reue und Hetze propagiert.

Essen, so Petrini, sollte gut, sauber und fair produziert sein. Die Bewegung, deren Symbol eine Weinbergschnecke ist, streitet für die Förderung und den Erhalt regional produzierter Lebensmittel und für Artenvielfalt, für eine Nahrungsproduktion, die Rücksicht auf Umwelt und Natur nimmt, und gegen die Ausbeutung von Kleinbauern. Die Slow-Food-Doktrin besagt, dass jeder Mensch ein Recht auf Genuss hat und dass Qualität ihre Zeit braucht. Und das, sagt Petrini, gelte längst nicht nur für unser Essverhalten. Im Gründungsdokument von Slow Food heißt es denn auch: »Wir sind alle von einem Virus befallen: ›Fast Life!‹ Unsere Lebensformen sind umgestürzt, unser häusliches Dasein betroffen – nichts kann sich der ›Fastfood-Bewegung‹ entziehen. Aber der Homo sapiens muss sich von einer ihn vernichtenden Beschleunigung befreien und zu einer ihm gemäßen Lebensführung zurückkehren. Es geht darum, das Geruhsame, Sinnliche gegen die universelle Bedrohung des ›Fast Life‹ zu verteidigen. Gegen diejenigen – sie sind noch die schweigende Mehrheit –, die die Effizienz mit Hektik verwechseln, setzen wir den Bazillus des Genusses und der Gemütlichkeit (…)«.[17]

Und es scheint fast, als ginge die Saat allmählich auf. Tatsächlich hat die Slow-Food-Bewegung seit den 1990er Jahren zahllose Menschen zum Nachahmen inspiriert. Es gibt inzwischen Slow Citys, deren Ziel es ist, Autos und Filialen von Supermarktketten aus der Innenstadt zu verbannen, alte Stadtstrukturen zu erhalten und die Lebensräume mit einem Netz von Spazierwegen zu verbinden. Das Ziel: eine Rückkehr zu mehr Muße. Vor allem in Italien haben sich etliche Städte eine Entschleunigung verordnet, in Deutschland ließ sich Hersbruck als erste Slow City registrieren, neun weitere Gemeinden folgten.

Die Slow-Bewegung (www.slowmovement.com) kriecht derweil in immer mehr Alltagsbereiche. Sie wirbt für die Ausrottung von »Zeitarmut« und propagiert Slow Travel, Slow Money, Slow Living. Es gibt auch ein »Slow-E-Mail-Movement«, das dafür wirbt, nur noch zweimal am Tag E-Mails zu lesen und sich so Lebenszeit zurückzuholen. Wobei die Bewegung, passend zum Namen, eher ein Schleichen ist und in der Regel an praktischen Gründen scheitert. Sogar für Slow Sex können sich manche Menschen inzwischen erwärmen. Dabei geht es um Lusterlebnisse, die im Orgasmus nicht den Höhe-, sondern allenfalls den Endpunkt einer stundenlangen Beschäftigung mit dem Körper sehen. Man glaube gar nicht, was es dabei alles zu entdecken gebe, sagt die Sexualforscherin Diane Richardson. Der Mann müsse beim Slow Sex nicht einmal eine Erektion haben, zumindest nicht die ganze Zeit. »Wenn der Penis rausrutscht, schieben Sie ihn wieder rein«.[18]

Langsam, aber sicher scheint sich zumindest ein Teil des gestressten Weltbürgertums von der ewigen, zermürbenden Hektik abzuwenden und den Müßiggang als Fortbewegungsart wiederzuentdecken. Ein Indiz dafür ist auch der verblüffende Erfolg der Zeitschrift *Landlust*, die Mitte 2012 erstmals eine

Auflage von einer Million übertraf und damit häufiger gelesen wurde als der *Spiegel*. Den gehetzten Städter zieht es, zumindest in der Theorie, raus aus dem Überfluss an Reizen, Wahlmöglichkeiten, Kaufoptionen, rein ins Land, wo er Erholung und Gemächlichkeit zu wittern meint. Oder er holt sich das Land in die Stadt, züchtet Bienen auf dem Mietskasernendach und beackert Brachen mit derartiger Hingabe, dass im Handumdrehen blühende Kleinstlandschaften daraus werden. Der Trend zum Urban Gardening, schreibt Christa Müller, sei auch Ausdruck der Hoffnung, »dass die Stadt selbst sich der grünen, geerdeten Lebensweise im Garten anverwandeln und sich in Entschleunigung, Kontemplation und dem Genuss der lokalen Vielfalt üben möge«.[19] Schließlich seien die Kultivierung des Bodens und die Kultivierung des Geistes »wesensgleiche und nicht nur ähnliche Tätigkeiten«.

Die Entdeckung der Langsamkeit, sagt auch Martin Liebmann vom »Verein zur Verzögerung der Zeit«, habe aus ihm zwar keinen neuen, aber doch einen zufriedeneren Menschen gemacht. Er hat heute nicht mehr drei, sondern fünf Kinder und trotzdem mehr Zeit als früher. Er hat sich angewöhnt, Dinge, die ihm wichtig sind, hintereinander und nicht mehr gleichzeitig zu erledigen – und dabei festgestellt, dass ihm viele Dinge gar nicht mehr so wichtig sind. Er hat seinen Alltag ausgemistet und dabei durchaus auch einige Menschen vor den Kopf gestoßen, von denen er sich entfremdet hat. Wenn die ihn früher fragten, ob er nicht mal ein Bier trinken oder essen gehen wolle, sagte er entweder missmutig zu oder erfand eine Ausrede, meistens »Ich hab' keine Zeit«. Jetzt sagt er wahrheitsgemäß: »Ich hab' keine Lust«. Manche vermeintliche Freundschaften haben sich so von selbst erledigt.

Manchmal, vor allem bei der Arbeit, fällt er noch in den alten Rhythmus zurück. Dann zeigt er sich oder seinen Kunden die »Gelbe Zeitkarte« und verweist auf die Statuten seines Vereins. Jedes Mitglied, steht dort, möge »zum Nachdenken auffordern, wo blinder Aktivismus und partikuläres Interesse Scheinlösungen produzieren«. Es sei verblüffend, wie viele unnütze Automatismen man sich im Lauf der Jahre angewöhnt habe, sagt Liebmann. Mehr Zeit sei der Schlüssel zu einem glücklicheren Leben.

Ausnahmen bestätigen dabei die Regel. Dem australischen Wissenschaftler John Mainstone zum Beispiel kann beim besten Willen niemand Hektik vorwerfen. Mehr als fünfzig Jahre lang betreute der Physiker an der Universität von Queensland in Brisbane den langsamsten Laborversuch der Welt. Dort wollte man beweisen, dass Pech sich zwar anfühlt wie ein Feststoff, tatsächlich aber über die Eigenschaft einer Flüssigkeit verfüge. Die Forscher füllten den schwarzen, übelriechenden Stoff dazu in einen Glastrichter, danach dauerte es allein drei Jahre, bis das Pech sich gesetzt hatte. Weitere acht Jahre später fiel der erste Tropfen, danach in 8- bis 10-Jahres-Rhythmen die nächsten.

Wiewohl John Mainstone seit 1961 das Experiment betreute, war es ihm nie vergönnt, einen Tropfen fallen zu sehen. Einmal befand er sich auf Dienstreise, einmal hatte man zwar eine Webcam installiert, die aber just am Tag des Tropfenfalls den Dienst quittierte. 2013 wagte Mainstone die Voraussage, dass es noch vor Jahresende wieder mal so weit sein würde. Aber bevor der nächste Tropfen fiel, starb er an einem Herzinfarkt.

In seinem Fall kann man sagen: Er hat sich wirklich Zeit gelassen. Aber erst hatte er kein Glück. Und dann kam noch kein Pech dazu.

SCHLUSS

»Fuck off, I'm full.«

Mr. Creosote, in: »Der Sinn des Lebens«

Als er dann gewählt war, zog sich Jorge Mario Bergoglio in die Kammer der Tränen zurück. Zum ersten Mal streifte er die weiße Soutane über und machte sich bereit, um sich der Öffentlichkeit zu zeigen. In diesem Moment soll Guido Marini, der Chefzeremoniar des Vatikan, die rote Mozetta herbeigeschafft haben, um sie Bergoglio überzustreifen: ein rotes, mit Kaninchenfell besetztes Schultermäntelchen. Der Argentinier lehnte ab. »Die können Sie anziehen«, soll er den Zeremonienmeister beschieden haben. Und: »Der Karneval ist jetzt vorbei.« Es war der 13. März 2013. Die Katholiken hatten einen neuen Papst.

Ob die Kardinäle wussten, wen genau sie da zum obersten Hirten bestimmt hatten? Zwar war der Jesuit aus Buenos Aires schon früher durch etwas schrullige Anwandlungen aufgefallen. Als Bischof hatte er gegen obszönen Reichtum gewettert und war gerne mal unangemeldet in Slums aufgetaucht. Die Kirche, so Bergoglio, solle eine Kirche der Armen sein. Schön und gut. Von der Kanzel herab hatten das schon ganz andere so oder ähnlich gepredigt. Aber wer konnte denn ahnen, dass es dieser 76-Jährige, der sich fortan Franziskus nannte, plötzlich ernst meinen würde?

Was seither geschah, ist in der jüngeren Geschichte der katholischen Kirche ohne Beispiel. Selten hat ein Papst seinen eigenen Apparat in so kurzer Zeit so gründlich Demut gelehrt. Wo unter Franziskus' Vorgänger Benedikt XVI. Hochfeste der Kirche zu üppig-barocken Zeremonien mit einem Übermaß an Gold, Seide und Brokat wurden, wo Benedikt selbst nie zögerte, den Reichtum des Vatikan in seiner Kleiderwahl zu spiegeln, hat Franziskus die Schlichtheit zum Programm erkoren. Er blieb nach seiner Wahl kurzerhand im Gästehaus Santa Marta wohnen und geht zu Fuß zum Apostolischen Palast. Er bewohnt weiterhin nur zwei Zimmer und stellt sich im Speisesaal wie alle anderen am Selbstbedienungsbuffet an, was schon allein deshalb erstaunlich ist, weil man unter Selbstbedienung im Vatikan bislang etwas anderes verstand. Er hat in der Sixtinischen Kapelle wieder den Volksaltar aufstellen lassen, um die Messe zur Gemeinde gewandt feiern zu können. Er holte sich, unerhört, sogar Laien als Berater in den Vatikan.

Seither geht es Schlag auf Schlag. Im Juni 2013, zum Weltumwelttag der Vereinten Nationen, forderte Franziskus, »der Verschwendung und Vernichtung von Lebensmitteln Einhalt zu gebieten«. In unserer »Wegwerfkultur« regiere das Geld, nicht der Mensch. Im Juli 2013, nachdem wieder einmal Hunderte Flüchtlinge vor Lampedusa ertrunken waren und die europäische Politik es wieder einmal mit Gleichmut quittierte, flog der Papst auf die italienische Insel. Er wählte die Reste eines Schiffsrumpfs als Altar und klagte die »Globalisierung der Gleichgültigkeit« an. Wer Hilfesuchende ihrem Schicksal überlasse, der töte. Im Oktober 2013 prangerte er bei einem Besuch in Assisi die Scheinheiligkeit zahlloser Glaubensgenossen an: Menschen, die nicht zum Verzicht bereit seien, nannte er »Zuckerbäcker-Christen mit schönen Torten, aber keine wahren Christen«. Im November

2013 schließlich veröffentlichte er sein erstes Apostolisches Schreiben, »Evangelii Gaudium«, in dem er das gesellschaftliche und wirtschaftliche System in entwickelten Ländern als »an der Wurzel ungerecht« bezeichnete. Der Mensch selbst sei zum Konsumgut geworden, das, sobald es nutzlos sei, weggeworfen werde. Franziskus' Fazit: »Diese Wirtschaft tötet«.[1]

Man muss kein Freund der katholischen Kirche sein, um festzustellen: Hier ist ein alter Mann dabei, eine über Jahrhunderte verkrustete Institution von innen heraus aufzusprengen. Und das Verblüffende ist: Von allen Seiten, sogar aus der Ecke der Agnostiker, hagelt es Beifall. Als US-Präsident Barack Obama im Frühjahr 2014 den Vatikan besuchte, da war es, als gebe ein vermeintlicher Heilsbringer den Staffelstab an den nächsten weiter. Franziskus, so scheint es, hat den Zeitgeist getroffen, und viele sind deshalb wild entschlossen, darüber hinwegzusehen, dass er noch immer einem erzkonservativen Eliteklub vorsteht. Zumal in Deutschland, wo es längst eine erkleckliche Zahl von Franziskus-Fanklubs gibt. Selbst die hiesigen katholischen Bischöfe, auch nicht eben die Speerspitze der Systemkritik, fühlten sich inzwischen bemüßigt, ihrem radikalen Oberhirten auf ihre Weise nachzueifern. Im Februar 2014 – der Skandal um Limburgs Luxus-Bischof Tebartz-van Elst hatte sich gerade gelegt – veröffentlichten sie gemeinsam mit der Evangelischen Kirche Deutschlands eine Sozialinitiative. Darin prangerten sie, holzig zwar, aber immerhin, »Gier und Maßlosigkeit« in der Gesellschaft an.[2]

Seltsam irgendwie: Die Katholiken machen mobil gegen Prunk, Uli Hoeneß sitzt im Gefängnis, die FDP nähert sich dem Niveau der Yogischen Flieger und selbst der ADAC ist nicht mehr heilig. Was ist nur los mit uns? Es scheint fast, als komme in unserer Gesellschaft etwas in Bewegung.

Die Ökonomie, sagt der Wirtschaftswissenschaftler Tomáš Sedláček, sei auch nur »ein Glaube wie jeder andere«.[3] Aber einer, den die meisten von uns in den vergangenen Jahrzehnten unbeirrt für bare Münze genommen haben und immer noch nehmen. Und es hat sich ja auch ausgezahlt. Nach mehr als sechs Jahrzehnten explosiver Wohlstandsmehrung geht es der großen Mehrheit im Land, materiell betrachtet, gut. Zwar ist der Reichtum im Land grotesk ungleich verteilt, zwar hat sich das Märchen von der Flut, die alle Boote hebt, längst als eben-solches entpuppt. Aber dennoch: Die meisten von uns sind frei zu tun, was sie wollen, zu arbeiten, wo sie wollen, zu kaufen, so viel sie wollen, zu reisen, wohin sie wollen, zu lieben, wen sie wollen. Es gibt kaum noch Grenzen, die unserer individuellen Entfaltung im Wege stehen.

Wir könnten zufrieden sein. Aber wir sind es nicht. Wir ahnen, dass unser Lebensstil einen womöglich zu hohen Preis hat. Und es wird immer schwieriger, in der Informationsgesell-schaft diese Ahnung zu verdrängen. Wann immer der nächste Lebensmittelskandal über unsere Bildschirme flimmert, schlägt uns das Schwenksteak aus dem Discounter unangenehm auf den Magen. »Wir befinden uns überall, ob beim Klima, beim Konsum oder bei der Staatsverschuldung bereits in der Phase des Schadenwachstums«, sagt der Soziologe Sighard Neckel. »Es wachsen also nicht mehr der Nutzen und der Wohlstand, es wachsen nur noch die Schäden«.[4] Und zu allem Überfluss stellen wir diese Schäden zunehmend an uns selbst fest.

Es ist paradox: In allen Umfragen der letzten Jahre zeigt sich, dass es soziale Beziehungen, Gesundheit und persönliche Freiheit sind, die Menschen, wenn schon nicht glücklich, so doch zufrieden machen. Also Werte, die man für Geld nicht kaufen kann. Die Welt, in der wir leben, wird dagegen nahezu ausschließlich von ökonomischen Kriterien bestimmt. Wir haben unser Leben zum Markt und uns selbst zur Marke gemacht. Wir haben uns bis zum Gehtnichtmehr beschleunigt, wir optimieren uns innerlich wie äußerlich, wir sind gnadenlos effizient, kompetitiv, leistungsbereit. Nun müssen wir gestresst, frustriert und belämmert einsehen, dass Wohlstand noch keine Antwort ist auf die Frage: Wozu das Ganze? Sich diese Frage zu stellen, hieße, den eigenen Lebensstil, das eigene Kaufverhalten, die eigenen Ansprüche, die eigenen Prioritäten in Frage zu stellen. Es hilft ja nichts: »Das gute Leben muss man leider auch gegen sich selbst erkämpfen, gegen die Trägheit des Gewohnten, des gefühlten Menschenrechts auf ›bitte immer so weiter‹. Wenn es um Widerstand geht, bedeutet das immer auch: Widerstand gegen sich selbst«.[5]

Aber nicht Veränderungslust, Neugier oder Aufbruchstimmung dominieren unseren Alltag. Sondern Angst. Es ist eben das eine, zu sagen: So nicht mehr – und etwas anderes, zu wissen: Wie denn dann? Die Wachstumsfetischisten haben ganze Arbeit geleistet und uns die Erzählung vom Immer-mehr so gründlich als alternativlos verkauft, dass viele glauben, es gebe tatsächlich keine Alternative.

Dennoch: Der Zweifel ist nicht erst seit Franziskus in der Welt. Den zweifelnden Menschen aber gehe es wie Kinozuschauern in Vampirfilmen, sagt der Psychologe Stephan Grünewald: Das Grauen sei am größten, wenn die Gefahr noch nicht im Bild war. Hat sie erst mal ein Gesicht, lässt sich damit umgehen. Aber um sich ihr gar nicht erst stellen zu müssen, machten viele einfach weiter wie bisher. »Wir dynamisieren das Hamsterrad, wir arbeiten oder konsumieren bis zur Erschöpfung. Denn durch diese besinnungslose Betriebsamkeit geraten unsere Ängste und Probleme aus dem Blick. Aber auch unsere Träume«.[6] Die zentrale Frage sei, »ob wir in Zukunft das Land der Bürokraten und Workaholics sein wollen. Oder das Land der Träumer und Querdenker.«

Die Menschen in diesem Buch haben damit begonnen, quer zu denken. Sie wehren sich, auf ihre ganz persönliche Weise, gegen ein System, das Gier, Neid und Geiz zu Tugenden verklärt hat. Sie haben gelernt, dass zu viel des Guten nicht unbedingt besser ist. Sie ziehen ein Leben im Positiv dem Komparativ vor – hoch, schnell, weit ist in ihren Augen genug. Wer satt ist, kann nicht noch satter werden. Vollgefressen den Nachschlag zu verweigern, ist ein Verzicht, aber ein kluger. Sonst könnte es uns allen irgendwann so gehen, wie dem Fettsack Mr. Creosote im Monty-Python-Film *Der Sinn des Lebens*: Am Ende isst er, umgarnt von einem vermeintlich wohlmeinenden Kellner, nur noch ein »hauchdünnes Pfefferminzblättchen« – dann platzt er.

Die Facebook-Aussteigerin Eva Gold, der Verleiher Nikolai Wolfert, der Arzt Peter Trumpp, der Ex-Banker Alexander Hartmann und all die anderen verzichten freiwillig. Dabei geht es den meisten von ihnen nicht um Weltrettung. Sondern zunächst einmal um Selbstrettung. Man muss ja, wie gesagt, nicht gleich übertreiben.

Auch im Kampf gegen den Überfluss gilt: Es darf, für den Anfang, gerne ein bisschen weniger sein.

DANKE

Axel Friedrich, Eva Gold, Meret Haack, Alexander Hartmann,
Tanja Krakowski, Martin Liebmann,
Peter Trumpp, Nikolai Wolfert und Dirk Zingler für ihr
Vertrauen und ihre Bereitschaft, mir ihre Geschichten zu
erzählen.
Christian Bommarius dafür, dass er es als Kritiker
grundsätzlich zu gut mit mir meint (Die Wette gilt!).
Clemens Löhr und Ulrike Rechel für endlose Stunden des
Zuhörens und Beratens.
Steven Geyer, Kathrin Hartmann, Wolfgang Hettfleisch, Peter
Hoffmann, Arthur, Dorothee und Max Landgrebe, Maren
Polte, Knut Pries, Stevie Schmiedel fürs Mutmachen und für
viele gute Gespräche, Tipps, Anregungen.
Rebekka Göpfert fürs Hinter- bzw. Vor-mir-Stehen.
Volker Jarck und allen beim Fischer-Verlag dafür, dass sie mich
noch mal ein Buch haben schreiben lassen, obwohl sie schon
eins kannten.
Allen, die ich vergessen habe, dafür, dass sie mir das nicht
nachtragen.
Und vor allem meiner Familie und meiner Frau Susanne
Grieshaber – für alles.

ANMERKUNGEN

EINLEITUNG

1 Welzer, 58
2 Galbraith, 138
3 Sandel, 14 f.
4 Skidelsky, 123
5 Frankfurter Allgemeine Sonntagszeitung, 11. 8. 2013, S. 4
6 brand eins, Juli 2007, S. 49
7 siehe: Plöger, 155
8 Stern, 27. 6. 2013, S. 40
9 Psychologie Heute, 1. 1. 2012, S. 21

IMMER BILLIGER: ESSEN

1 http://www.spiegel.de/wissenschaft/mensch/uno-bericht-ein-viertel-der-nahrung-landet-im-muell-a-921677.html
2 taz, 31. 5. 2013. S. 8
3 Süddeutsche Zeitung, 26. 10. 2012, S. 35
4 Thurn, S. 12
5 ebd., S. 64
6 ebd., S. 37
7 http://www.tagesspiegel.de/politik/landgrabbing-wettrennen-um-nahrungsmittel-in-der-zukunft/8621946.html
8 http://www.spiegel.de/wissenschaft/natur/fleischatlas-report-zeigt-globalen-fleisch-konsum-a-876756.html
9 Süddeutsche Zeitung, 10./11. 8. 2013, S. V2/1
10 http://www.nytimes.com/2010/02/19/opinion/19shriver.html
11 http://www.zeit.de/2011/21/Interview-Carlo-Petrini/seite-2
12 Thurn, 26

13 www.mundraub.org

14 http://www.solidarische-landwirtschaft.org/

15 http://www.uglyfruits.eu/

IMMER SCHÖNER: KÖRPERKULT

1 http://ekvv.uni-bielefeld.de/blog/pressemitteilungen/entry/deutsche_jugendliche_finden_sich_zu

2 Frankfurter Allgemeine Sonntagszeitung, 28. 4. 13, S. 11

3 taz, 27. 2. 13, S. 13

4 Frankfurter Allgemeine Zeitung, 9. 1. 13, S. 25

5 SZ, 14. 7. 2012, S. 29

6 http://www.zeit.de/2012/45/DOS-Schoenheitswahn

7 Brigitte, 13. 6. 2013. S. 62

8 http://aprylmichellebrown.com/

9 http://www.welt.de/vermischtes/kurioses/article118778945/Wenn-der-Popo-mit-Baumarkt-Silikon-getunt-wird.html

10 Berliner Kurier, 4. 6. 2012. S. 39

11 http://www.zeit.de/2012/45/DOS-Schoenheitswahn

12 Stern, 18. 11. 2010, S. 36

13 SZ, 6./7. 7. 2013, S. V2/4

14 ebd.

15 ebd.

16 Der Sturm, 5.Akt, Vers 181–183

17 Die Zeit, 8. 5. 2013, S. 49

18 ebd.

19 Tagesspiegel, 5. 8. 2012, S. 7

IMMER KRÄNKER: MEDIZIN

1 Die Welt, 5. 10. 2011, S. 20

2 Süddeutsche Zeitung, 14./15. 8. 2013, S. 3

3 Gesundheit braucht Politik – Zeitschrift für eine soziale Medizin, 3/2012, S. 8

4 Süddeutsche Zeitung, 14./15. 8. 2013, S. 3

5 Die Zeit, 25. 4. 2013, S. 21

6 ebd.

7   Berliner Morgenpost, 18. 4. 2013, S. 7

8   OECD-Statistik vom April 2013, in: Der Spiegel, 19/2013, S. 72

9   http://www.zeit.de/2012/39/Krankenhaeuser-Medizinbetrieb-Gespraech

10 ebd.

11 Spiegel 19/2013, S. 72

12 *Enteignet. Warum uns der Medizinbetrieb krank macht*

13 ebd.

14 Die Zeit, 25. 4. 2013, S. 21

15 Frankfurter Rundschau, 7. 12,2012, S. 15

16 http://www.spiegel.de/wissenschaft/medizin/vorzeitiger-samenerguss-pharmakonzern-erfindet-massenleiden-a-910910.html

17 https://presse.barmer-gek.de/barmer/web/Portale/Presseportal/Subportal/Infothek/Studien-und-Reports/Arzneimittelreport/Arzneimittelreport-2013/Arzneimittelreport-2013.html?wcm=CenterColumn_t366350

18 Berliner Morgenpost, 11. 5. 2013, S. 7

19 Frankfurter Rundschau, 18. 4. 2013, S. 22

20 http://www.spiegel.de/spiegel/print/d-90638343.html

21 ebd.

22 ebd.

23 http://www.spiegel.de/gesundheit/diagnose/barmer-anstieg-bei-aufmerksamkeits-defizit-adhs-a-880255.html

24 Spiegel 21/2013, S. 57

IMMER MEHR: ARBEIT

1   brand Eins, 4/2012, S. 152

2   enorm, Februar/März 2013, S. 17

3   Süddeutsche Zeitung, 12. 9. 2013, S. 18

4   Frankfurter Rundschau, 27. 2. 2014, S. 2

5   ebd.

6   Süddeutsche Zeitung, 27. 1. 2014, S. 18

7   http://www.ics.uci.edu/~gmark/CHI2005.pdf

8   Psychologie Heute, 1. 1. 2012, S. 20

9   Süddeutsche Zeitung, 12. 9. 2013, S. 18

10   http://www.spiegel.de/wirtschaft/soziales/burnout-der-psychologe-matthias-burisch-ueber-mail-sperren-a-953994.html

11   Zukunftsfähiges Deutschland, S. 432

12   http://www.strikemag.org/bullshit-jobs/

13   ebd.

14   Der Spiegel, 45/2013, S. 91

15   http://ml.spiegel.de/article.do?id=870921

16   http://www.managerseminare.de/ms_Artikel/Umgang-mit-C-Mitarbeitern-Minderleister-raus,198974

17   http://www.spiegel.de/karriere/berufsleben/leistungsbewertung-plaedoyer-fuer-eine-andere-fuehrungskultur-a-933636.html

18   ebd.

19   Focus, 10. 6. 2013, S. 110

20   Focus, 10. 6. 2013, S. 107

21   Frankfurter Rundschau, 23. 8. 2013

22   ebd.

23   http://www.bmg.bund.de/praevention/betriebliche-gesundheits-foerderung.html

24   Skidelsky, 38

25   Frankfurter Allgemeine Sonntagszeitung, 23. 3. 2014, S. 1

26   ebd., S. 2

27   Der Spiegel, 13/2014, S. 48 f.

28   Kölner Stadt-Anzeiger, 16. 5. 2013, S. 2

29   Süddeutsche Zeitung, 8./9. 3. 2014, S. 12

30   http://www.zeit.de/2011/34/P-Schule

31   Berliner Zeitung, 10. 8. 2013, S. 2

32   http://www.spiegel.de/karriere/ausland/londoner-gericht-untersucht-tod-von-moritz-erhardt-a-935151.html

33   ebd.

34   Die Zeit, 26. 9. 2013, S. 91

35   ebd.

36   Frankfurter Allgemeine Sonntagszeitung, 18. 8. 2013, S. 21

37   ebd.

38   Sponagel, 36

39 Die Zeit, 24. 10. 2013, S. 22
40 Spiegel Wissen, 1/2013, S. 57

IMMER WEITER: REISEN

1 Kieran, 97
2 http://de.statista.com/statistik/daten/studie/37123/umfrage/
   weltweites-tourismusaufkommen-nach-reiseankuenften-seit-1950/
3 www.tourismus-watch.de/content/reisen-als-chance
4 www.tourismus-watch.de/content/wasserknappheit-bali
5 Süddeutsche Zeitung, 23. 9. 2013, S. 10
6 http://www.welt.de/dieweltbewegen/sonderveroeffentlichungen/
   article118988228/Das-schmutzigste-Gewerbe-der-Welt-bleibt-auf-
   Kurs.html
7 Kieran, 142 f. und 146
8 Kieran, 148
9 Kieran, 36

IMMER TEURER: FUSSBALL

1 http://www.bpb.de/apuz/163810/organisierte-fanszenen-zwischen-
   empfundener-enteignung-und-self-empowerment?p=0
2 http://www.schickeria-muenchen.org/index.
   php?id=modernerfussball
3 http://www.spiegel.de/sport/fussball/premier-league-finanzkrise-
   zwingt-milliardenliga-zur-bescheidenheit-a-599521.html
4 Frankfurter Allgemeine Sonntagszeitung, 26. 1. 2014, S. 14
5 Frankfurter Allgemeine Sonntagszeitung, 29. 1. 2012, S. 13
6 Frankfurter Allgemeine Zeitung, 22. 9. 2012, S. 30
7 Der Spiegel 22/2010, S. 101 ff.
8 ebd.
9 Frankfurter Rundschau, 23. 3. 2013, S. 17
10 Süddeutsche Zeitung, 25. 4. 2013, S. 4
11 Sandel, 215
12 ebd., 216
13 Süddeutsche Zeitung, 8. 8. 2013, S. 17
14 Handelsblatt, UEFA zieht harten Finanzkurs durch

15 Der Spiegel, 48/2012, S. 126
16 Welt am Sonntag, 12. 8. 2012, S. 26
17 Die Welt, 15. 12. 2012, S. 23
18 http://www.spiegel.de/sport/fussball/freiburg-coach-in-sorge-streich-sieht-fussball-enorm-bedroht-a-915482.html

IMMER SCHWERER: AUTOS

1 http://www.spiegel.de/auto/aktuell/autokauf-bis-oelwechsel-was-die-deutschen-fuers-autofahren-ausgeben-a-884933.html
2 http://www.kba.de/nn_125398/DE/Statistik/Fahrzeuge/Bestand/2013_b_bestandsbarometer_teil1_absolut.html
3 Stuttgarter Zeitung, 12. 3. 2013, S. 11
4 Wikipedia
5 Frankfurter Rundschau, 13. 9. 2013, S. 14
6 http://www.transportenvironment.org/sites/te/files/publications/Real%20World%20Fuel%20Consumption%20v15_final.pdf
7 Frankfurter Rundschau, 6. 8. 2013, S. 16
8 http://www.spiegel.de/auto/fahrberichte/fahrbericht-range-rover-doping-fuers-ego-a-936186.html
9 Autobild, 26. 4. 2013, S. 18
10 Frankfurter Rundschau, 13. 9. 2013, S. 14

IMMER ALLES: SHOPPEN

1 http://www.leila-berlin.de/
2 http://www.gfk.com/de/news-und-events/presse/pressemitteilungen/Seiten/Konsumklima-steigt-weiter-an.aspx
3 Die Zeit, 8. 3. 2013, S. 22
4 http://de.toto.com/news/pressemitteilungen/press-releases/?tx_ttnews[tt_news]=305
5 S. 274
6 Süddeutsche Zeitung, 21. 6. 2013, S. 24
7 Paech, S. 127
8 S. 28
9 Süddeutsche Zeitung, 5. 9. 2013, S. 23
10 Süddeutsche Zeitung, 1./2. 6. 2013, S. 12

11 Die Zeit, 8.5.2013, S.15
12 ebd.
13 Welzer, 27
14 Welzer, 42
15 Hartmann, 9
16 Hartmann, 152
17 Rosa, 135
18 Süddeutsche Zeitung, 10.1.2014, S.9
19 Paech, 145

IMMER ATEMLOSER: KOMMUNIKATION

1 http://www.statisticbrain.com/twitter-statistics/
2 Werben & Verkaufen 36/2012
3 http://www2.evangelisch.de/themen/medien/facebook-ade-habe-der-welt-nicht-alles-mitzuteilen12639
4 Süddeutsche Zeitung, 11.2.2011, S.18
5 http://www.spiegel.de/netzwelt/web/s-p-o-n-die-mensch-maschine-der-neue-terrorismus-kommt-aus-dem-netz-a-778089.html
6 http://www.spiegel.de/netzwelt/web/vorgefiltertes-netz-wie-face-books-nette-welt-uns-entmuendigt-a-814046.html
7 Süddeutsche Zeitung, 10./11.8.2013, S.12
8 ebd.
9 http://www.huffingtonpost.com/2013/10/08/san-francisco-train-shooting_n_4066930.html
10 http://www.itcanwait.com/
11 Frankfurter Allgemeine Sonntagszeitung, 18.8.2013, S.7
12 Turkle, 293
13 Berliner Zeitung, 15.11.2012, S.12
14 http://content.time.com/time/magazine/article/0,9171,2143001,00.html
15 Turkle, 251
16 ebd. 185
17 ebd. 259
18 Frankfurter Allgemeine Sonntagszeitung, 9.6.2013, S.30
19 Frankfurter Allgemeine Zeitung, 24.6.2013, S.27

20 Welzer, 168
21 Frankfurter Allgemeine Sonntagszeitung, 1. 9. 2013, S. 26
22 Stern, 27. 2. 2014, S. 61
23 Frankfurter Rundschau, 25. 9. 2013, S. 38
24 ebd.
25 Wanhoff, 230 f.
26 Frankfurter Allgemeine Sonntagszeitung, 25. 8. 2013, S. 10
27 Werben & Verkaufen 32/2013

IMMER SCHNELLER: ALLTAG

 1 Frankfurter Allgemeine Sonntagszeitung, 11. 3. 2013, S. 21
 2 ebd.
 3 Rosa, 19
 4 http://www.spiegel.de/panorama/gesellschaft/verein-zur-verzoege-
    rung-der-zeit-martin-liebmann-ist-fuer-langsamkeit-a-854097.html
 5 Opitz, 11
 6 Opitz, 19
 7 Rosa, 31 f.
 8 Süddeutsche Zeitung, 8. 9. 2012, S. 29
 9 Süddeutsche Zeitung, 30. 8. 2013, S. 8
10 Rosa, 41
11 Cicero, 1. 8. 2012, S. 28 ff.
12 Pörksen, 17
13 Cicero, ebd.
14 Rosa, 145
15 Süddeutsche Zeitung, 8. 9. 2012, S. 29
16 www.tfl.public2.linz.at/atelierbesuch/hannes-langeder
17 zitiert in: Thurn, 278
18 Tagesspiegel, 6. 1. 2013, S. 3
19 Urban Gardening, Die grüne Revolte, in: Blätter für Deutsche und
    Internationale Politik, 8/2012

SCHLUSS

1 http://www.vatican.va/holy_father/francesco/apost_exhortations/
   documents/papa-francesco_esortazione-ap 20131124_evangelii-
   gaudium_ge.html
2 Frankfurter Allgemeine Sonntagszeitung, 23. 2. 2014, S. 27
3 Sedlácek, 22
4 http://www.woz.ch/1339/weiter-denken-anders-handeln-teil-4/
   wir-befinden-uns-ueberall-in-einer-phase-des
5 Welzer, 132
6 http://www.taz.de/1/archiv/digitaz/artikel/?ressort=tz&dig=2014%
   2F01%2F06%2Fa0094

LITERATUR

Jörg Blech: Die Psychofalle. Wie die Seelenindustrie uns zu Patienten macht, S. Fischer Verlag, Frankfurt am Main 2014

Mark Boyle: Der Mann ohne Geld. Meine Erfahrungen aus einem Jahr Konsumverweigerung, Goldmann Verlag, München 2012

Paul Brandenburg: Kliniken und Nebenwirkungen. Überleben in Deutschlands Krankenhäusern, Scherz Verlag, Frankfurt am Main 2013

Bund für Umwelt und Naturschutz Deutschland/Brot für die Welt, Evangelischer Entwicklungsdienst (Hg.): Zukunftsfähiges Deutschland in einer globalisierten Welt. Ein Anstoß zur gesellschaftlichen Debatte, Fischer Taschenbuch Verlag, Frankfurt am Main 2008

Mark Fisher: Kapitalistischer Realismus ohne Alternative?, VSA Verlag, Hamburg 2013

John Kenneth Galbraith: Gesellschaft im Überfluss, Droemersche Verlagsanstalt Th. Knaur Nachf., München/Zürich 1963

Stephan Grünewald: Die erschöpfte Gesellschaft. Warum Deutschland neu träumen muss, Campus Verlag, Frankfurt am Main 2013

Robert H. Frank: Luxury Fever. Weighing the Cost of Excess, Princeton University Press, New Jersey, 1999

Dan Kieran: Slow Travel. Die Kunst des Reisens, Rogner & Bernhard GmbH & Co. Verlags KG, Berlin 2013

Kathrin Hartmann: Ende der Märchenstunde. Wie die Industrie die Lohas und Lifestyle-Ökos vereinnahmt, Karl Blessing Verlag, München 2009

Rahel Jaeggi: Entfremdung. Zur Aktualität eines Sozialphilosophischen Phänomens, Campus Verlag, Frankfurt am Main 2005

Annette Jensen: Wir steigern das Bruttosozialglück. Von Menschen, die anders wirtschaften und besser leben, Verlag Herder GmbH, Freiburg im Breisgau 2011

Stefan Kreutzberger, Valentin Thurn: Die Essensvernichter. Warum die Hälfte aller Lebensmittel im Müll landet und wer dafür verantwortlich ist, Verlag Kiepenheuer & Witsch, Köln 2011

John Lanchester: Warum jeder jedem etwas schuldet und keiner jemals etwas zurückzahlt, J. G. Cotta'sche Buchhandlung, Stuttgart 2013

Giovanni Maio: Mittelpunkt Mensch: Ethik in der Medizin. Ein Lehrbuch, Schattauer GmbH – Verlag für Medizin und Naturwissenschaften, Stuttgart 2011

Sonia Mikich: Enteignet. Warum uns der Medizinbetrieb krank macht, C. Bertelsmann Verlag, 2013

Evgeny Morozov: To Save Everything Click Here. Technology, Solutionism And The Urge To Fix Problems That Don't Exist, Allen Lane, 2013

Florian Opitz: Speed. Auf der Suche nach der verlorenen Zeit, Wilhelm Goldmann Verlag, München 2012

Niko Paech: Befreiung vom Überfluss. Auf dem Weg in eine Postwachstumsökonomie, Oekom Verlag, München 2012

Carlo Petrini: Slow Food. Genießen mit Verstand, Rotpunktverlag, Zürich 2003

Peter Plöger: Einfach ein gutes Leben. Aufbruch in eine neue Gesellschaft, Carl Hanser Verlag, München 2011

Bernhard Pörksen/Wolfgang Krischke (Hg.): Die gehetzte Politik. Die neue Macht der Medien und Märkte, Edition Medienpraxis, Köln 2013

Hartmut Rosa: Beschleunigung und Entfremdung, Suhrkamp Verlag, Berlin 2013

Michael J. Sandel: Was man für Geld nicht kaufen kann. Die moralischen Grenzen des Marktes, Ullstein Buchverlage GmbH, Berlin 2012

Jörg Schindler: Die Rüpel-Republik. Warum sind wir so unsozial?, Scherz Verlag, Frankfurt am Main 2012

Friedrich Schumacher: Small Is Beautiful. Die Rückkehr zum menschlichen Maß. Oekom Verlag, München 2013

Tomáš Sedlácek, David Orrell: Bescheidenheit. Für eine neue Ökonomie, Carl Hanser Verlag, München 2013

William Shakespeare: The Tempest/Der Sturm, Verlag Philipp Reclam jun., 1986

Robert & Edward Skidelsky: Wie viel ist genug? Vom Wachstumswahn zu einer Ökonomie des guten Lebens, Verlag Antje Kunstmann, München 2013

Wiebke Sponagel: Runterschalten! Selbstbestimmt arbeiten – Gelassener leben, Haufe-Lexware GmbH & Co. KG, Freiburg 2011

Henry David Thoreau: Walden oder Leben in den Wäldern, Anaconda Verlag GmbH, Köln 2009

Sherry Turkle: Alone Together. Why We Expect More From Technology and Less From Each Other, Basic Books, New York 2011

Paco Underhill: Why We Buy. The Science of Shopping, Verlag Simon & Schuster, 2008

Thomas Wanhoff: Wa(h)re Freunde. Wie sich unsere Beziehungen in sozialen Online-Netzwerken verändern, Spektrum Akademischer Verlag, Heidelberg 2011

Harald Welzer: Selbst denken. Eine Anleitung zum Widerstand, S. Fischer Verlag, Frankfurt am Main 2013

Jörg Schindler
Die Rüpel-Republik
Warum sind wir so unsozial?

Band 18916

Rüpel, Ignoranten, Sozialallergiker und andere Ichlinge –
Menschen, die uns täglich auf offener Straße beleidigen;
Kollegen, die rücksichtslos ihre Ellbogen ausfahren; Schma-
rotzer, die sich nicht darum scheren, ob andere auch noch
etwas brauchen. Wir leben in einer Rüpel-Republik.

Was hat uns so unsozial werden lassen? Wo führt es hin,
wenn jeder nur noch tut, was er für richtig hält und was zwar
ihm nutzt, dafür aber anderen schadet? Und wieso wehren
wir uns nicht dagegen? Jörg Schindler tritt eine überfällige
Debatte über unsere immer rücksichtslosere Gesellschaft los
und entwickelt Ideen und Lösungsansätze.

Fischer Taschenbuch Verlag

fi 18916 / 1